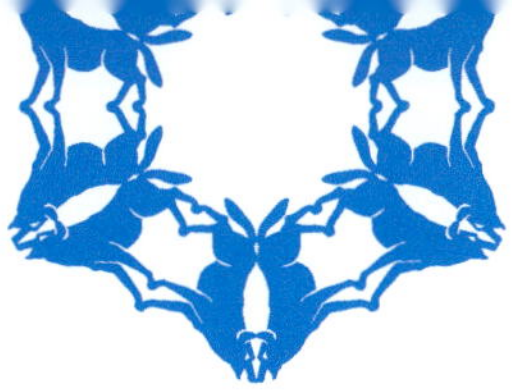
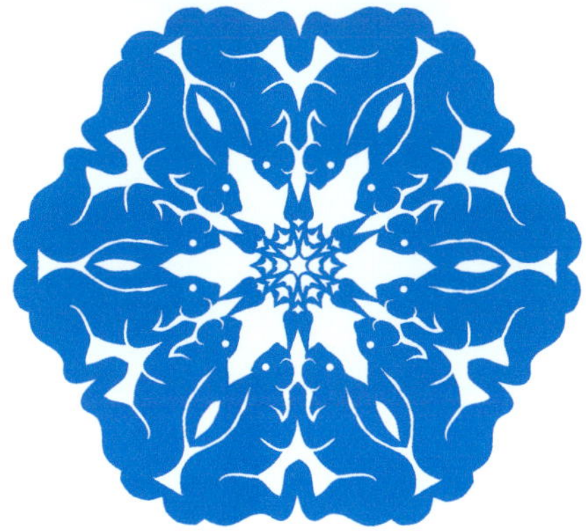
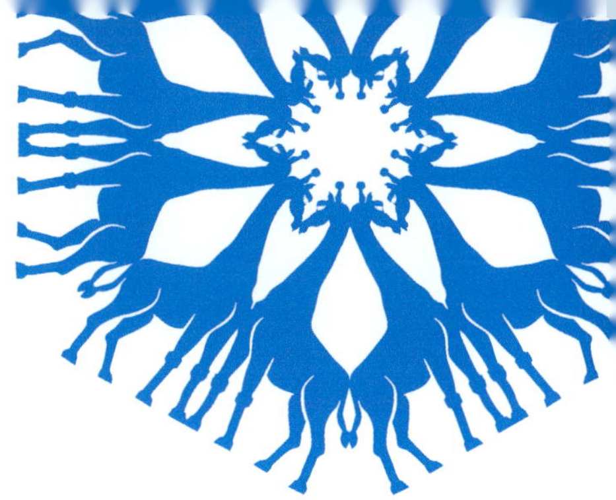
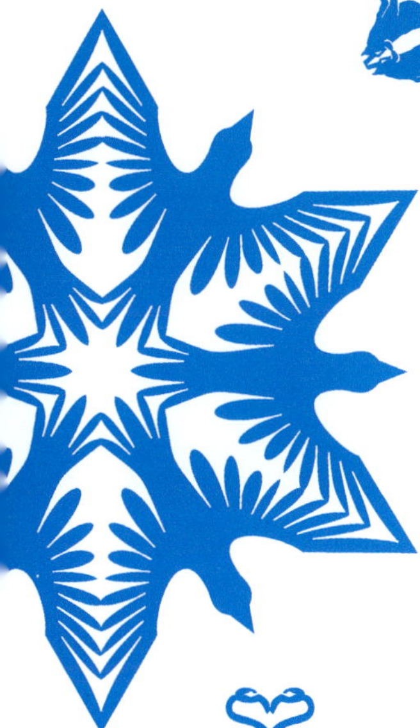

Marion T. Nichols

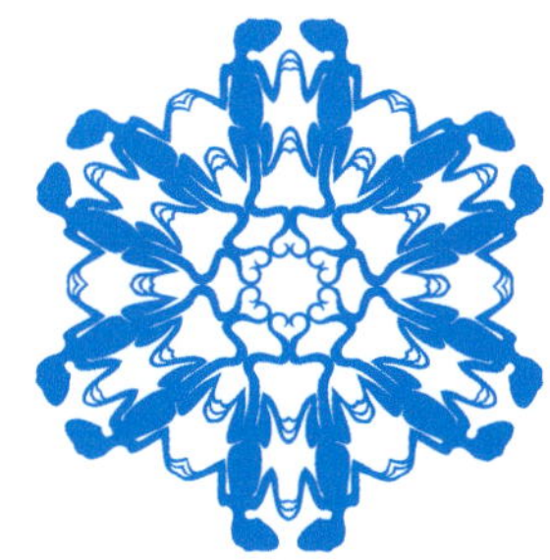
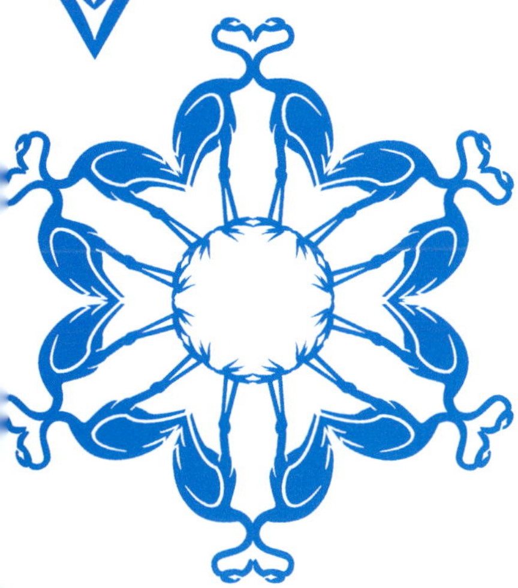

KIRIGAMI

FASZINIERENDE TIERE
ZUM FALTEN & SCHNEIDEN

100 ÜBERRASCHENDE EFFEKTE

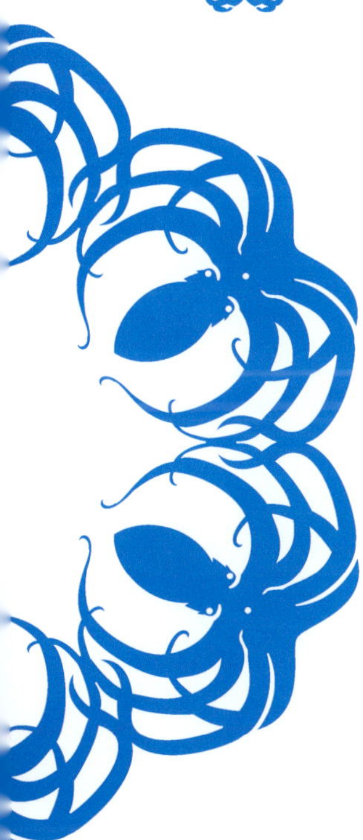

stv

VORLAGEN ZUM HERUNTERLADEN

Wer kein Kopiergerät zur Verfügung hat, kann die Vorlagen hier zum Ausdrucken herunterladen:
www.QuartoKnows.com/page/animal-snowflakes

DIE AUTORIN

Marion T. Nichols, ehemalige Vorschullehrerin für Kunst, ist für ihre Fähigkeit bekannt, ein einfaches Stück Papier in einzigartige Schneeflocken-Schnittmuster zu verwandeln. Seit mehr als 15 Jahren unterrichtet sie und verkauft ihre selbstverlegten Bücher mit Schneeflocken-Motiven im Stadtmuseum von St. Louis, wo sie auch den „Schneeflocken-Raum" leitet. Sie brachte ihre Technik auch verschiedenen Gruppen in der Region um St. Louis bei und stellte sie auf der „Applied Brilliance"-Konferenz von 2013 vor.

WIDMUNG

Für meinen Vater,
Karol J. Rekas,
der mich stets ermutigte,
Bücher zu schreiben;
und
für meine Mutter,
Mary Bagley Rekas,
die mich lehrte,
„es einfach zu versuchen";
und
für meine Großmutter,
Marion Tuck Miller Bagley,
deren Name ich mit Stolz trage.

Umschlaggestaltung: DSR Werbeagentur Rypka GmbH, 8143 Dobl, www.rypka.at

Bildnachweis: Umschlagabb. Vorderseite / Umschlagabb. Rückseite / Abb. Innenteil: © Marion T. Nichols, 2015

Titel der Originalausgabe: Marion T. Nichols, 100 Amazing Paper Animal Snowflakes. A Magical Menagerie of Kirigami Templates to Copy, Fold, and Cut
Zuerst veröffentlicht 2015 von Quarry Books, eine Verlagsmarke von Quarto Publishing Group USA Inc., 100 Cummings Center Suite 406-L, Beverly, Massachusetts 01915-6101

Aus dem Englischen ins Deutsche übertragen von Elisabeth Poleschinski

Bibliografische Information der Deutschen Nationalbibliothek
Die Deutsche Nationalbibliothek verzeichnet diese Publikation in der Deutschen Nationalbibliografie; detaillierte bibliografische Daten sind im Internet unter http://dnb.d-nb.de abrufbar.

Kontaktdaten der Autorin
Marion T. Nichols
P.O. Box 267, Collinsville, IL 62234
oder:
c/o City Museum, 750 North 16th Street, St. Louis, MO 63103
artcity@citymuseum.com

Hinweis: Dieses Buch wurde auf chlorfrei gebleichtem Papier gedruckt. Die zum Schutz vor Verschmutzung verwendete Einschweißfolie ist aus Polyethylen chlor- und schwefelfrei hergestellt. Diese umweltfreundliche Folie verhält sich grundwasserneutral, ist voll recyclingfähig und verbrennt in Müllverbrennungsanlagen völlig ungiftig.

Auf Wunsch senden wir Ihnen gerne kostenlos unser Verlagsverzeichnis zu:
Leopold Stocker Verlag GmbH
Hofgasse 5/Postfach 438
A-8011 Graz
Tel.: +43 (0)316/82 16 36
Fax: +43 (0)316/83 56 12
E-Mail: stocker-verlag@stocker-verlag.com
www.stocker-verlag.com

ISBN 978-3-7020-1691-3

Printed in China

MIX
Papier aus verantwortungsvollen Quellen
FSC® C016973

INHALT

Anfänger

Schneeflocken für alle, sogar für Kinder ab drei Jahren

Leicht

Motive für jugendliche und erwachsene Anfänger

Mittel

Detailliertere Schneeflocken für Fortgeschrittene

Schwer

Vorlagen für Geübte

Extra

Acht bunte Vorlagen zum sofortigen Falten und Schneiden

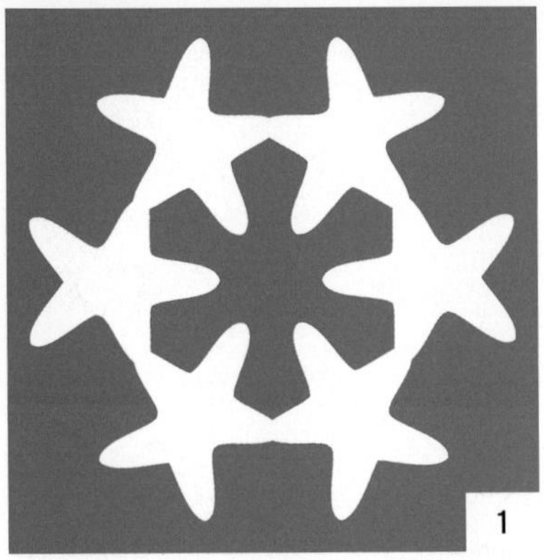
1

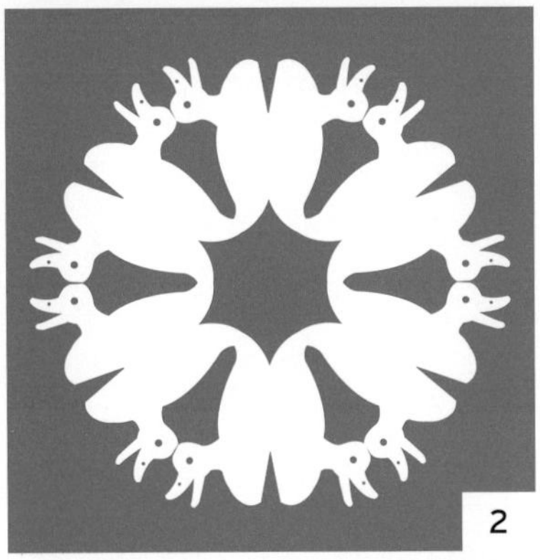
2

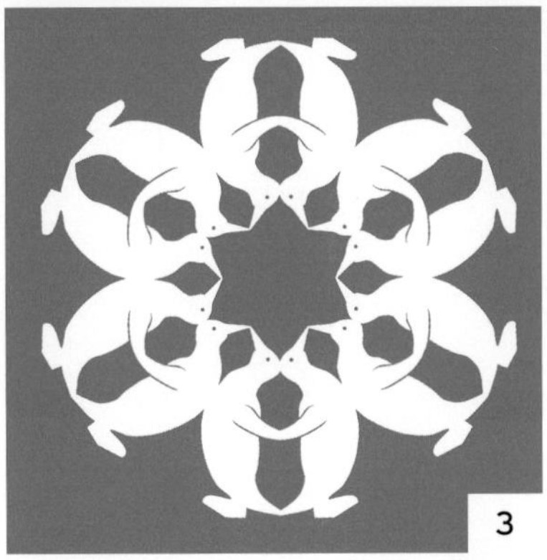
3

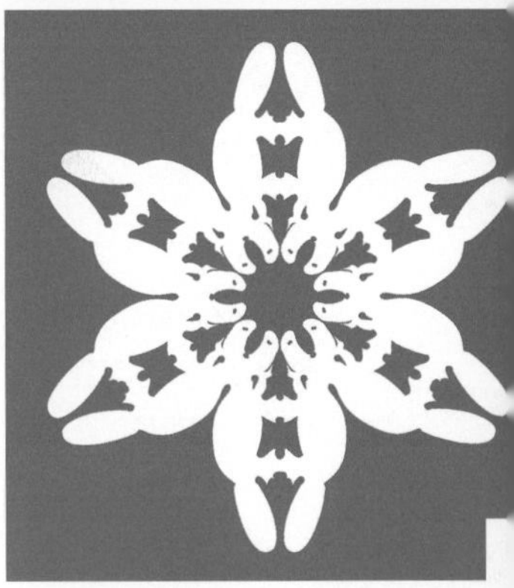

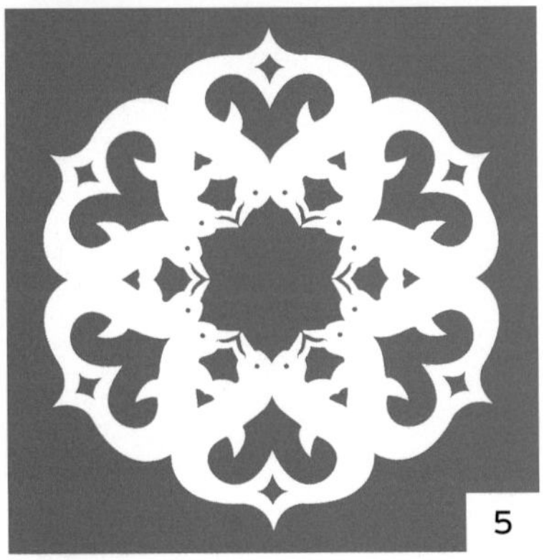
5

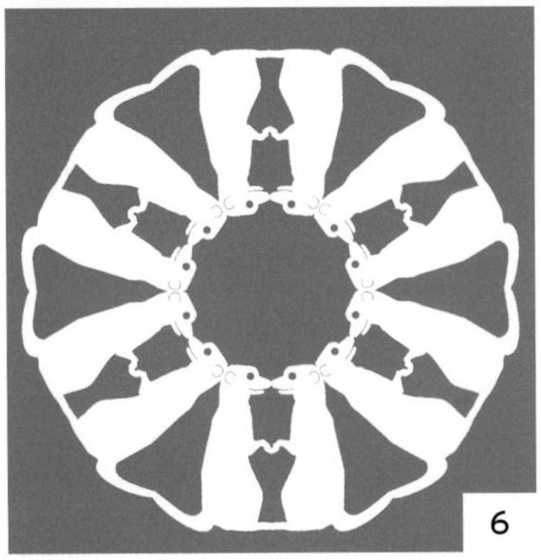
6

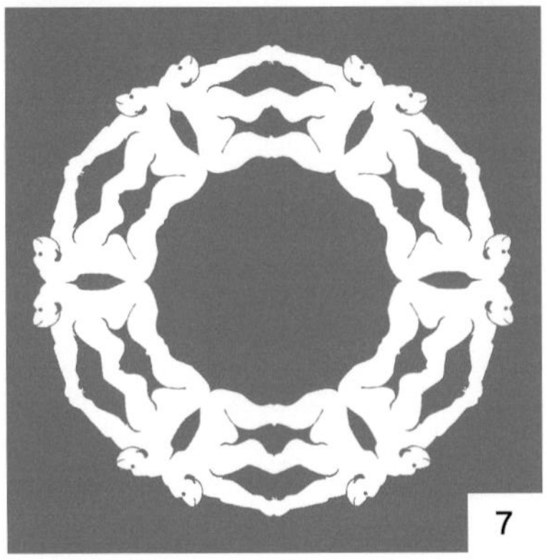
7

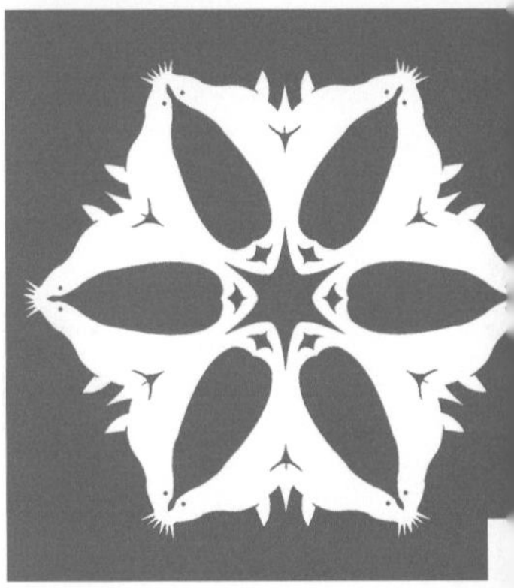

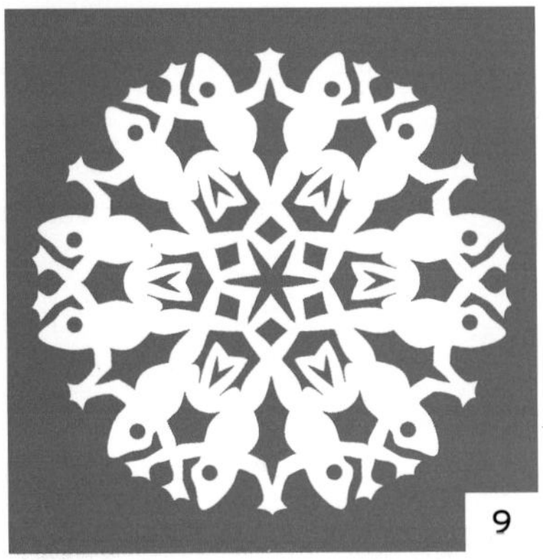
9

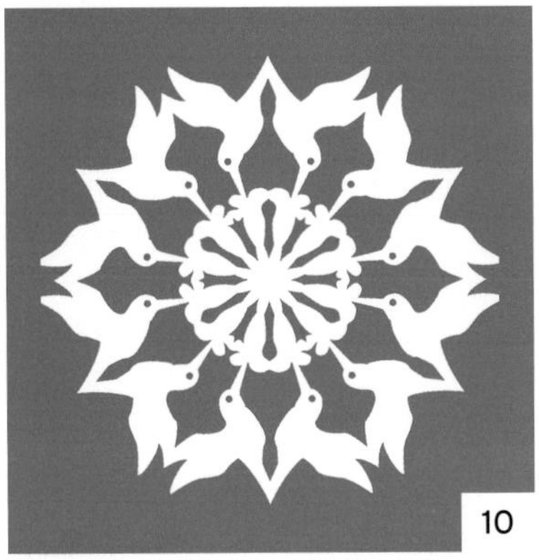
10

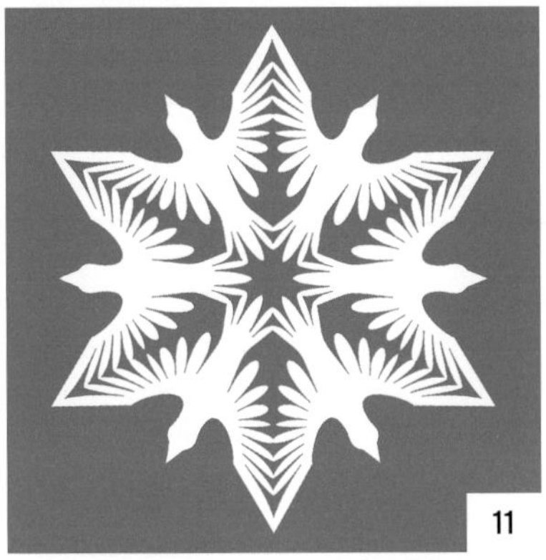
11

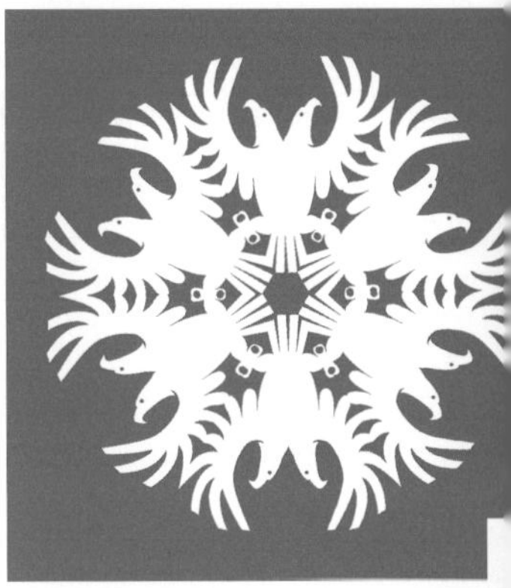

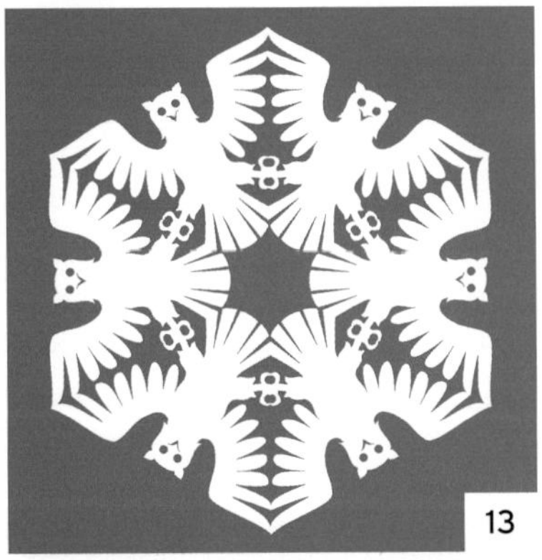
13

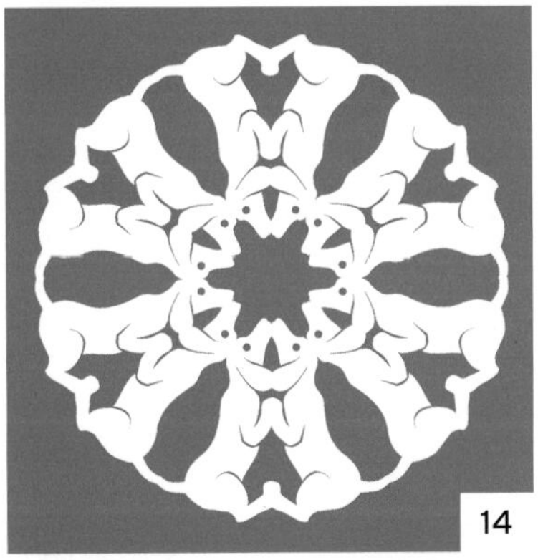
14

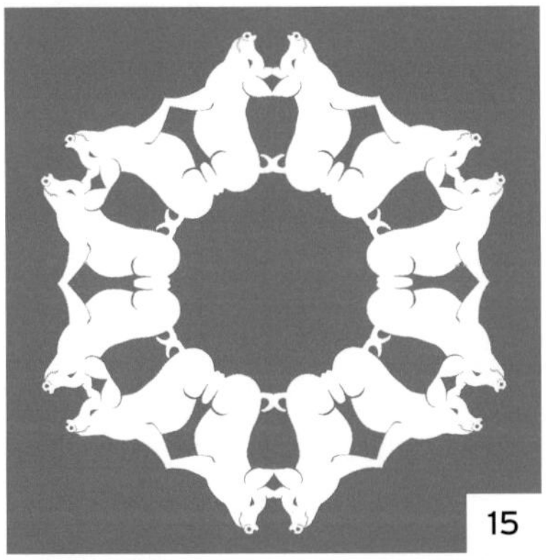
15

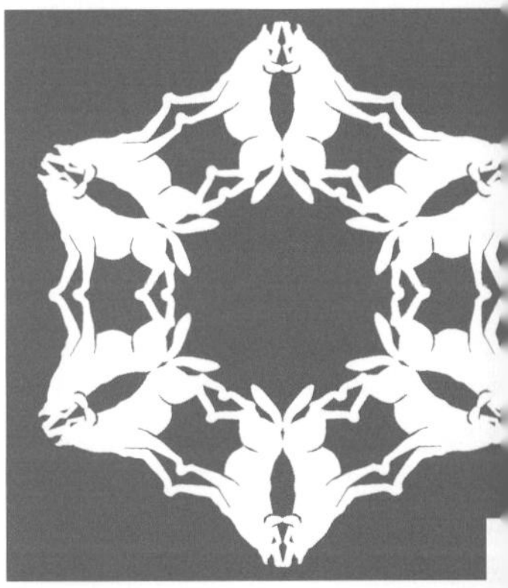

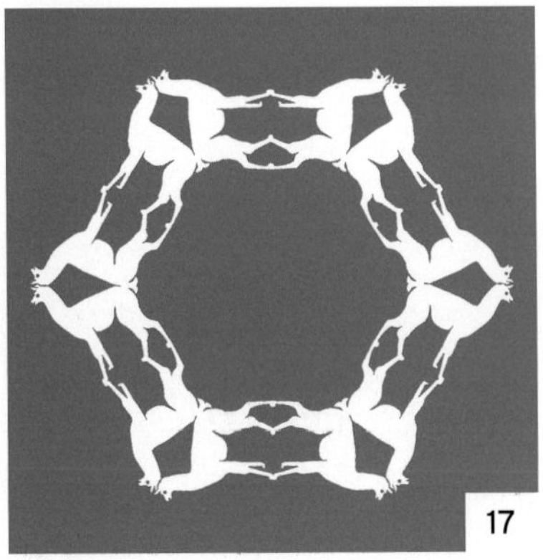
17

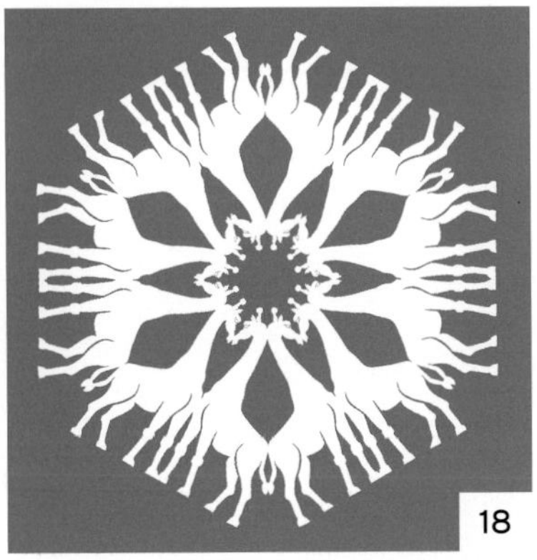
18

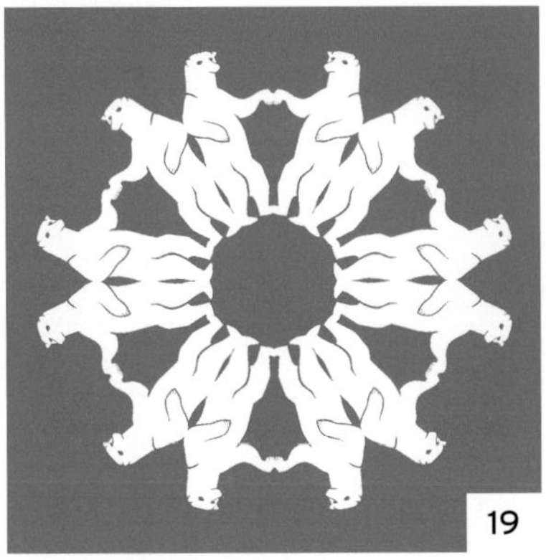
19

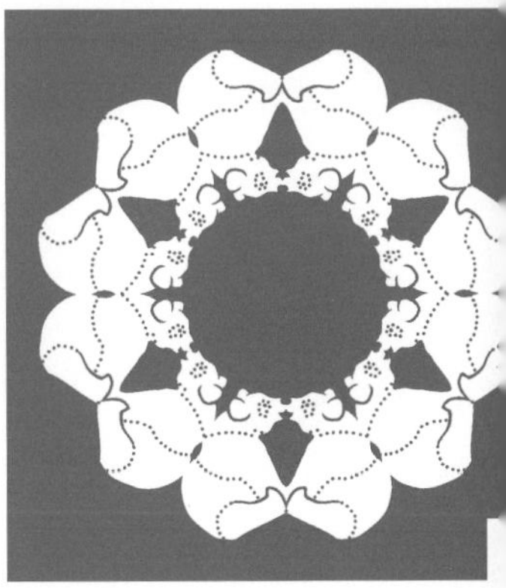

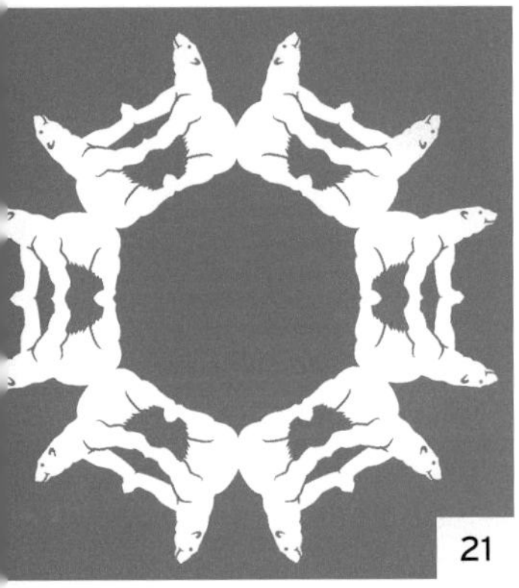
21

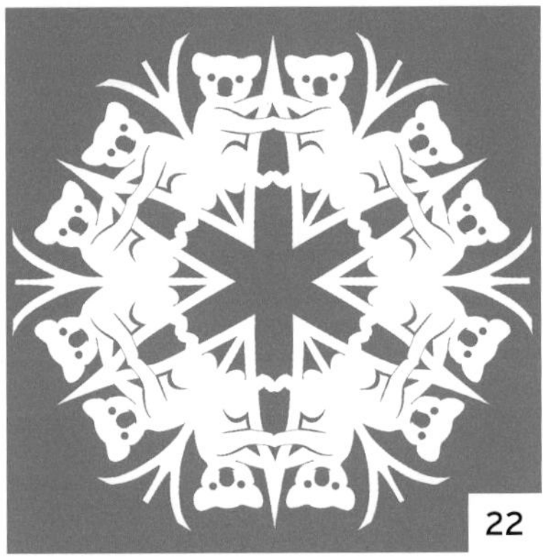
22

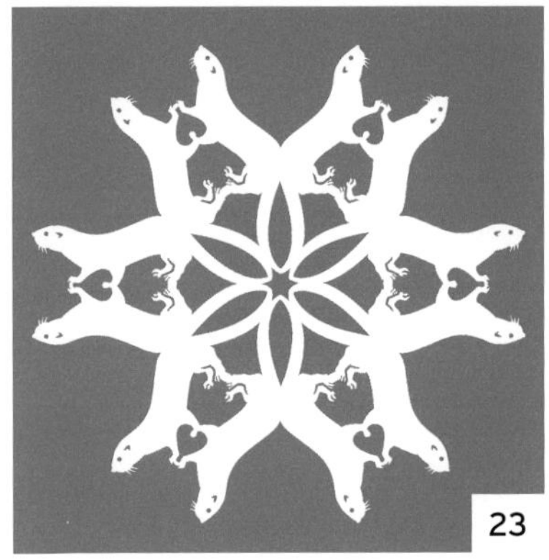
23

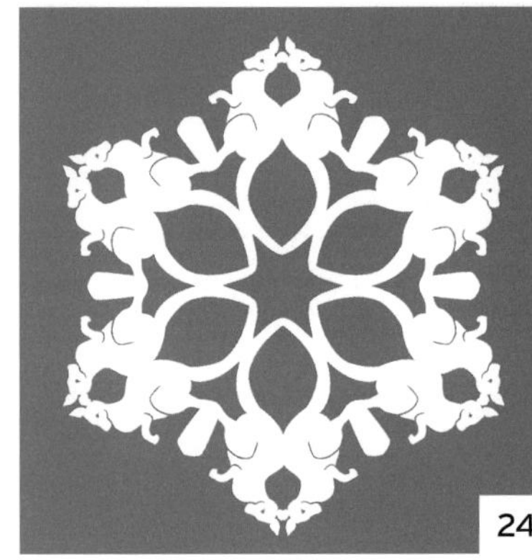
24

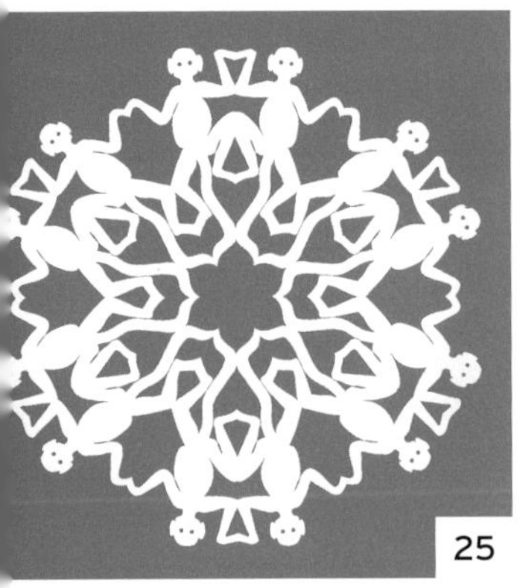
25

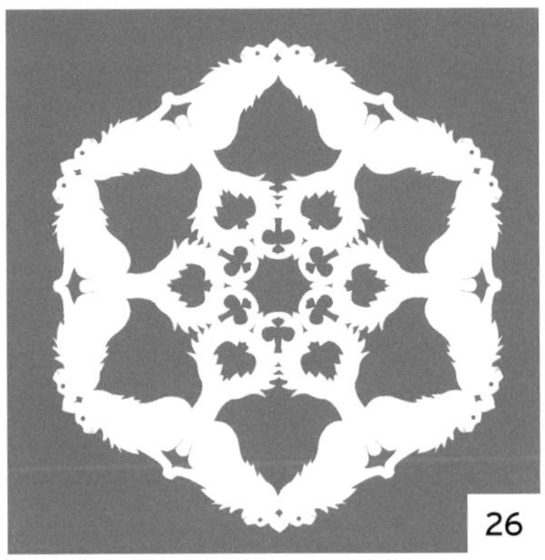
26

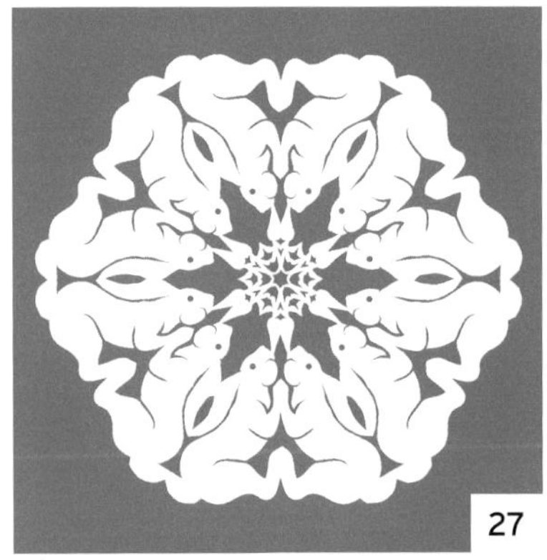
27

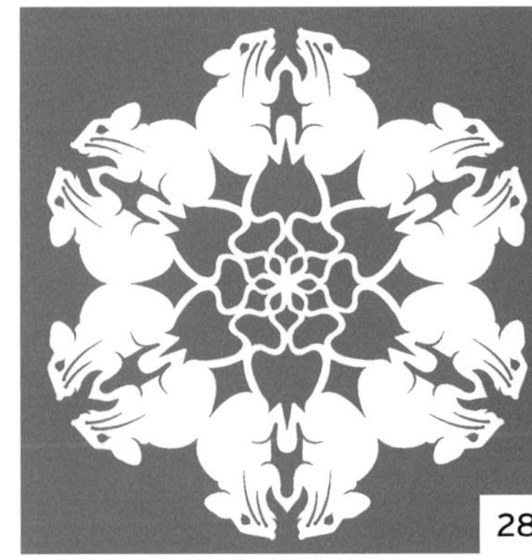
28

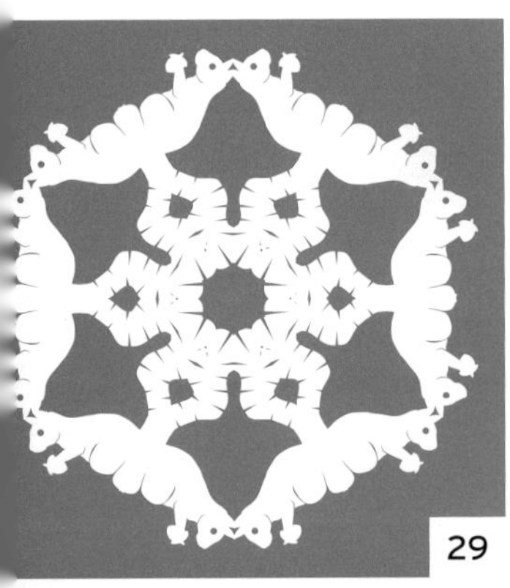
29

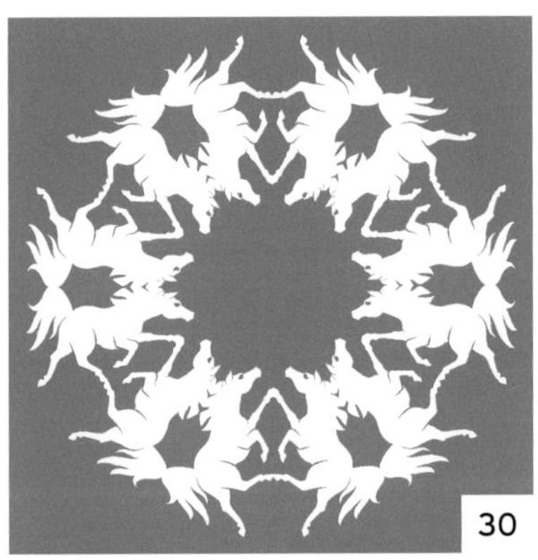
30

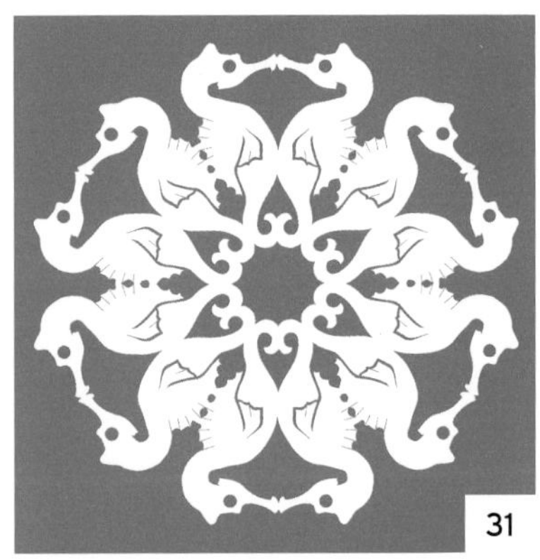
31

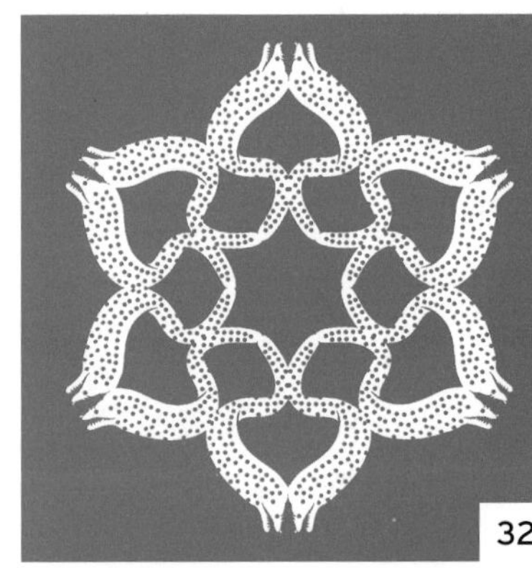
32

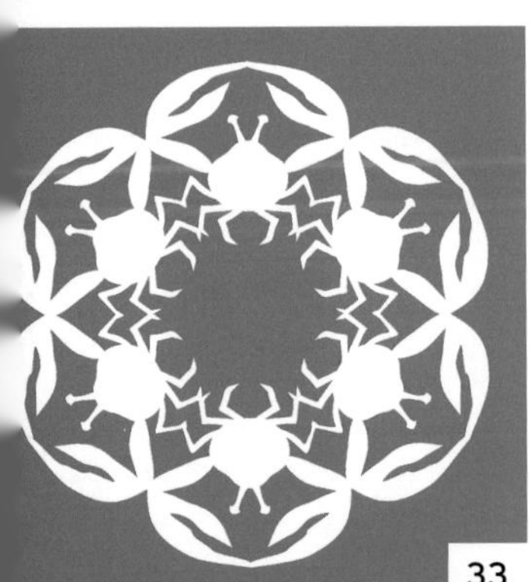
33

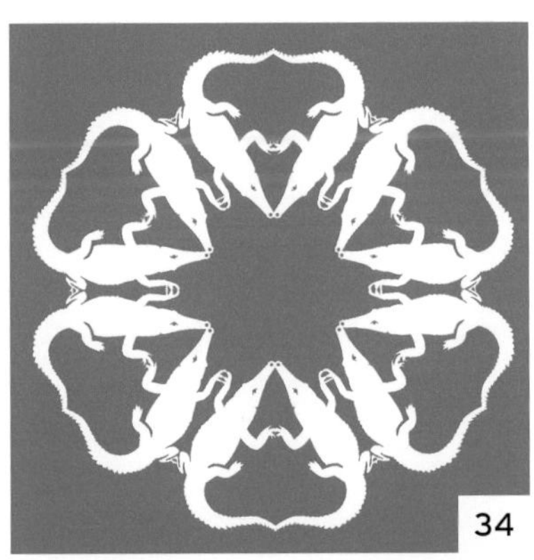
34

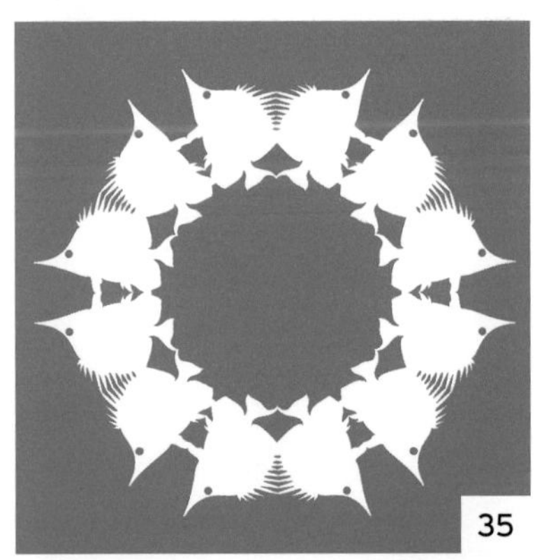
35

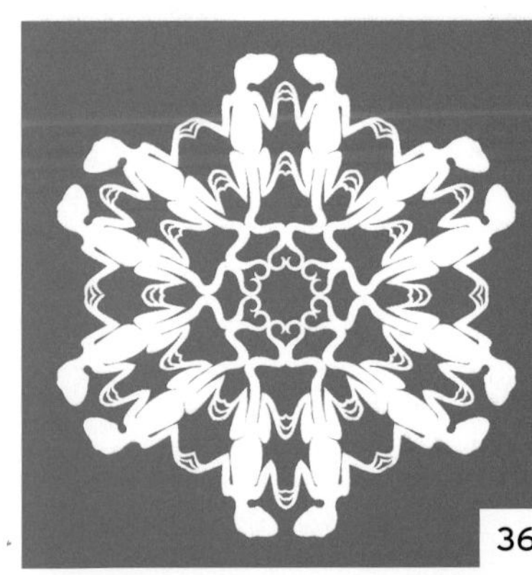
36

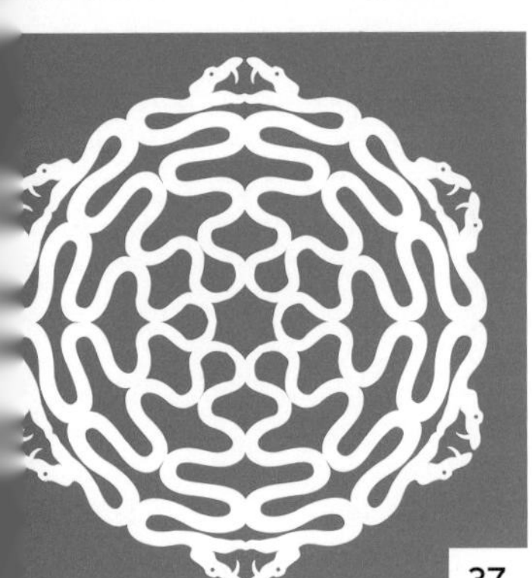
37

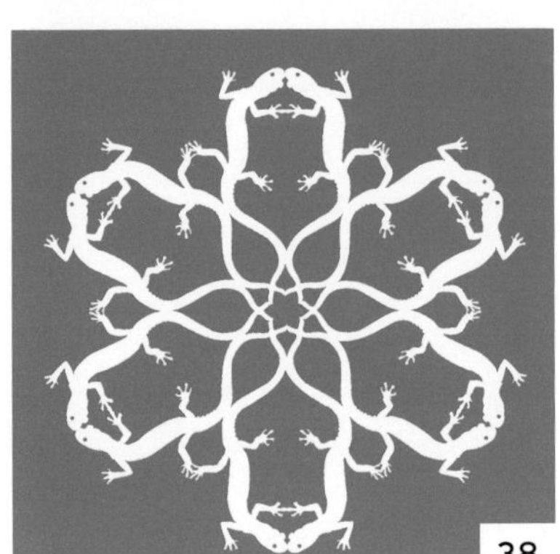
38

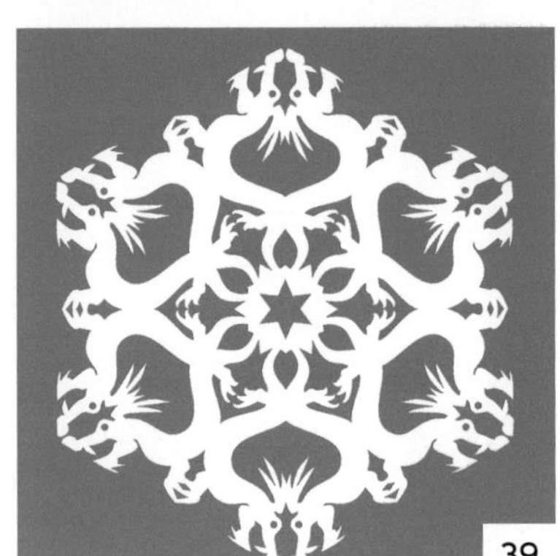
39

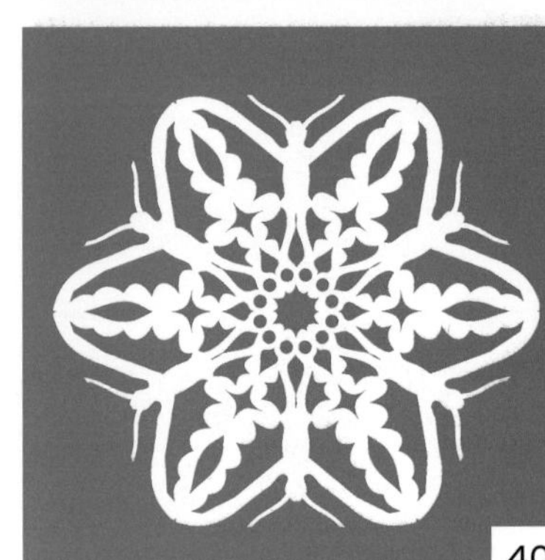
40

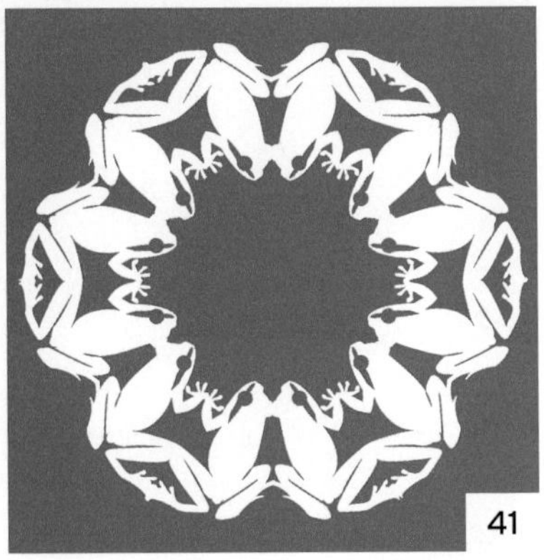
41
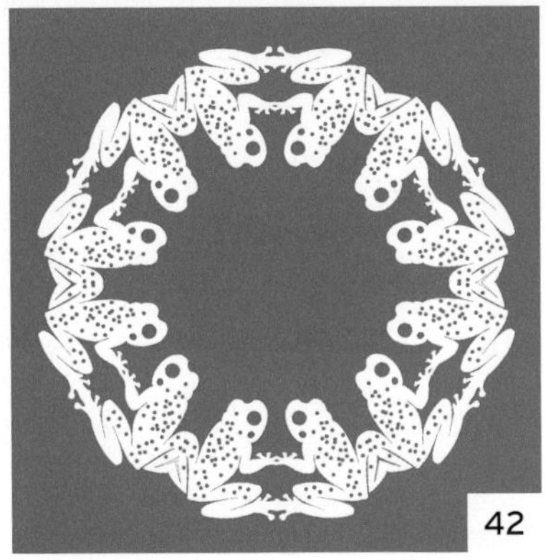
42
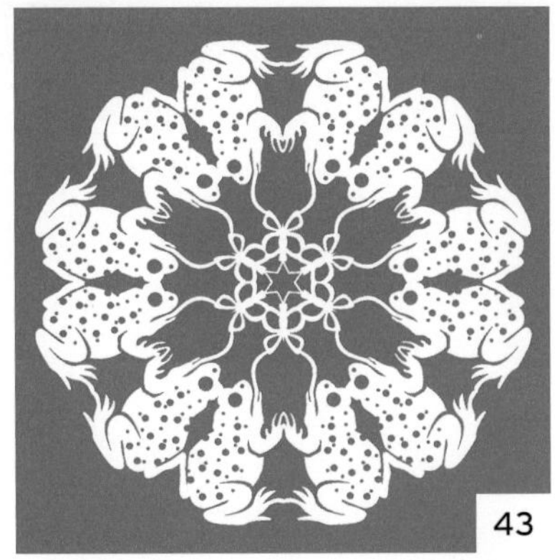
43
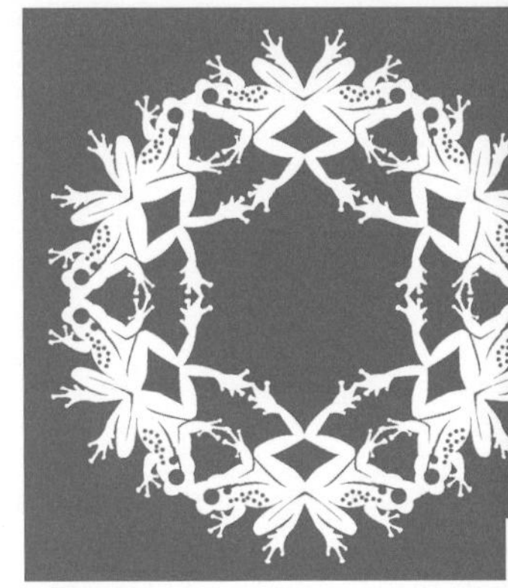
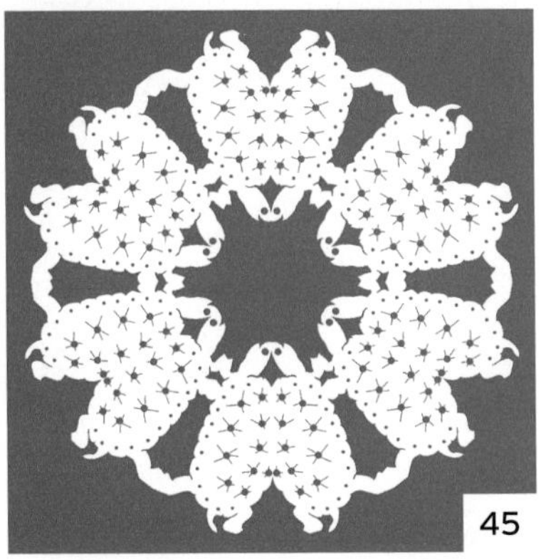
45
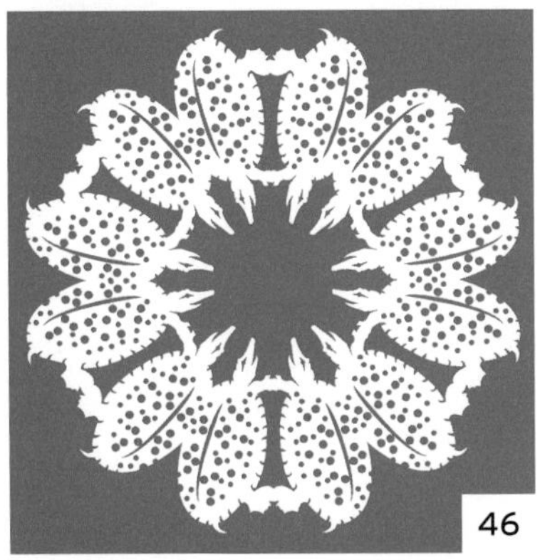
46
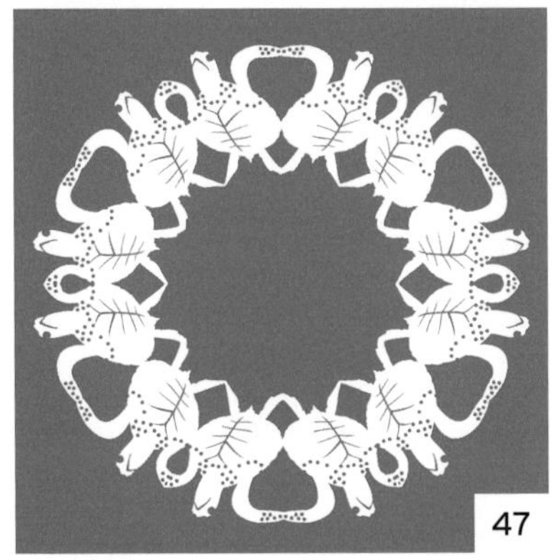
47
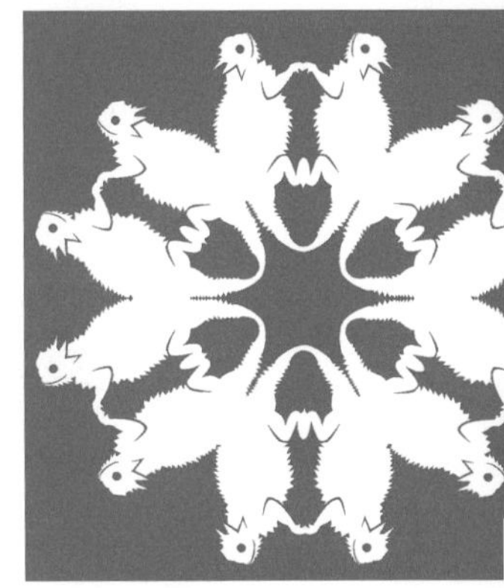
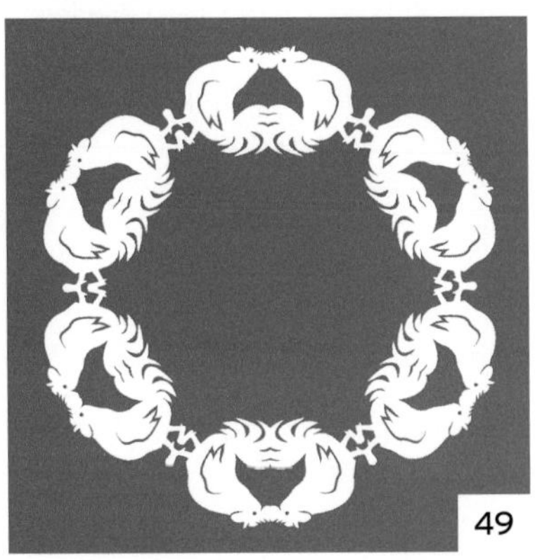
49
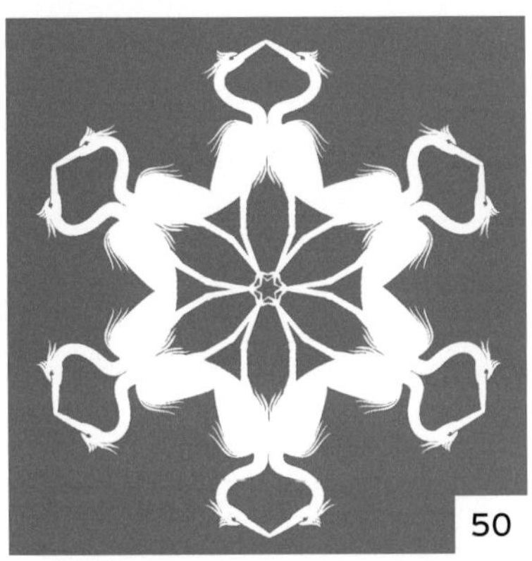
50
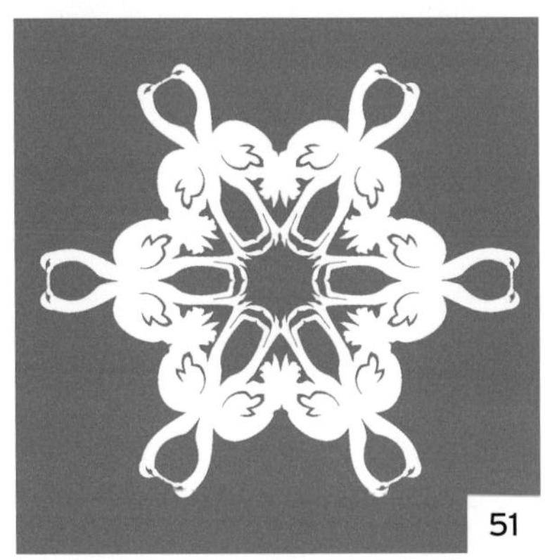
51
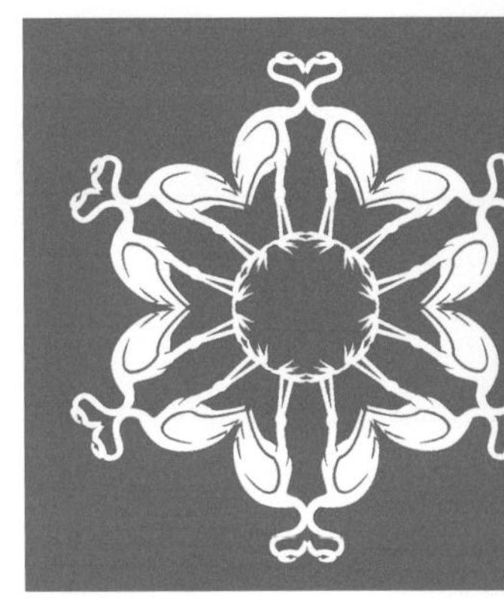
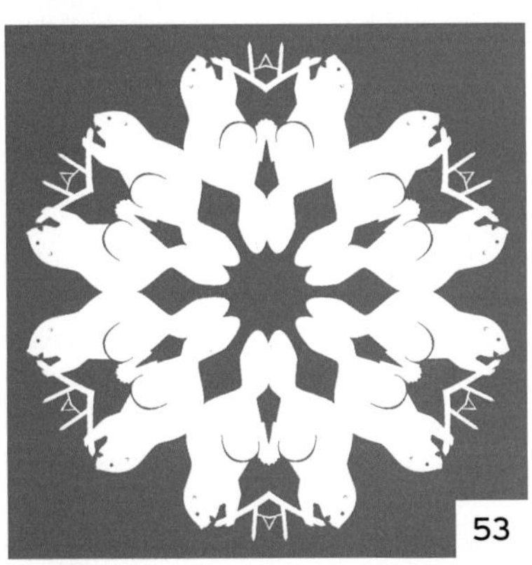
53
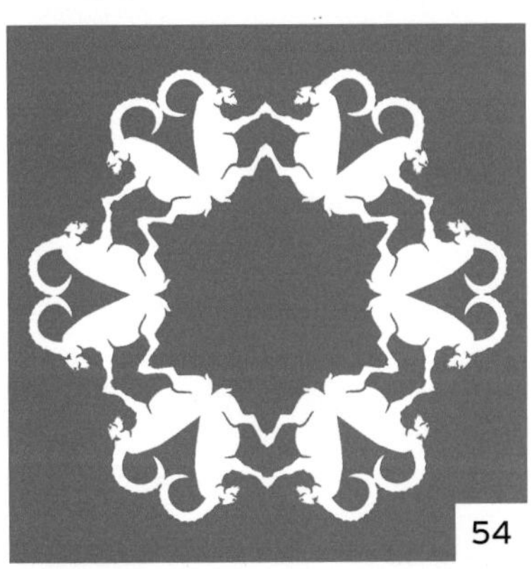
54
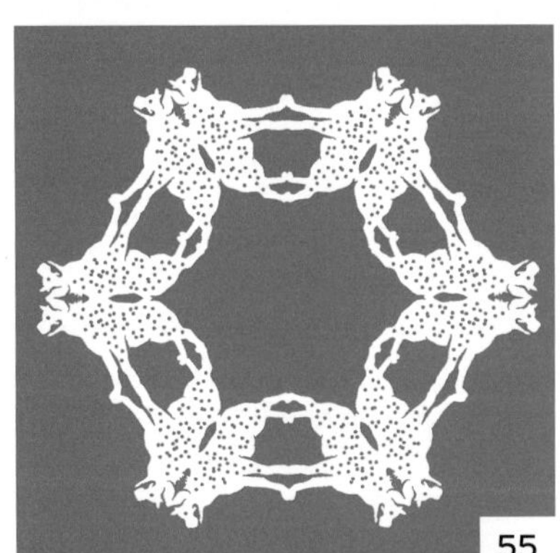
55
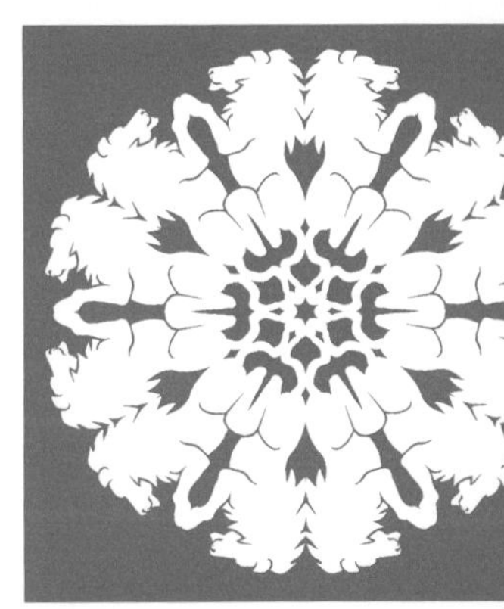
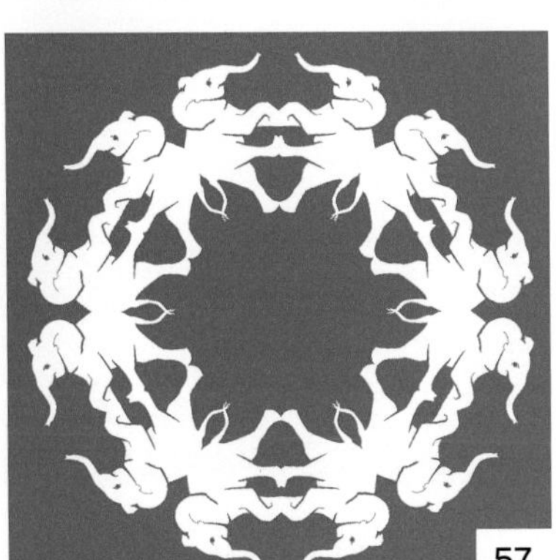
57
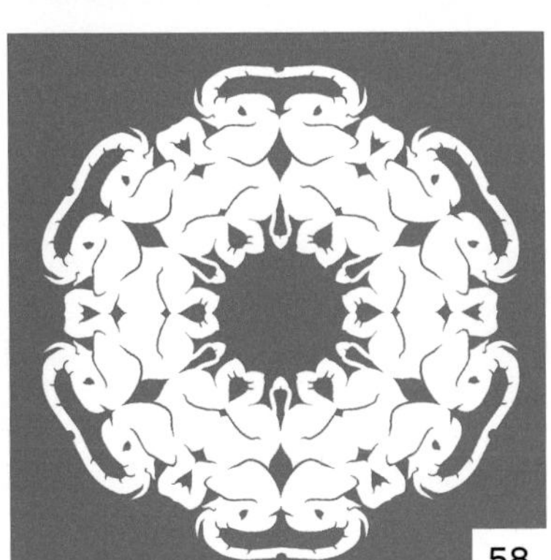
58
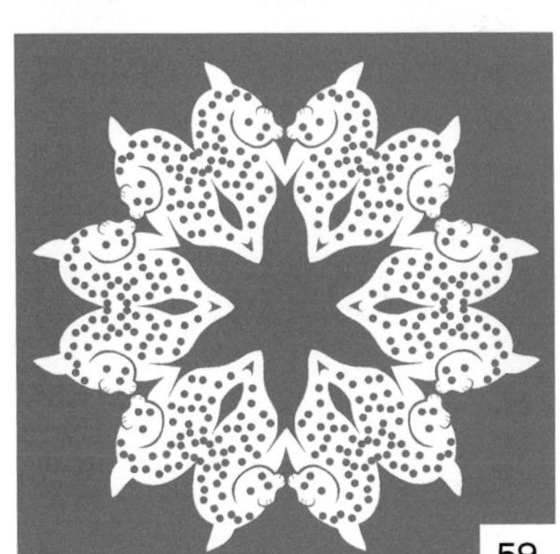
59

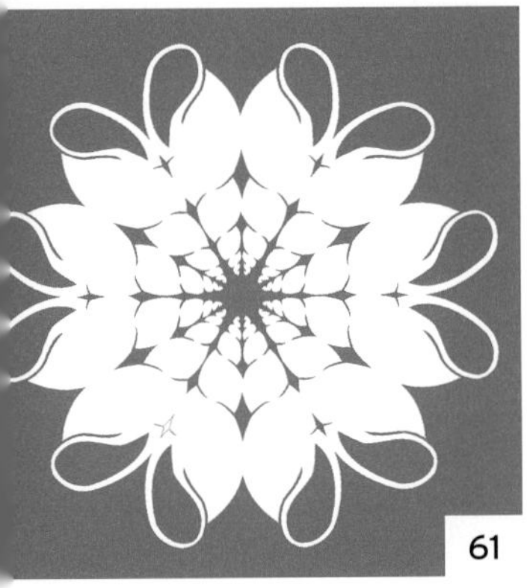
61
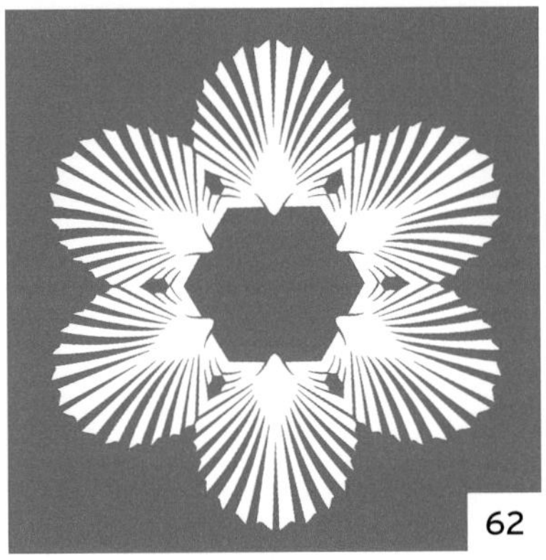
62
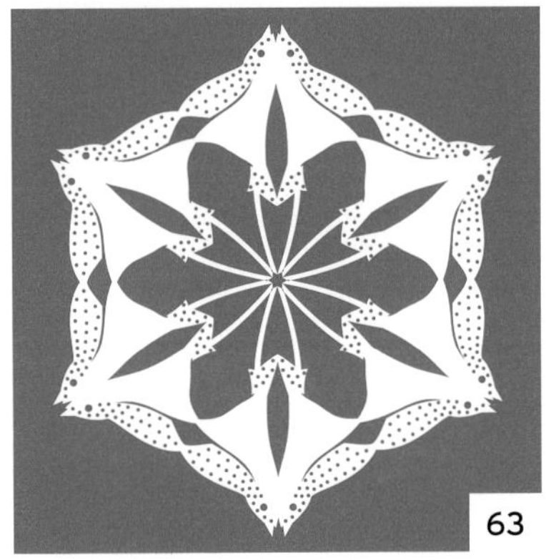
63
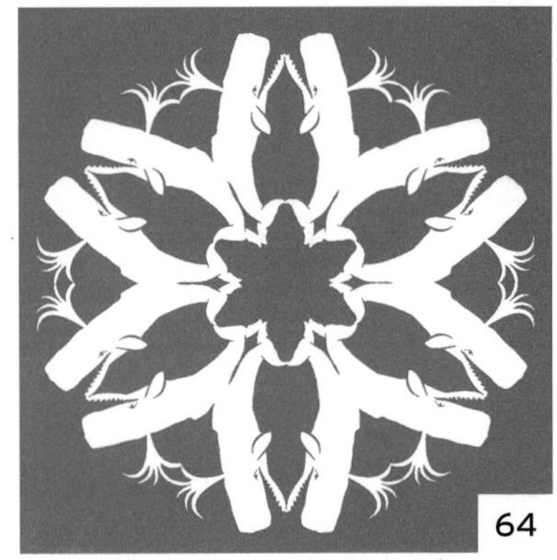
64
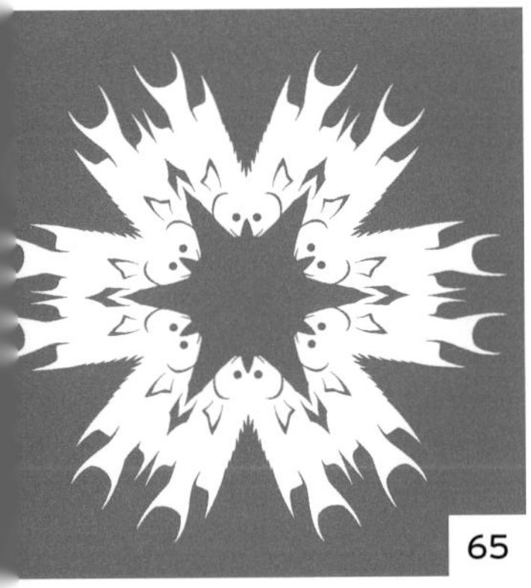
65
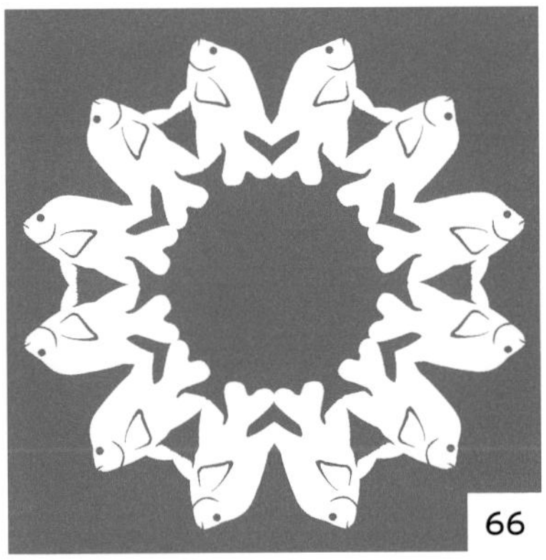
66
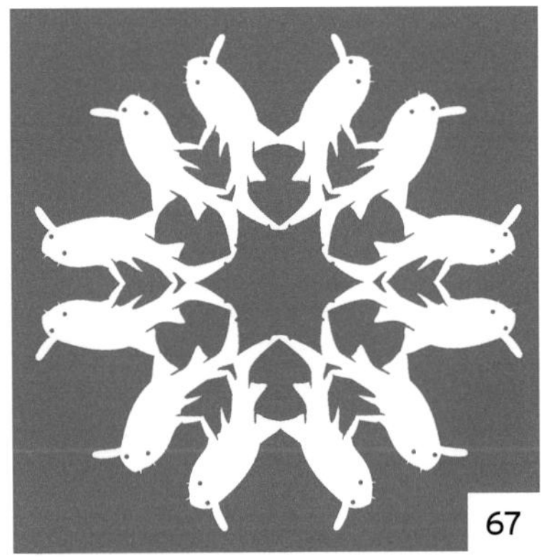
67
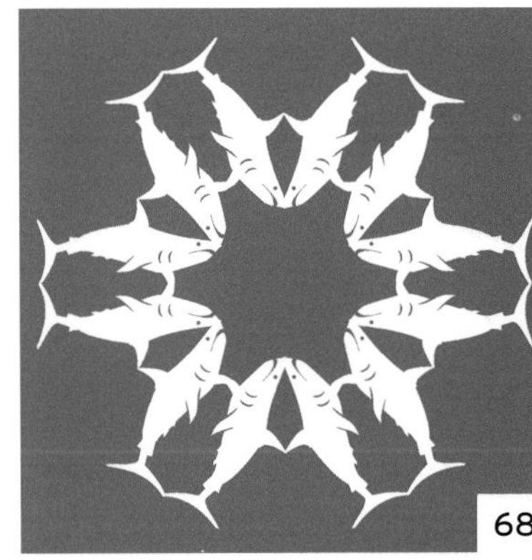
68
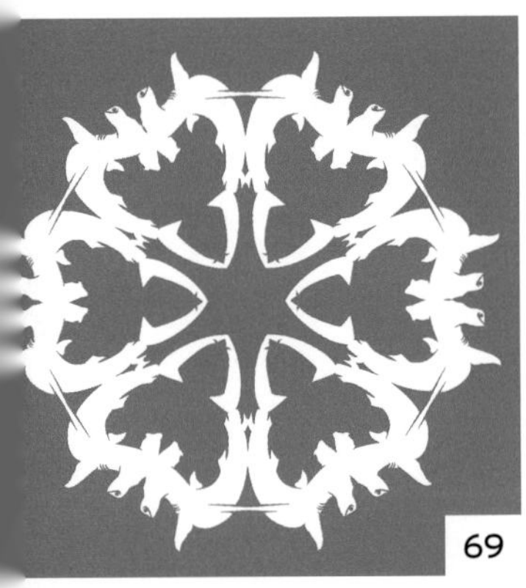
69
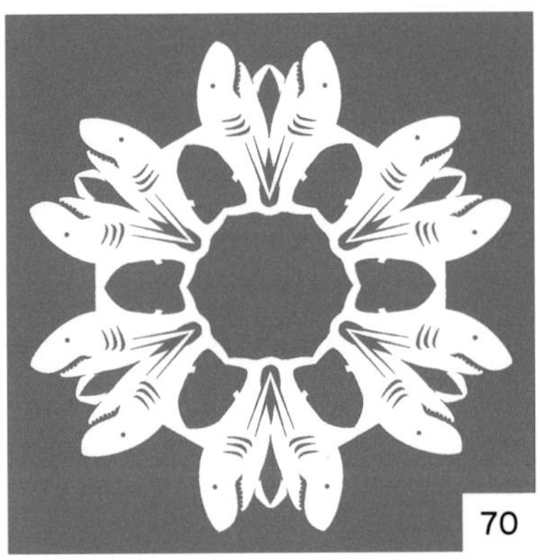
70
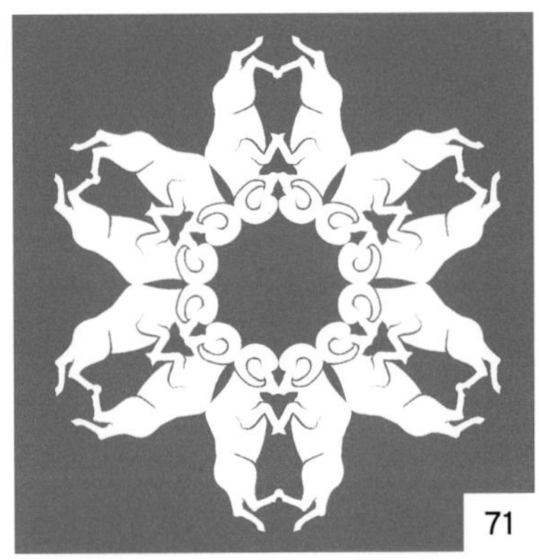
71
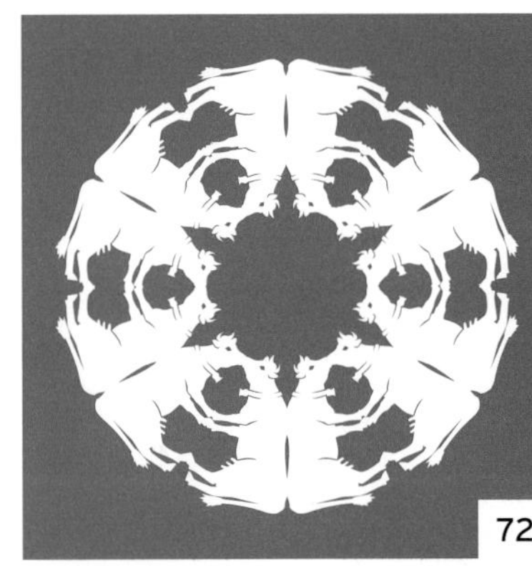
72
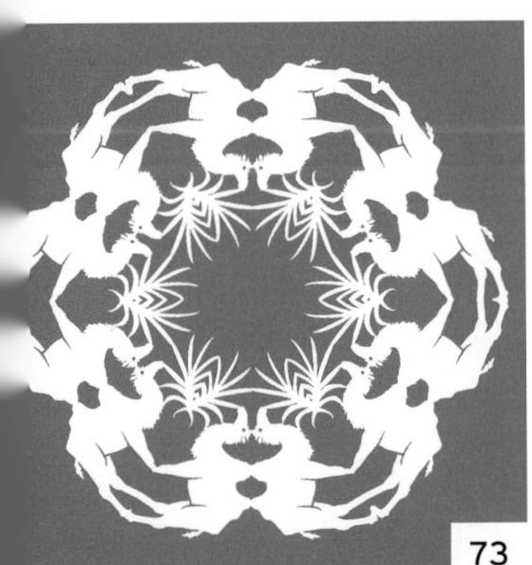
73
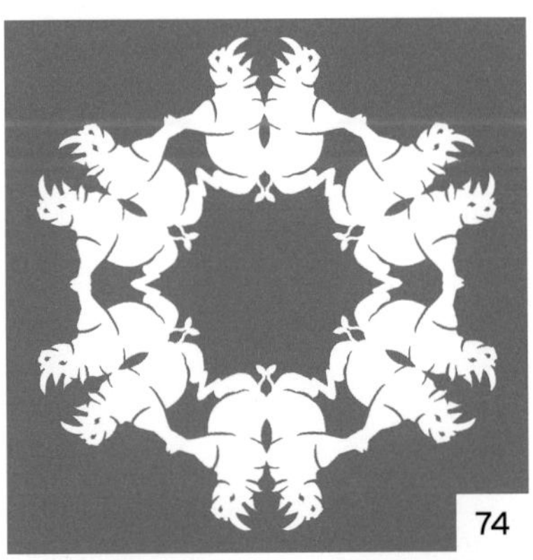
74
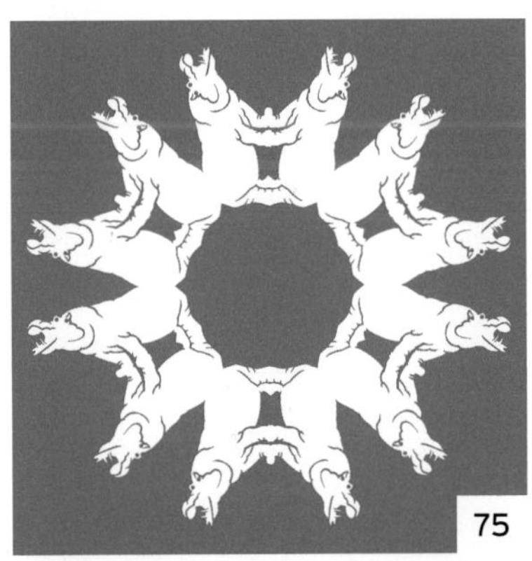
75
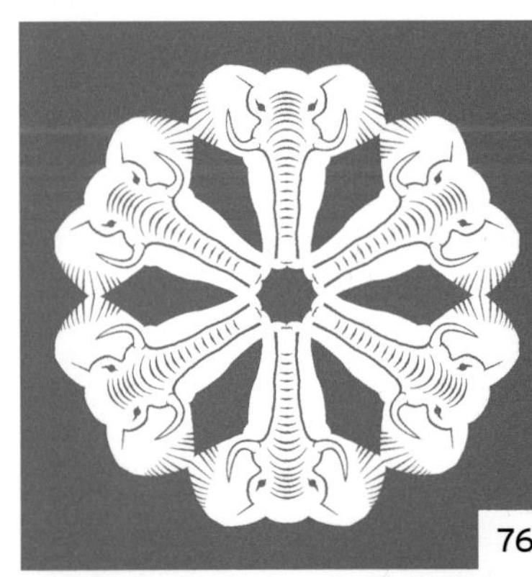
76
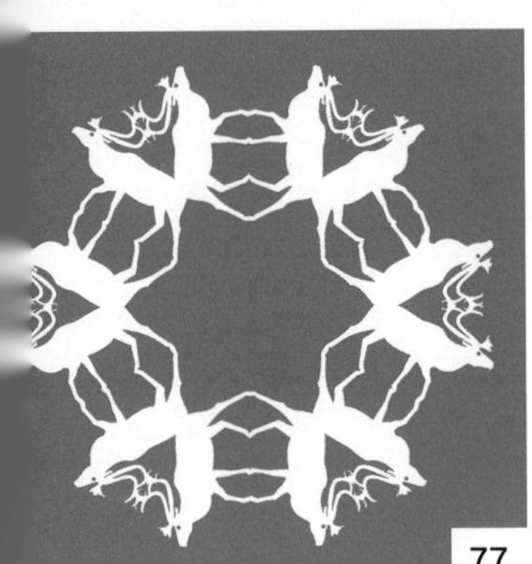
77
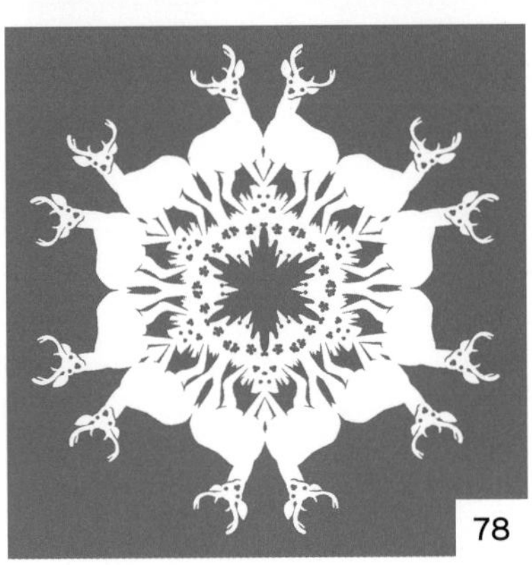
78
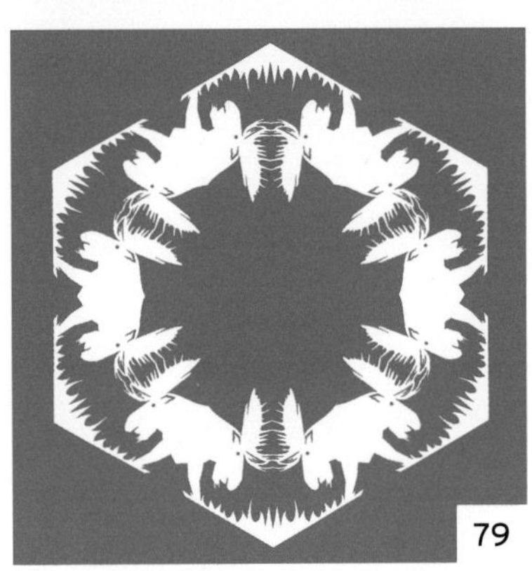
79
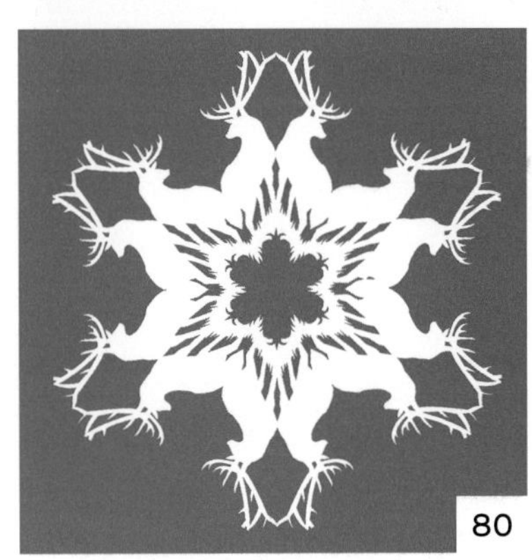
80

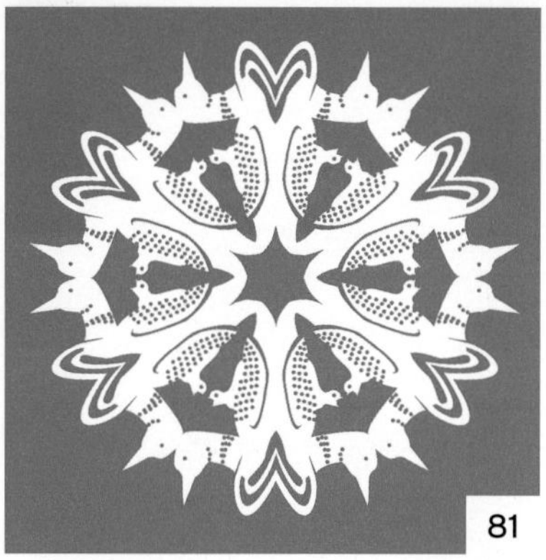
81

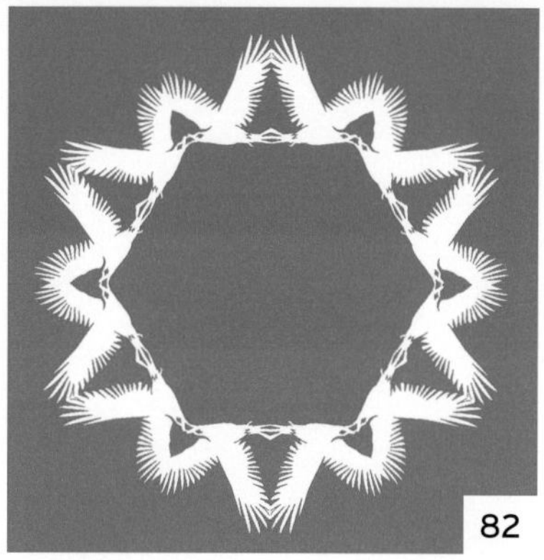
82

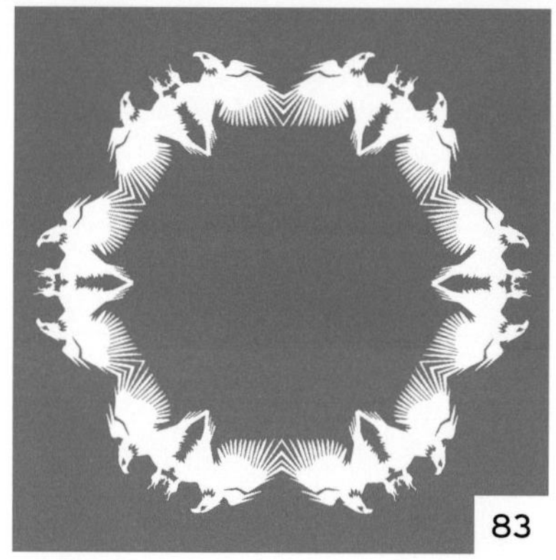
83

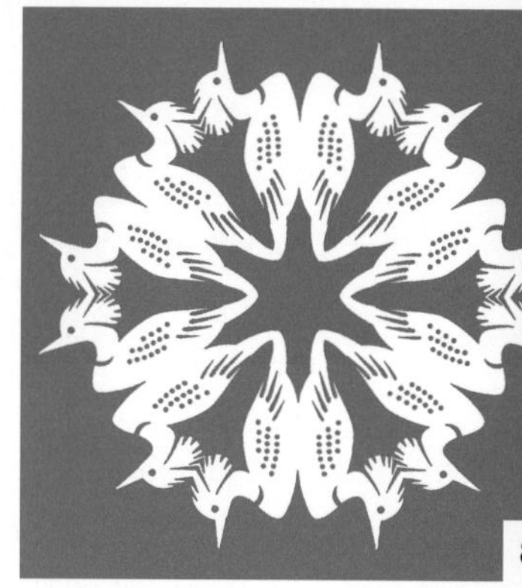
8

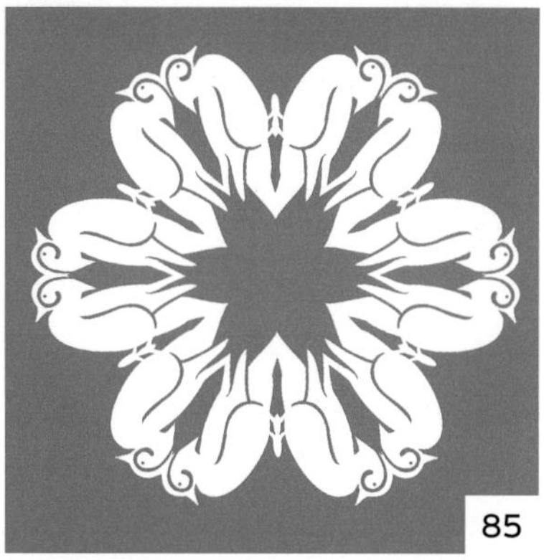
85

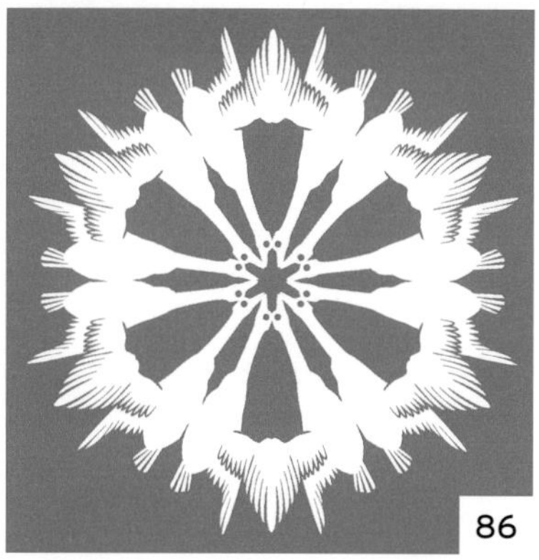
86

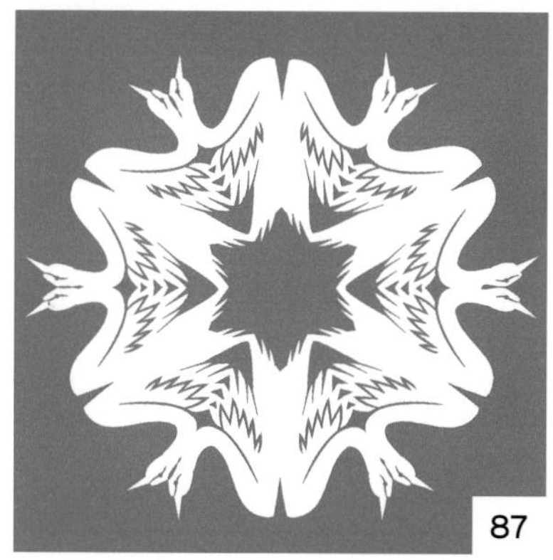
87

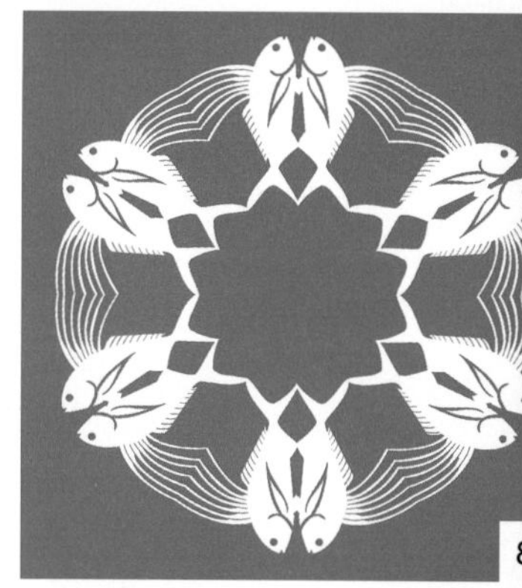
8

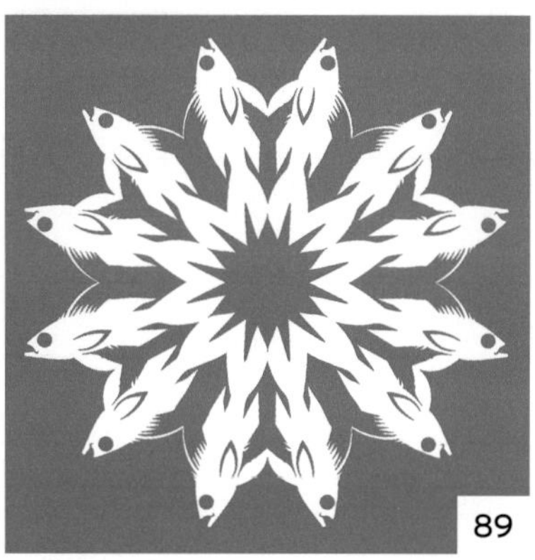
89

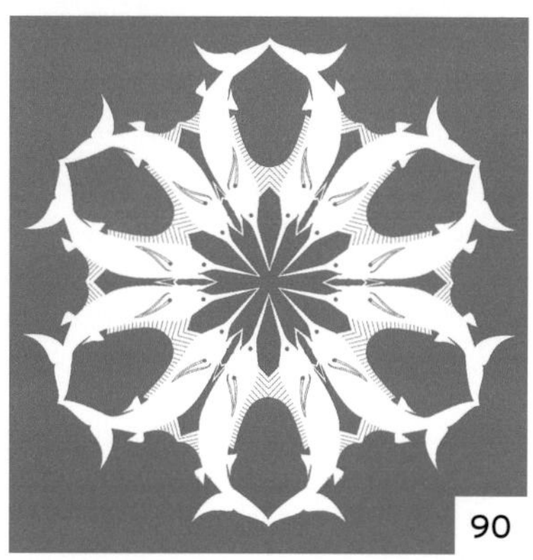
90

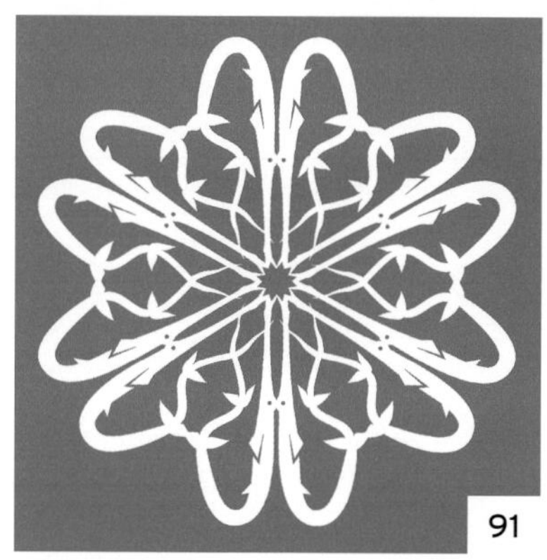
91

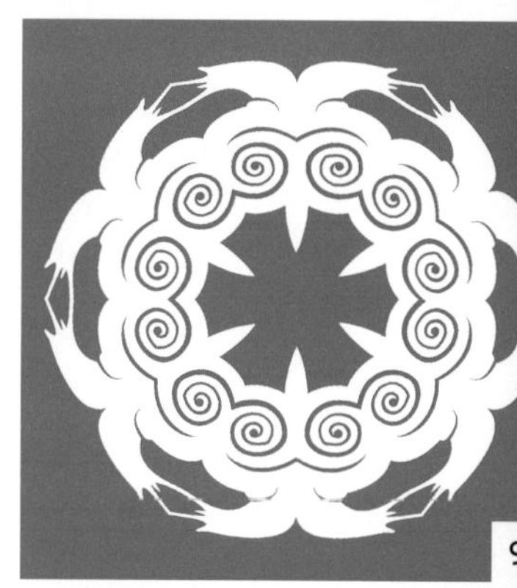
9

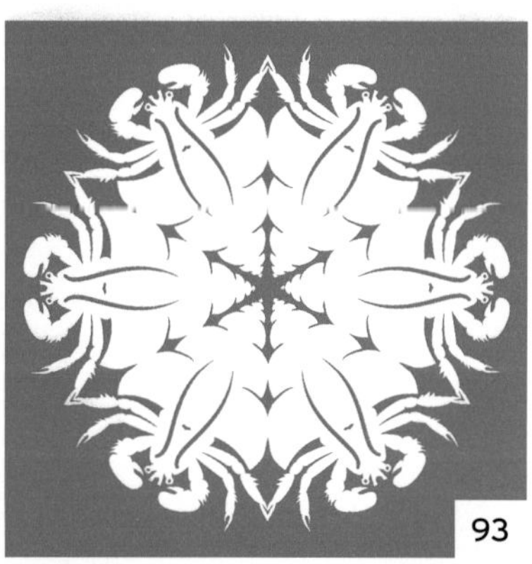
93

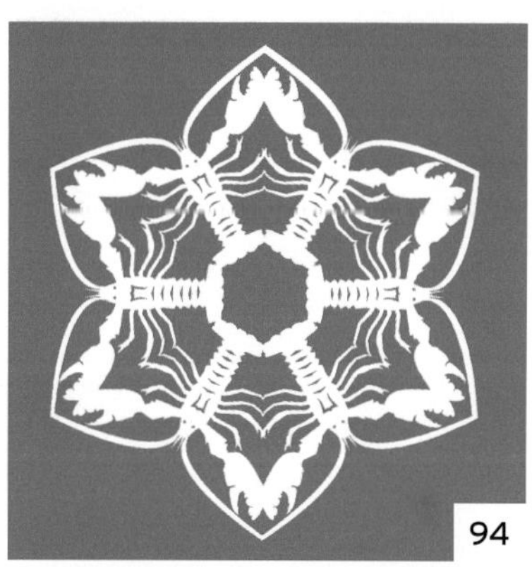
94

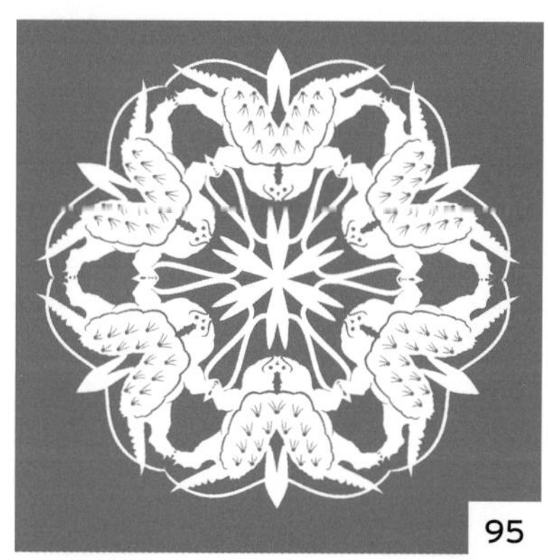
95

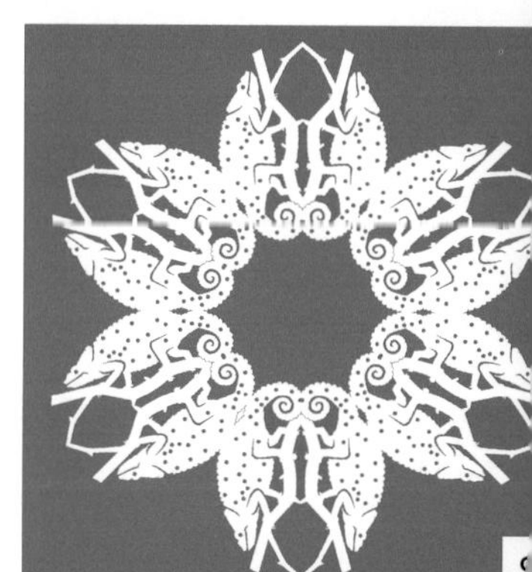
9

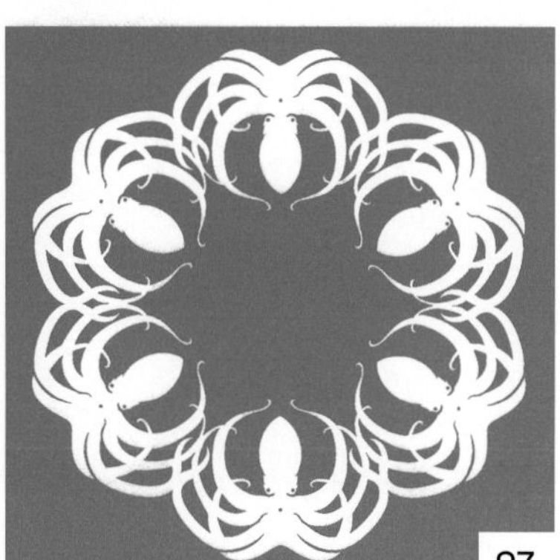
97

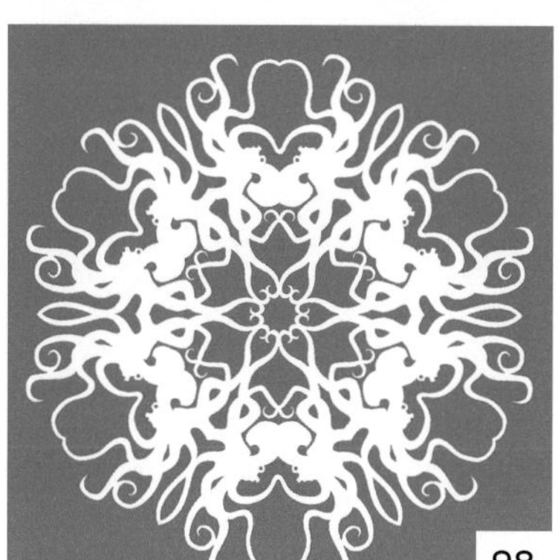
98

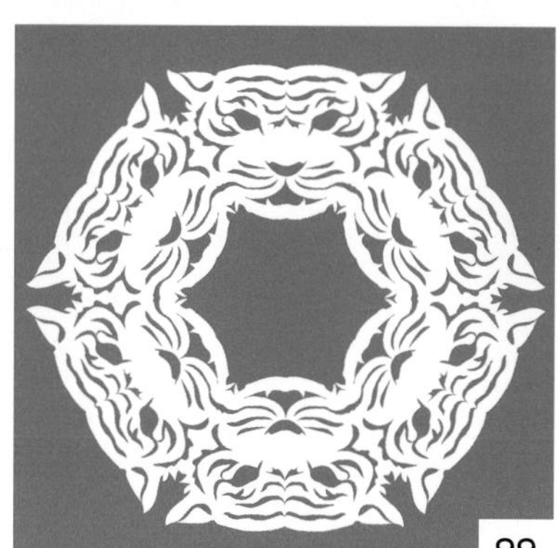
99

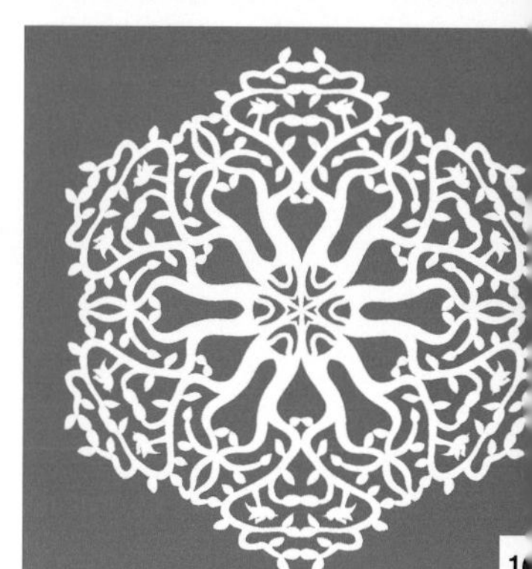
1

VORWORT

Ich werde oft gefragt, wie die Idee zu meinen Scherenschnitten entstand. Am Neujahrstag nach der Jahrtausendwende verbrachte ich den Abend vor dem Fernseher. Nebenbei schnitt ich Schneeflocken aus – ganz gewöhnliche, wie man sie an den Weihnachtsbaum oder an Geschenke hängen kann. Da begann im Fernsehen ein Naturfilm mit dem Bild eines Tigers, das sich in ein Kaleidoskop auffächerte. Ein faszinierender, farbenfroher Anblick! Ich sah sofort, wie ähnlich dieses Bild in seiner strahlenförmigen Symmetrie meinen Schneeflocken war, und fragte mich, ob ich nicht in meinen Scherenschnitten Tiere abbilden könnte.

Ein Tiger wäre mit seinen Streifen für den Anfang zu schwierig gewesen, und so begann ich mit einem Vogel. Ich hatte ohnehin den ganzen Abend lang federähnliche Motive geschnitten und fand, ein Vogel würde sich als Schneeflocke wunderbar machen. Und es klappte! Noch heute gehören Vögel zu meinen Lieblingsmotiven. Ich betrachtete meinen Weihnachtsbaum und dachte, auch er wäre ein schönes Motiv. Und so war es! Dann bat mich jemand, sein Lieblingstier zu einer Schneeflocke zu machen und meine Schwägerin wollte gern einen Scherenschnitt ihrer Bratsche. Damit war der Start gemacht.

Ich fand dann heraus, dass man auch Initialen ganz toll falten und schneiden kann, und am Ende brachte ich sogar den Tiger mit all seinen Streifen zustande. Inzwischen beherrsche ich auch Scherenschnittporträts! Dazu schneide ich die Konturen nach und lasse einige Verbindungen stehen, damit sich das Ganze zu einer Schneeflocke entfalten lässt. Porträtschnitte sind sehr schwierig, sehen aber großartig aus!

Wenn andere die Tiere oder andere Motive in meinen Schneeflocken entdecken, sind sie stets so begeistert, dass ich beschloss, dieses Erlebnis mit mehr Menschen zu teilen. Ich brachte das Falten und Schneiden Freunden und Bekannten bei und schließlich schafften es meine Scherenschnitte sogar ins Stadtmuseum von St. Louis im US-Bundesstaat Missouri, wo ich als Künstlerin in der Art City tätig bin. Besonders viel Spaß macht es mir, die polnischen Wolfsgeschichten meines Vaters zu erzählen, während Besucher an meinem Stand im Museum ihre Schneeflocken ausschneiden.

Lehrer, Eltern, Pfadfinderführer und viele andere kamen immer wieder zu mir und sagten: „Wie gehört das nochmal gefaltet?" Oder auch: „Ich kann keine Tiere zeichnen." Daher habe ich dieses Buch mit allen meinen Motiven erarbeitet. Jetzt kann jeder die Vorlagen ganz einfach kopieren, nach Anleitung falten und Freude daran haben.

Haben Sie eine Idee für ein gutes Motiv? Dann lassen Sie es mich wissen! (Siehe Kontaktinformationen im Impressum.) Viel Spaß beim Falten und Schneiden!

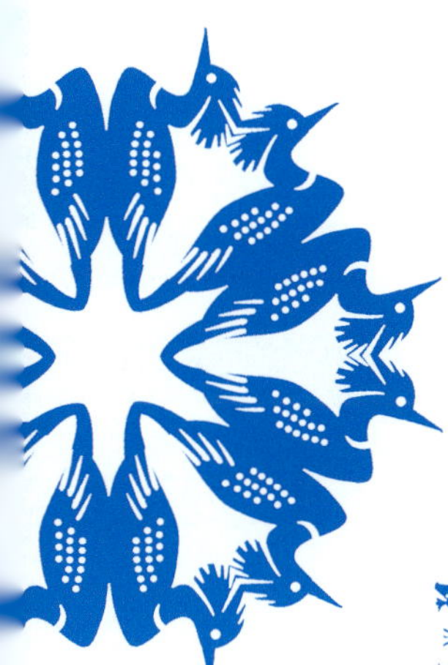
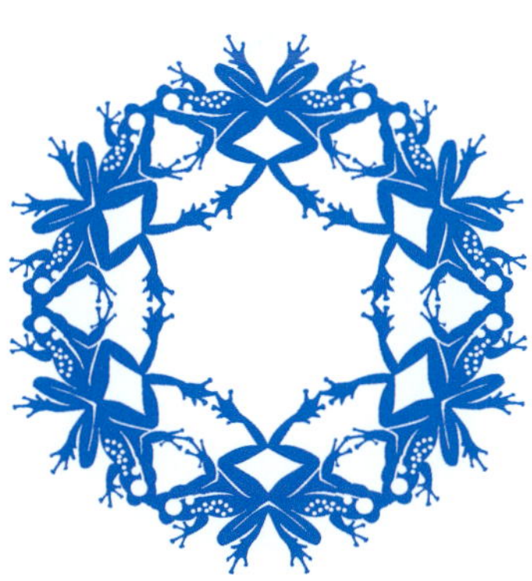
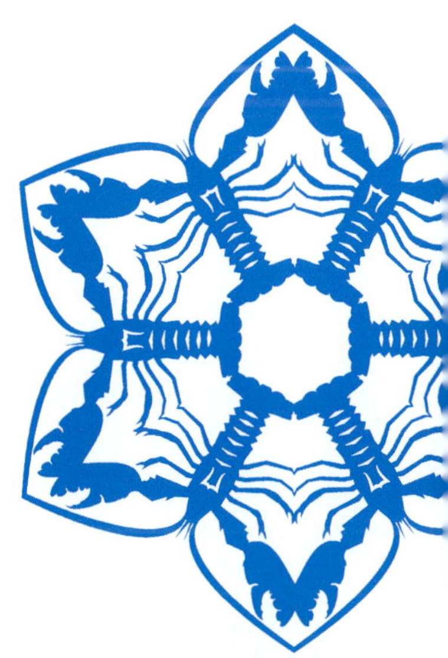
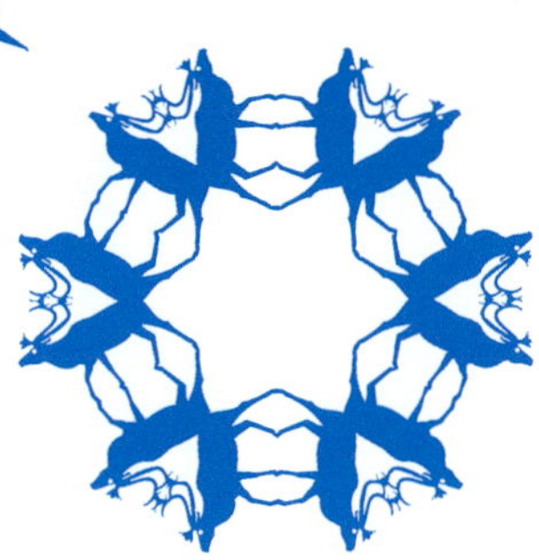
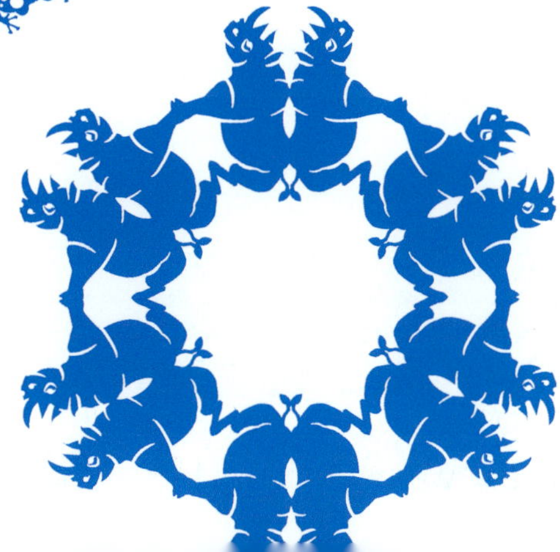
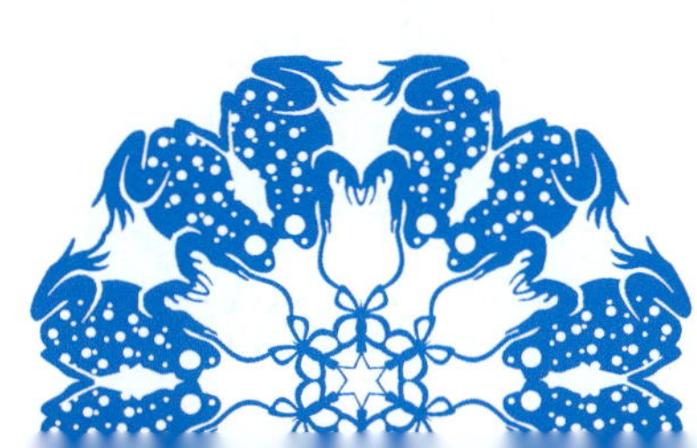

BASTELMATERIAL

Kleine Scheren und vorgefaltetes Papier passen in jede Tasche. Damit hat man das Material dabei, wann immer man es braucht. Scherenschnitte können den Bastler in Sitzungen wachhalten oder ein quengeliges Kind beschäftigen. Sie sind auch ein guter Eisbrecher in Gesprächen. Dies sind die benötigten Materialien:

PAPIER

Die Vorlagen können auf jedes dünne bis mittelstarke Papier kopiert werden, das sich gerade findet – es muss nicht weiß und quadratisch sein. Wer kein Kopiergerät zu Hause hat, kann die Vorlagen einscannen oder über den untenstehenden Link herunterladen und danach ausdrucken.

Druckpapier und Standard-Kopierpapier sind gut geeignet, aber dünneres Papier lässt sich leichter schneiden – es wird nämlich noch zwölffach gefaltet. Origami-Papier eignet sich ausgezeichnet. Sogar Kaffeefilter können als Scherenschnitte erfreuen. Geschenkfolie bleibt von selbst am Fenster haften und glitzert dort wie eine Eisblume. Das sieht sehr schön aus, aber auf solches Papier lässt sich natürlich nichts kopieren, sodass die Motive stattdessen abgepaust werden müssen. Am besten einfach das Papier nehmen, das gerade verfügbar ist, und ausprobieren!

Keine Angst vor Experimenten! Die Motivgröße kann beim Drucken und Kopieren angepasst werden – so kommt noch mehr Abwechslung in die Sache! Viele meiner Motive sind auch um die Hälfte verkleinert noch gut auszuschneiden und passen dann auf eine Grußkarte. Bezaubernd!

WERKZEUG

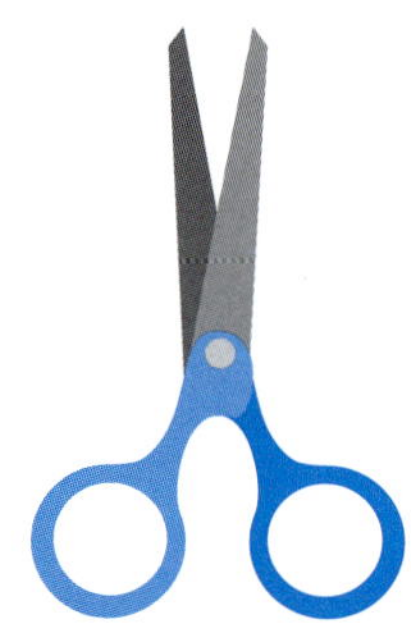

Scheren: Für detailreiche Motive passt eine sehr scharfe Zehennagelschere am besten. Nagelscheren sind aber nicht gepolstert und nach zwei, drei Motiven, die aus zwölflagigem Papier geschnitten werden, können die Finger schon mal wehtun. Gewöhnliche Papierscheren eignen sich für die meisten Motive ebenso, jedoch nicht für die detailreicheren.

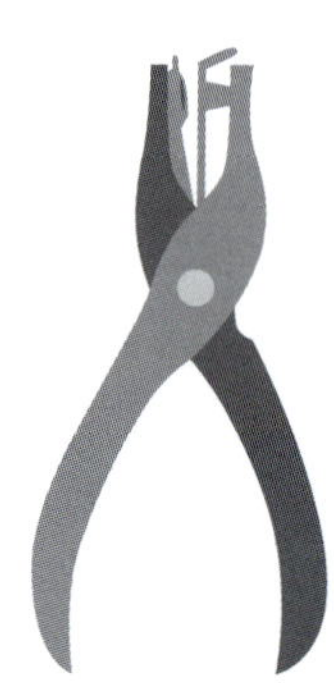

Lochzangen: Lochzangen mit 1,5 mm, 3 mm und 6 mm Durchmesser werden benötigt, um Löcher zu stanzen oder Zwischenräume auszuschneiden. Zwischenräume sind nicht mit dem Papierrand verbunden, sodass ein Loch gestanzt werden muss, um mit der Schere weitermachen zu können. Manchmal können auch Teile des Motivs statt mit der Schere mit der Lochzange bearbeitet werden, denn bei geschwungenen Linien bietet sich das abgerundete Werkzeug geradezu an.

VORLAGEN ZUM HERUNTERLADEN

Wer kein Kopiergerät zur Verfügung hat, kann die Vorlagen hier zum Ausdrucken herunterladen:
www.QuartoKnows.com/page/animal-snowflakes

FALTEN UND SCHNEIDEN

Vorlagen müssen immer genau an den gestrichelten Linien entlang gefaltet werden. Präzision ist dabei entscheidend. Schon eine Ungenauigkeit von 1,5 mm kann am Ende zu 3 mm Unterschied führen und damit ein wichtiges Detail im Motiv kaputt machen.

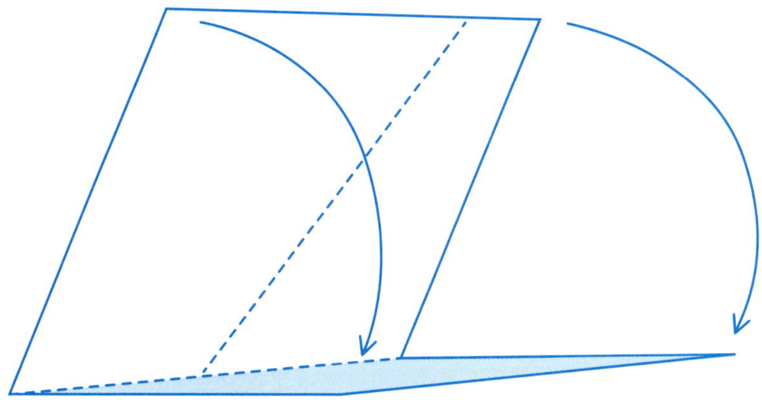

1 Das Papier zuerst in der Mitte falten – immer genau an der Linie. Die Papierecken müssen nicht genau aufeinandertreffen. Die Faltlinie ist genau dort eingezeichnet, wo es für das Motiv passt.

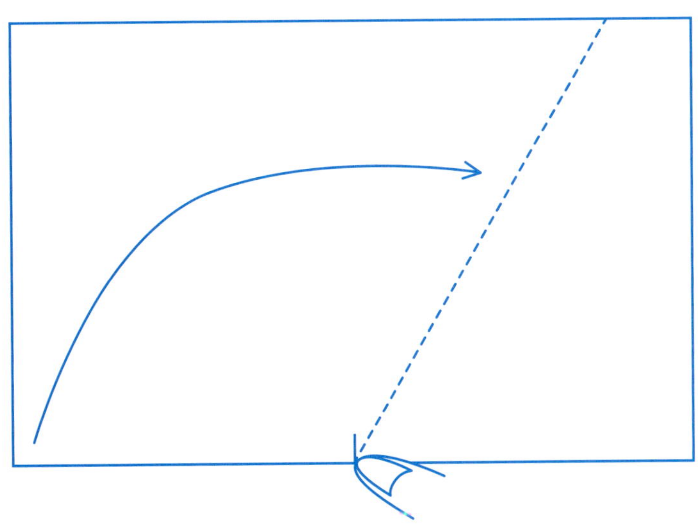

2 Das Papier mit dem Motiv nach unten auf den Tisch legen. Die zweite gestrichelte Linie befindet sich jetzt oben. Mit dem Nagel des Zeigefingers dort auf die Linie drücken, wo sie auf die Faltkante trifft, und die linke untere Papierecke wie in der Abbildung nach oben falten. Das Papier genau zur gestrichelten Linie hin falten. Die gesamte gestrichelte Linie muss weiterhin sichtbar bleiben.

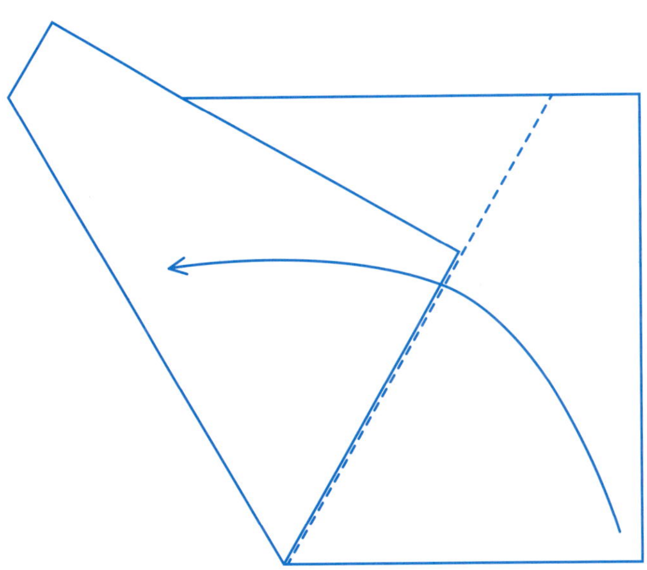

3 Die rechte untere Papierecke nach oben falten. Das Papier ist jetzt in drei kuchenstückähnliche Teile gefaltet. Immer zunächst nur leicht falten, bis die exakte Faltung erreicht ist.

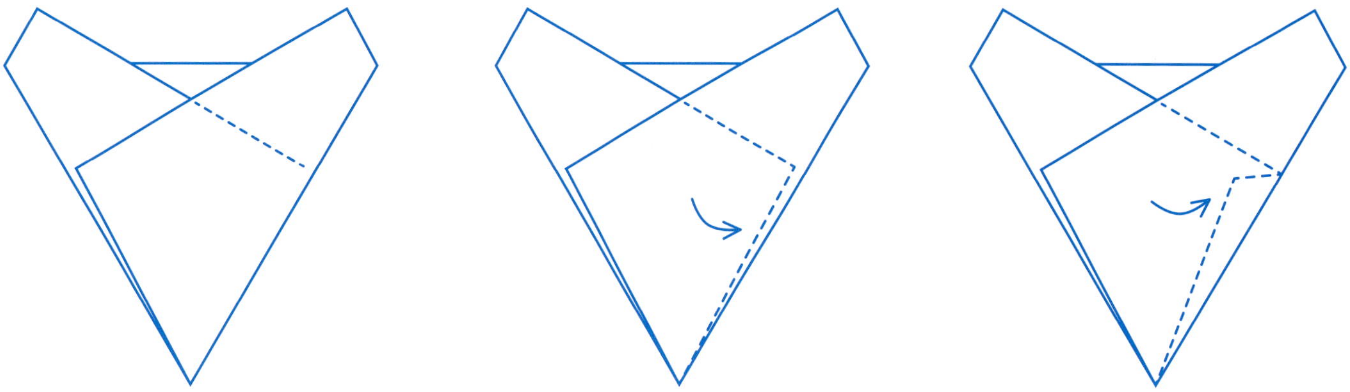

A B C

Unten auf ein spitzes Ende achten und aufpassen, dass die neue Falte direkt an der vorigen Kante liegt.

Abbildung A zeigt, wie es richtig geht. Die oberste Papierschicht anheben, um sicherzugehen, dass der Papierrand darunter genau an die Faltkante anschließt, aber nicht übersteht und zurückgefaltet wird.

Abbildungen B und C zeigen fehlerhaftes Falten. Wenn Papierrand und Faltkante nicht bündig aneinander anschließen, muss dies korrigiert werden. Danach zum Fixieren der Falten mit dem Fingernagel darüberfahren und aufpassen, dass das Ende ganz spitz bleibt.

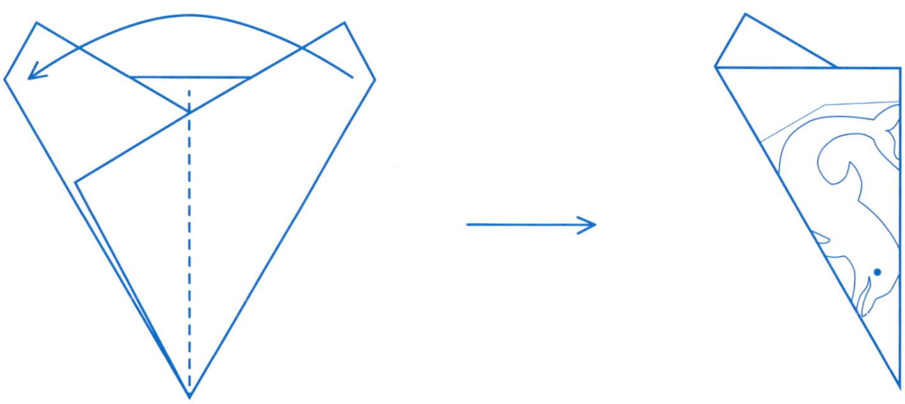

4 Das Papier wieder in der Mitte falten. Das Ende muss spitz bleiben und die gefalteten Papierränder müssen exakt übereinander liegen. Aufpassen, dass die oberste Papierschicht nicht verrutscht. Genauigkeit ist vor allem für die komplizierteren Motive in diesem Buch entscheidend.

Jetzt kann das Motiv ausgeschnitten werden.

Achtung: Gestrichelte Linien sind ausschließlich Faltlinien – hier bitte nicht schneiden. Geschnitten wird immer an der durchgehenden schwarzen Linie.

In manchen Motiven verlaufen zwei Linien ganz dicht beieinander. Ich nenne sie „Blitzlinien" und zeichne sie absichtlich so. Hier muss auf jeden Fall an beiden Linien entlang geschnitten werden und nicht nur an einer! Dadurch löst sich zwischen den Linien ein ganz dünnes Stück Papier – wie ein Blitz.

Graue Punkte stehen für Löcher, die gestanzt werden müssen. Graue Bereiche sollten immer ausgeschnitten werden. Je mehr man davon wegschneidet, desto detaillierter ist dann auch das Motiv.

Bei geschwungenen Linien am besten eine Lochzange verwenden, wo immer möglich – das ist einfacher.

Fertige Schneeflocken haben immer eine Vorder- und eine Rückseite. Auf der Rückseite können noch Schnitt- oder Faltlinien sichtbar sein, deshalb das Werk immer auf die richtige Seite drehen!

Noch eine kleine Warnung: Diese Scherenschnitte machen süchtig. Viel Spaß!

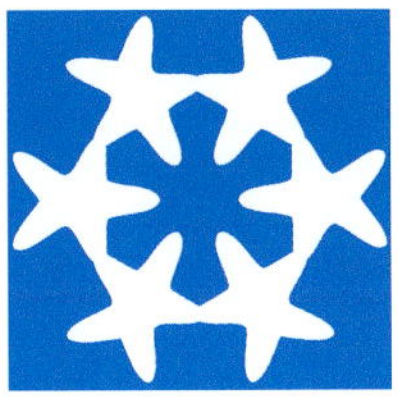

1 SEESTERN

An den durchgehenden schwarzen Linien entlang schneiden. Gestrichelte Linien nicht beachten und nicht von abfallenden Papierstücken aus der Ruhe bringen lassen.

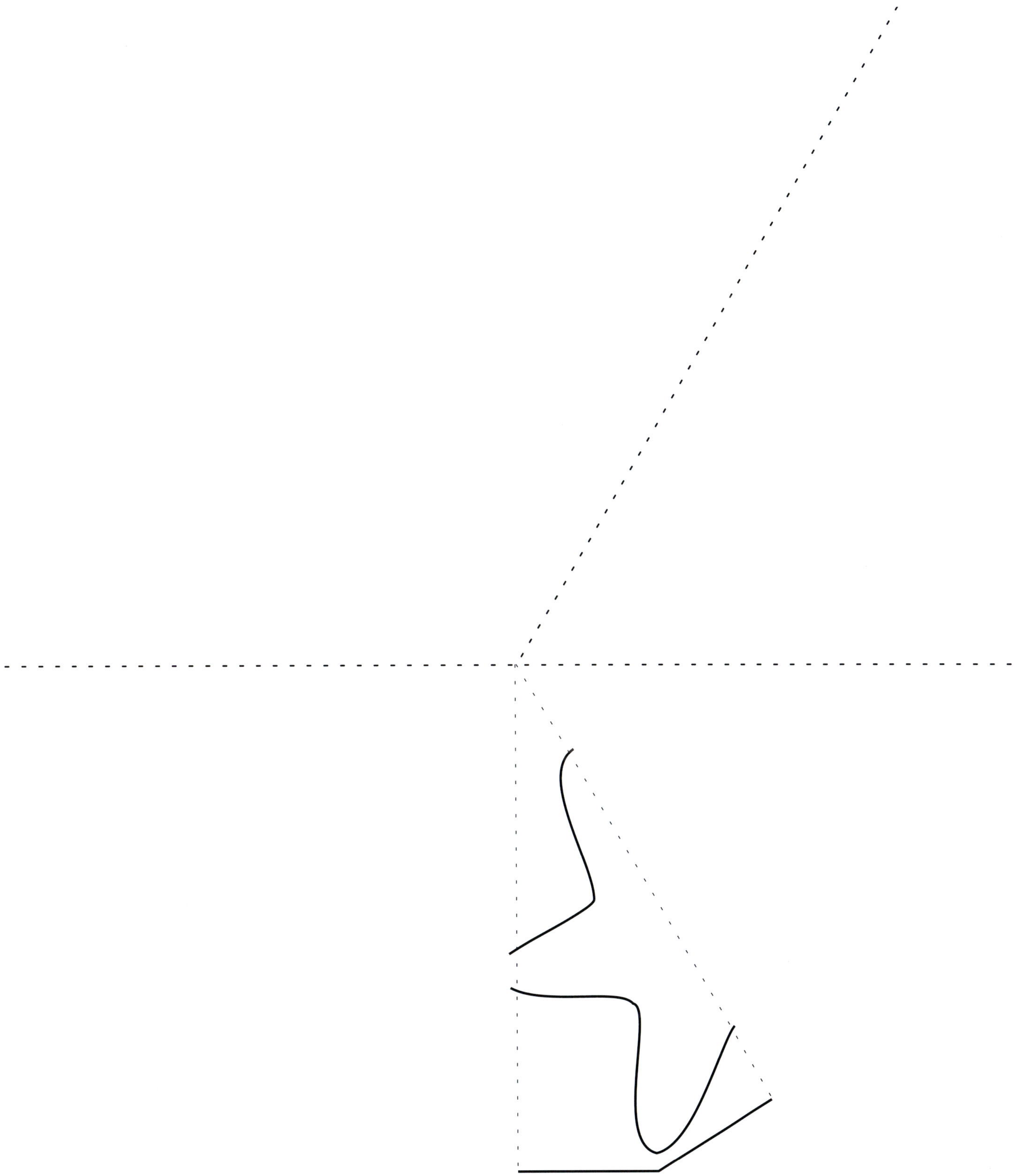

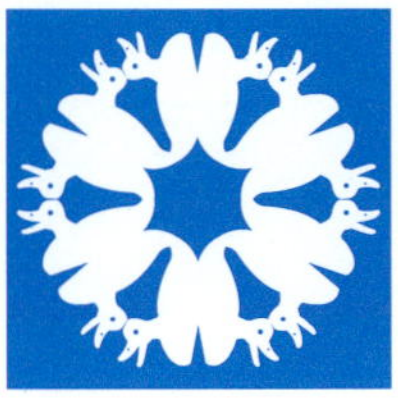

2 ENTE

Dieses Motiv sollte auch für die Kleinsten einfach genug sein. Immer daran denken, dass nur an den durchgehenden schwarzen Linien geschnitten wird. An Schwanz und Kopf müssen Verbindungspunkte bestehen bleiben – sonst gibt's keine Schneeflocke, sondern nur Schnipsel.

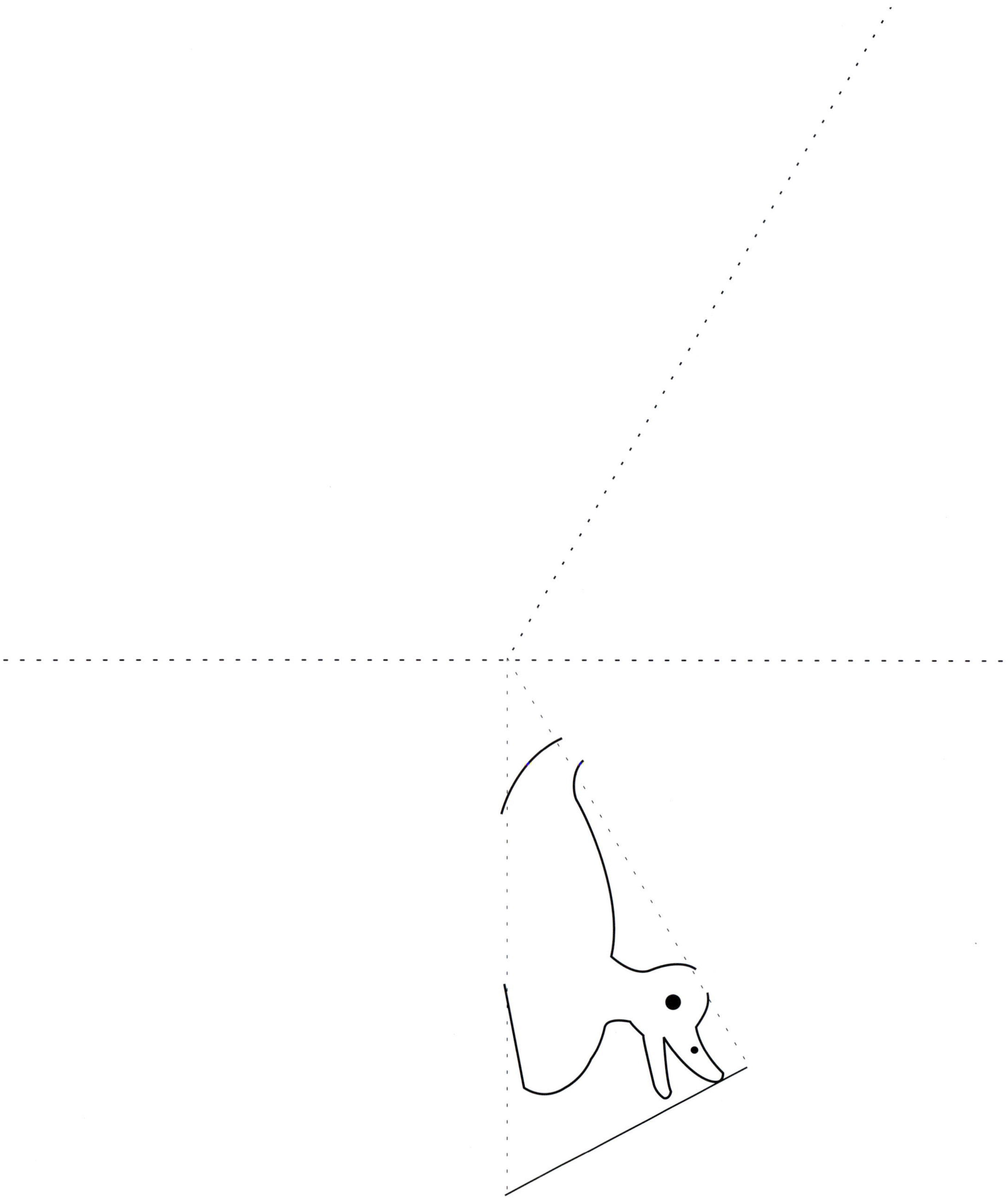

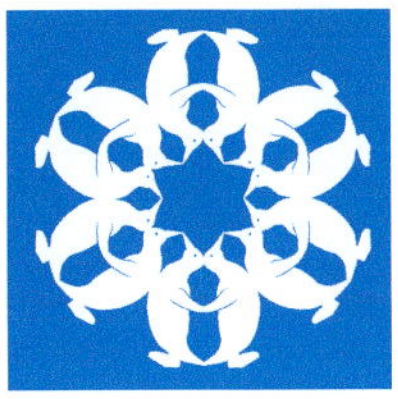

3 PINGUIN

Für das Auge eine Lochzange verwenden und versuchen, auch die recht einfachen „Blitzlinien" bei den Flügeln nachzuschneiden. Dieses Detail wird die Flügel besser sichtbar und die ganze Schneeflocke schöner machen.

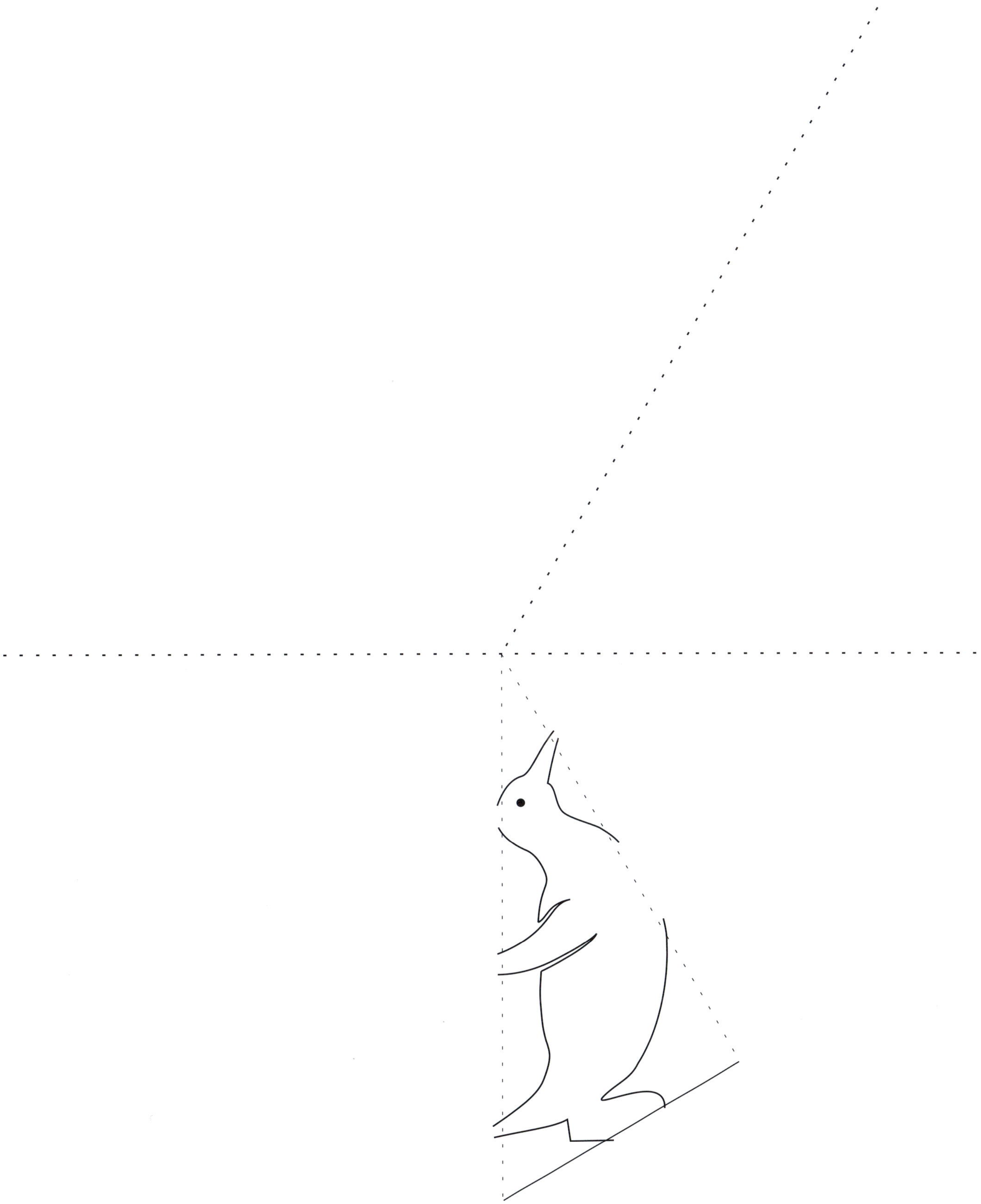

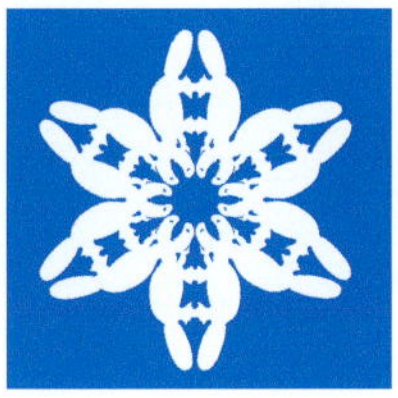

4 SCHNABELTIER

Zuerst mit einer Lochzange vorbereiten, um es für die Kleinsten leichter zu machen.

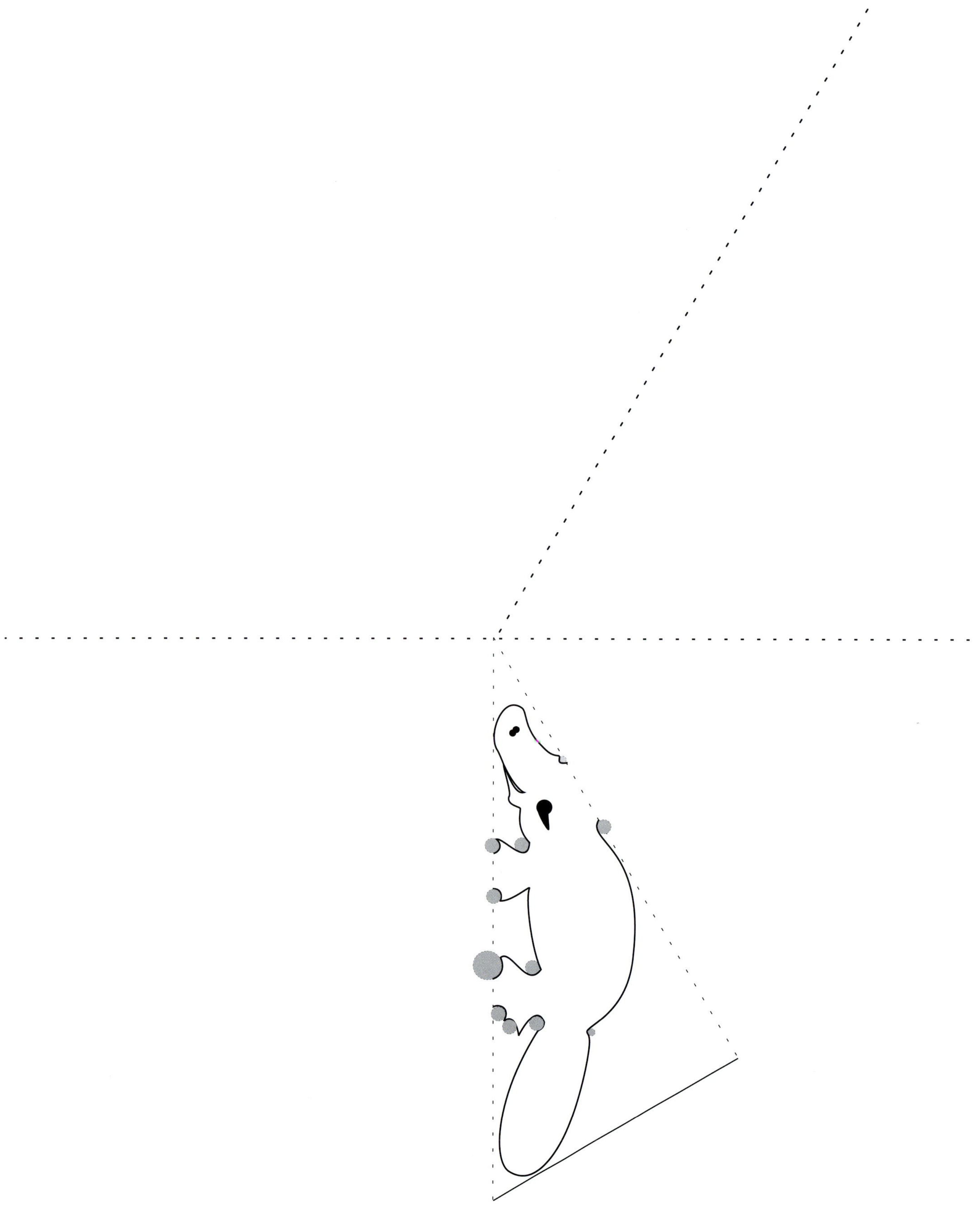

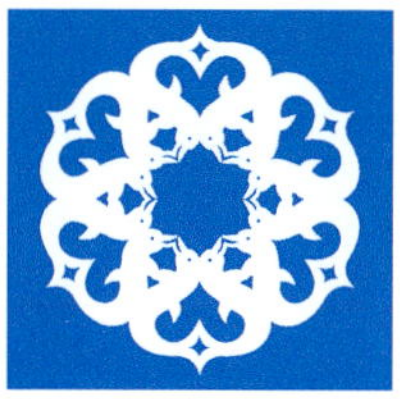

5 DELFIN

Kinder sind stets begeistert von diesen tanzenden Delfinen.
Unbedingt das Lächeln mit ausschneiden!

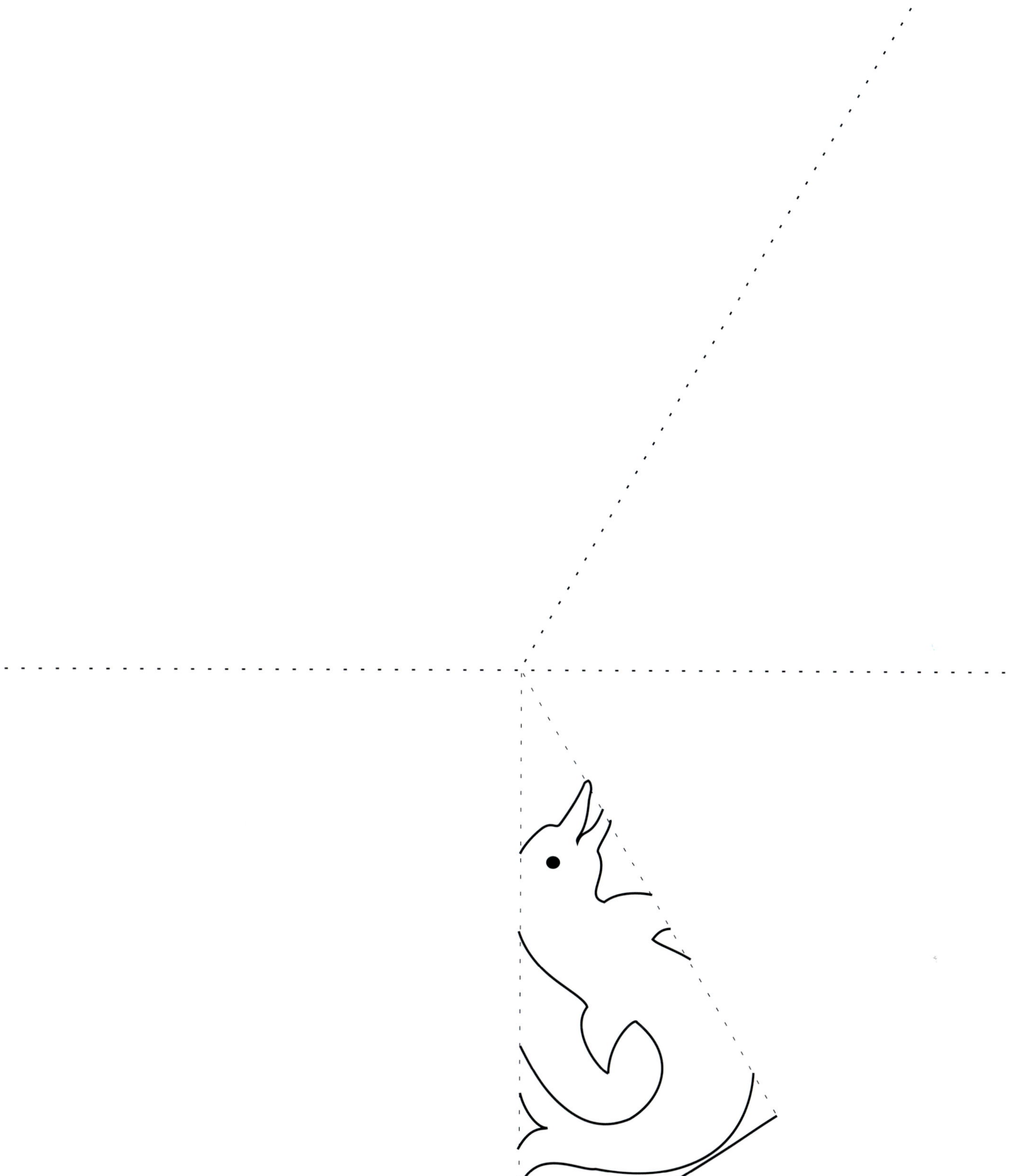

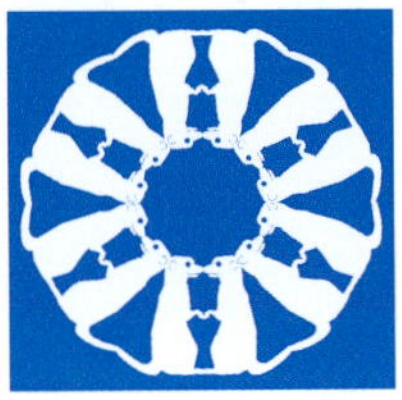

6 ERDMÄNNCHEN

Für das Auge eine Lochzange verwenden. Das Ohr kann man weglassen.
An Schwanz, Schnauze und Pfoten müssen Verbindungspunkte bestehen bleiben.

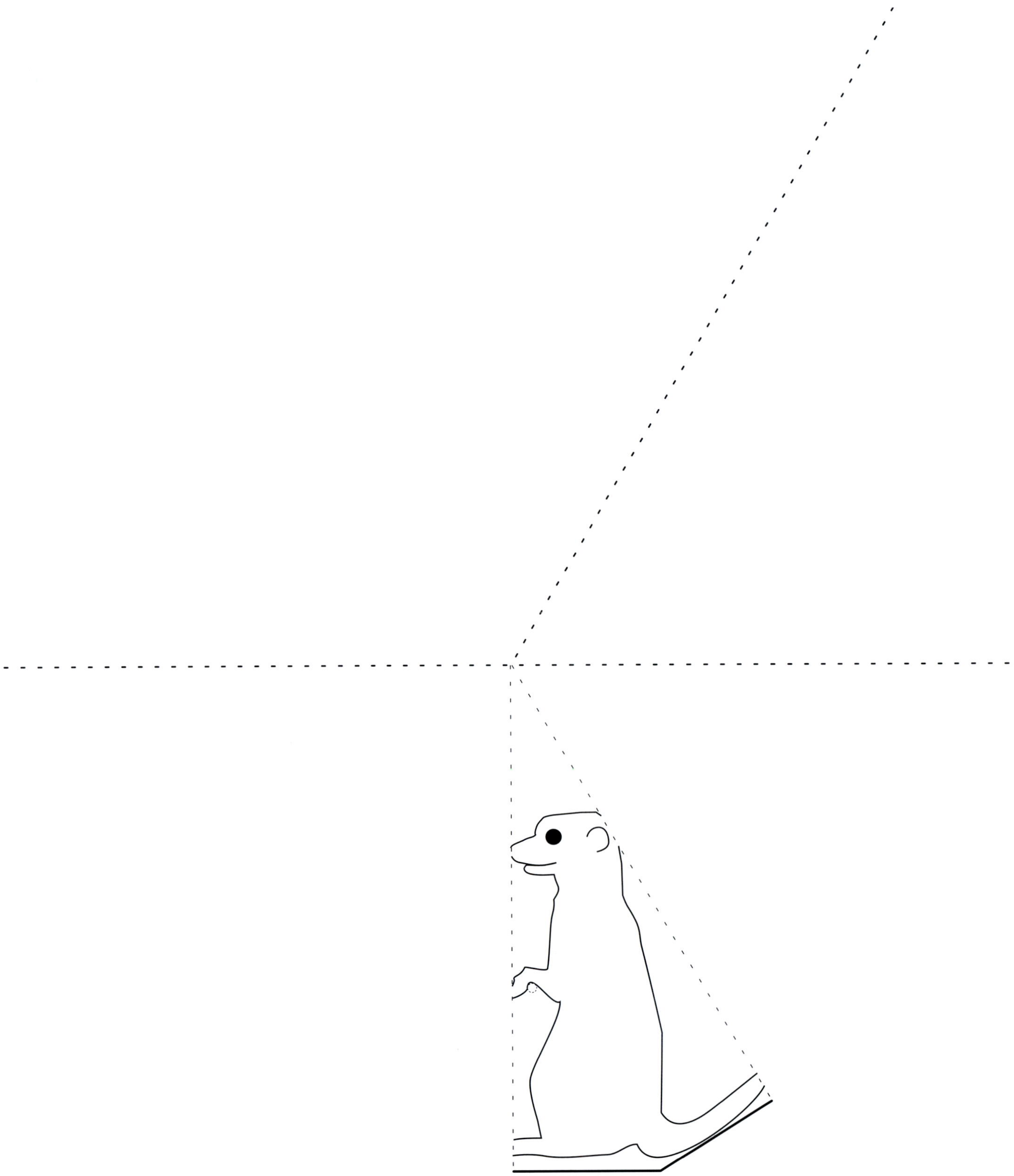

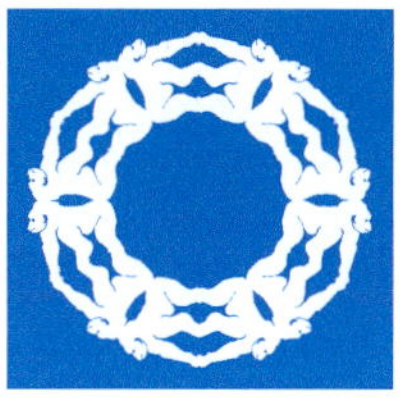

7 GORILLA

Am Kinn und für das Ohr sollte, wenn möglich, der gesamte schwarz markierte Zwischenraum ausgeschnitten werden. Dazu kann eine kleine Lochzange verwendet werden. Eine wichtige „Blitzlinie" ist auch das Gorilla-Lächeln.

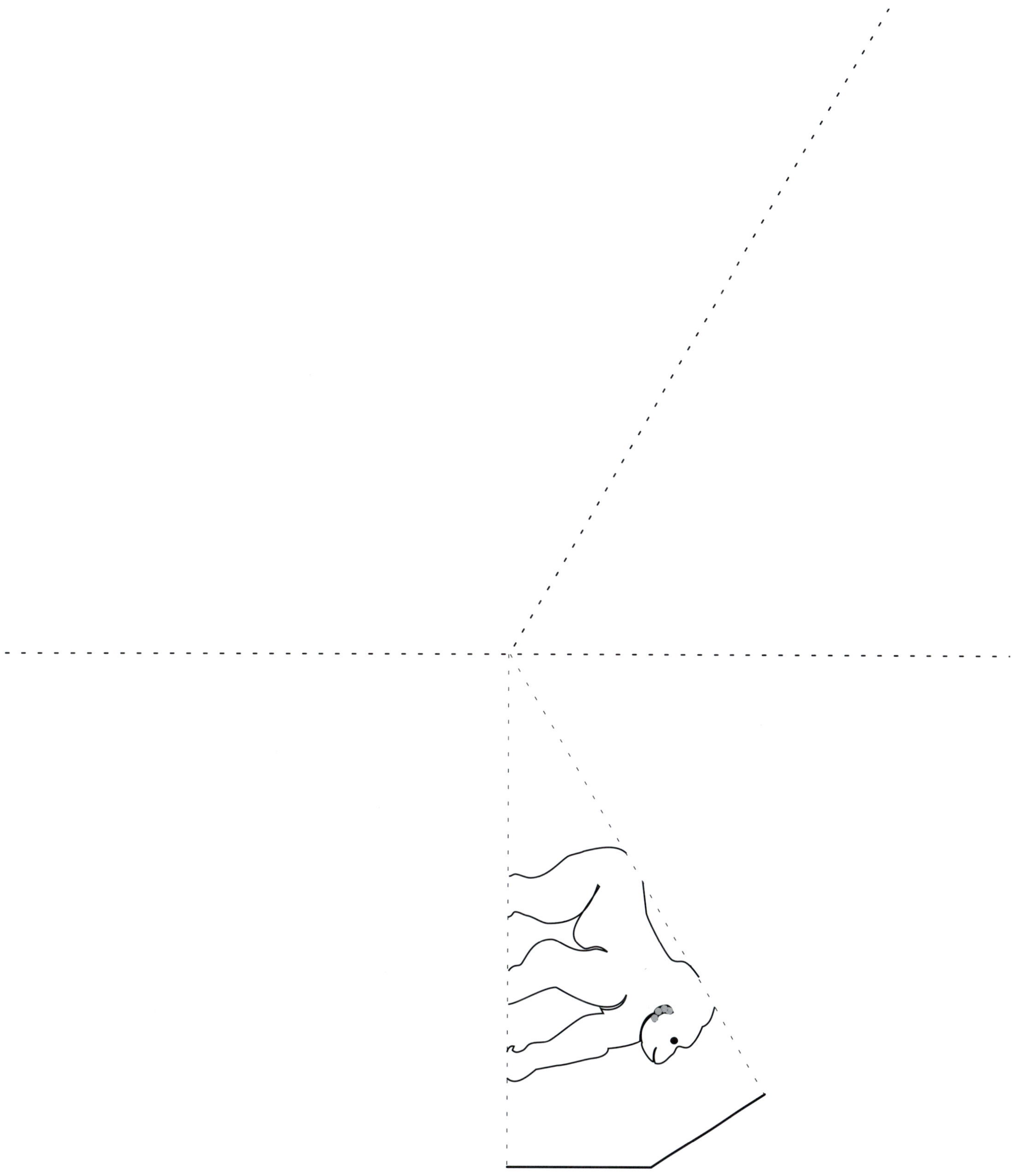

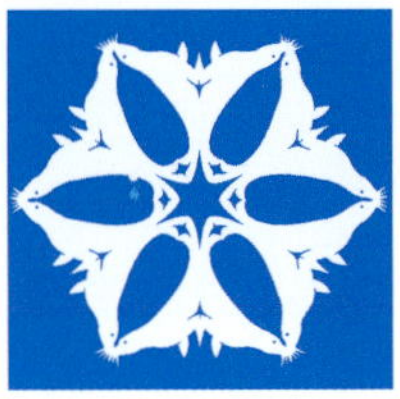

8 SEELÖWE

Soll der Seelöwe einen Bart haben, so muss auch jedes Barthaar ausgeschnitten werden. Anfänger sollten erst einmal ohne Bart beginnen.

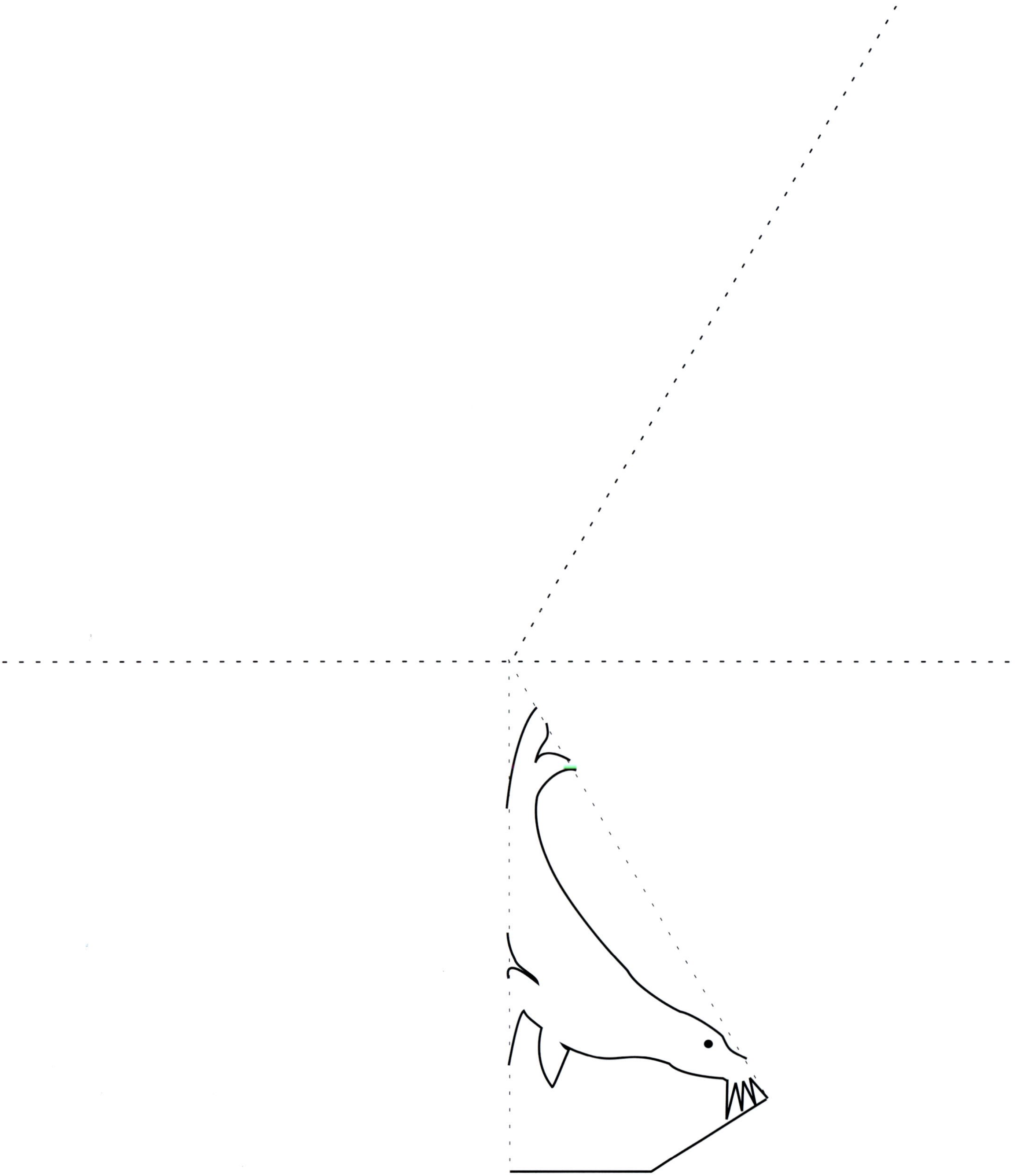

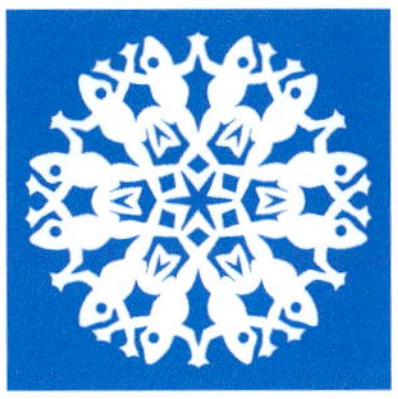

9 FROSCH

Für das Auge eine Lochzange verwenden. Den Kleinsten kann man außerdem bei den Froschbeinen mit einer Lochzange helfen, damit sie nicht Gefahr laufen, die Beine abzuschneiden.

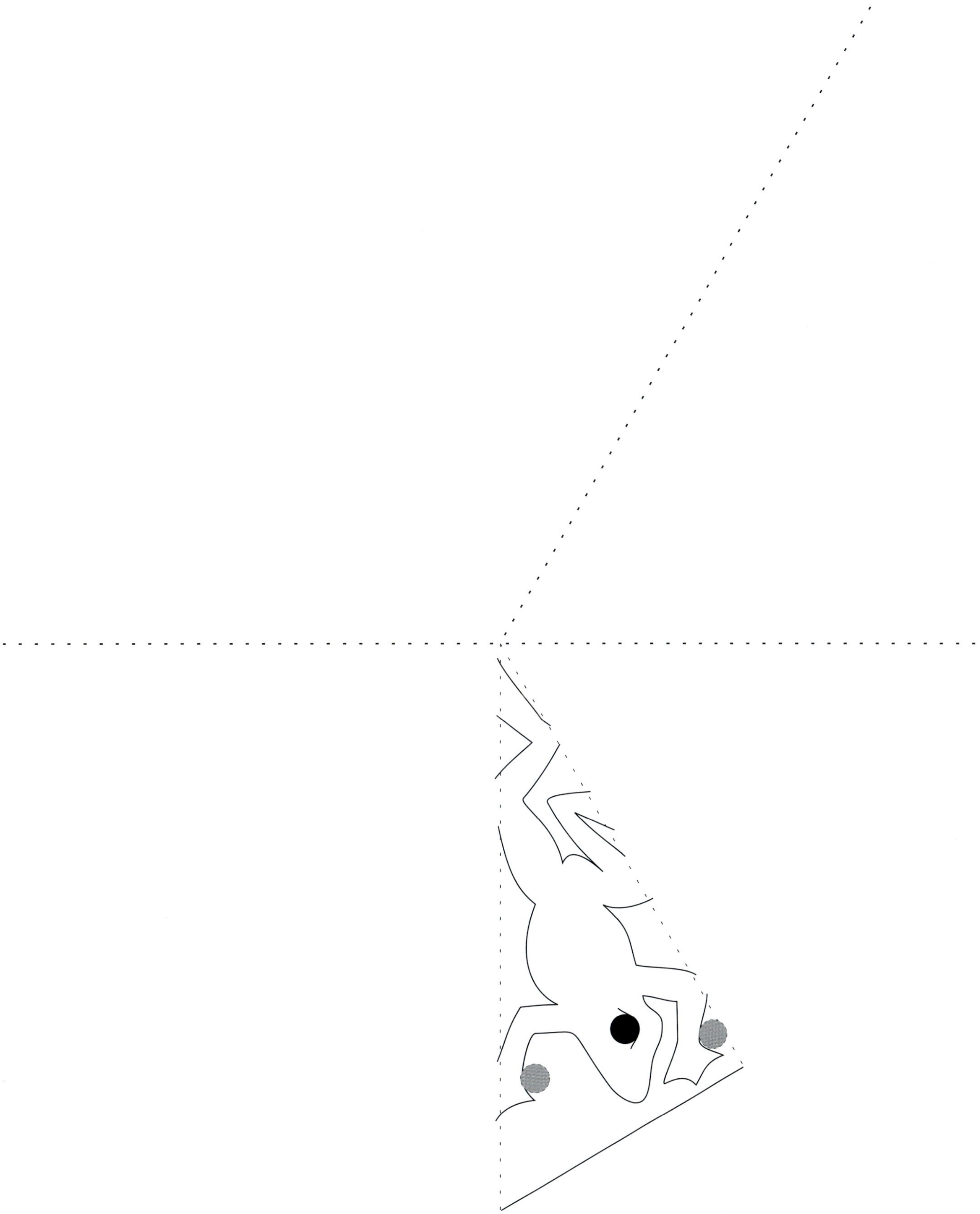

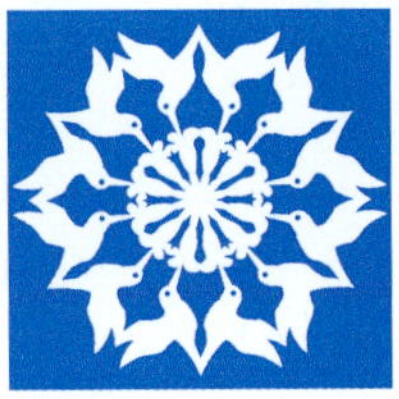

10 KOLIBRI

Dieses Motiv wurde von der zehnjährigen Elise aus Missouri entworfen und ist wirklich schön!
Vielleicht kann ich in meinem nächsten Buch auch Ihre Idee verwenden?

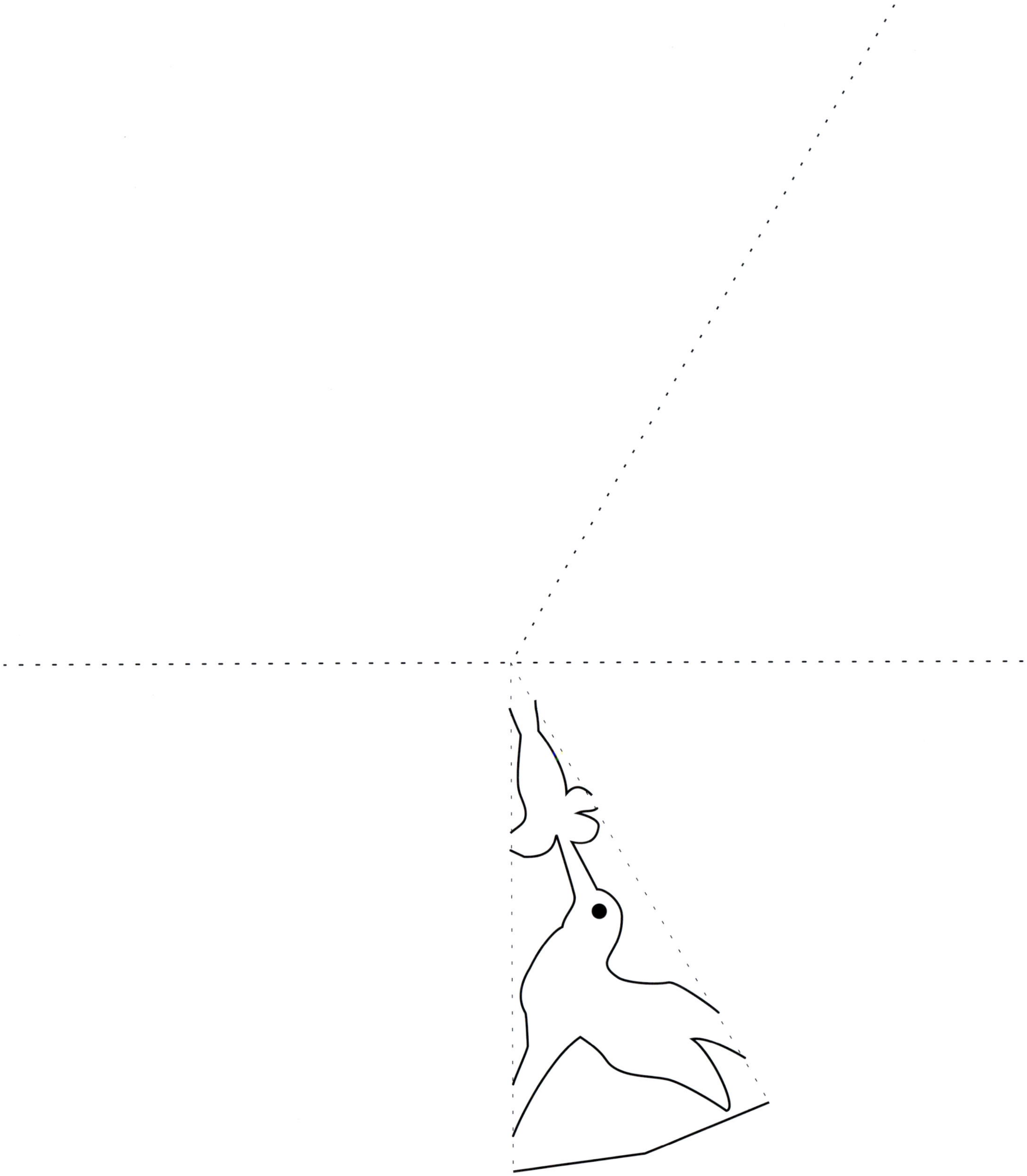

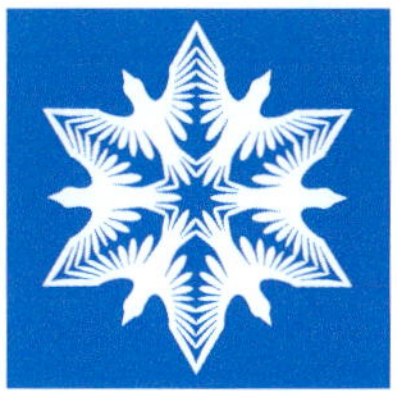

11 SINGVOGEL

Mindestens zwei Federn müssen an den Flügelspitzen eine Verbindung haben.
Das Motiv wird detailreicher, je weiter die Einschnitte zwischen den Federn gehen.
Die schwarzen Linien sollten alle weggeschnitten werden.

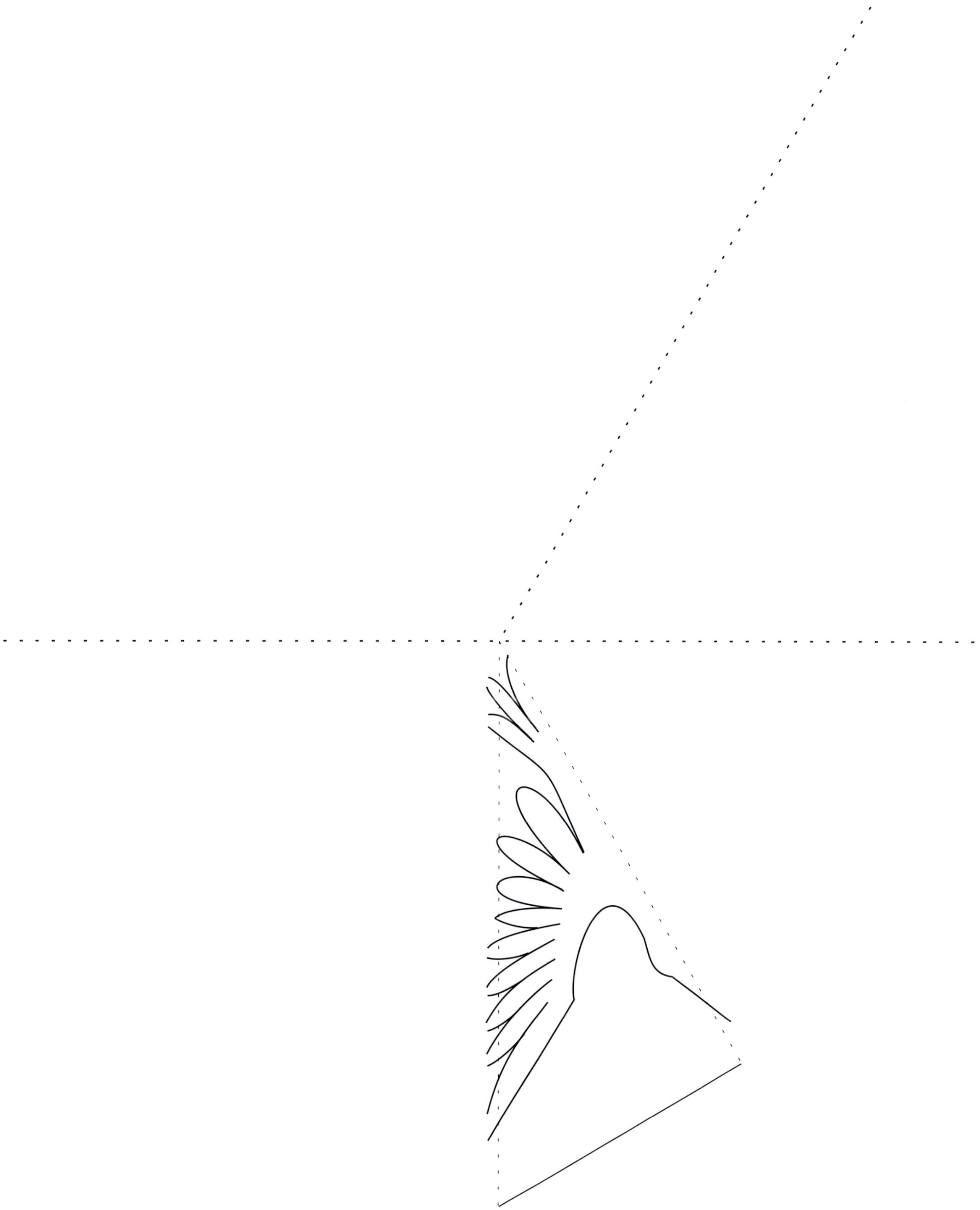

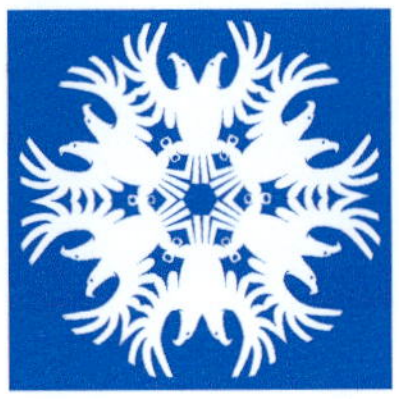

12 EINFACHER ADLER

Alles was Flügel hat, ist als Scherenschnitt schön.
Dieses Motiv ist eventuell auch für ein sechsjähriges Kind zu bewältigen.

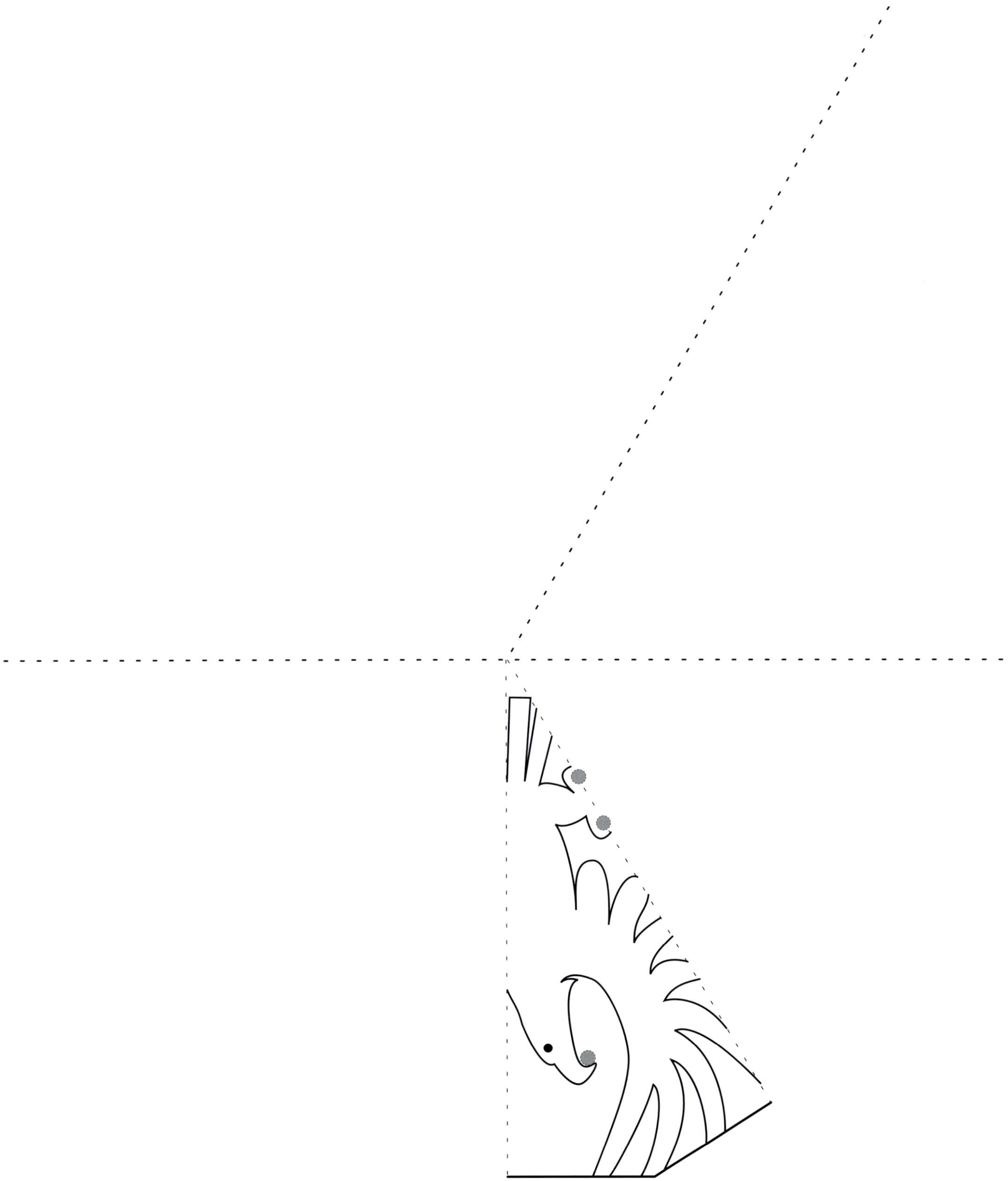

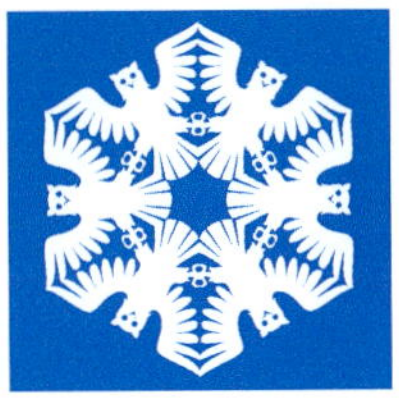

13 EULE

Diese Eule ist nicht besonders schwierig, aber umso schöner, wenn sie fertig ist.

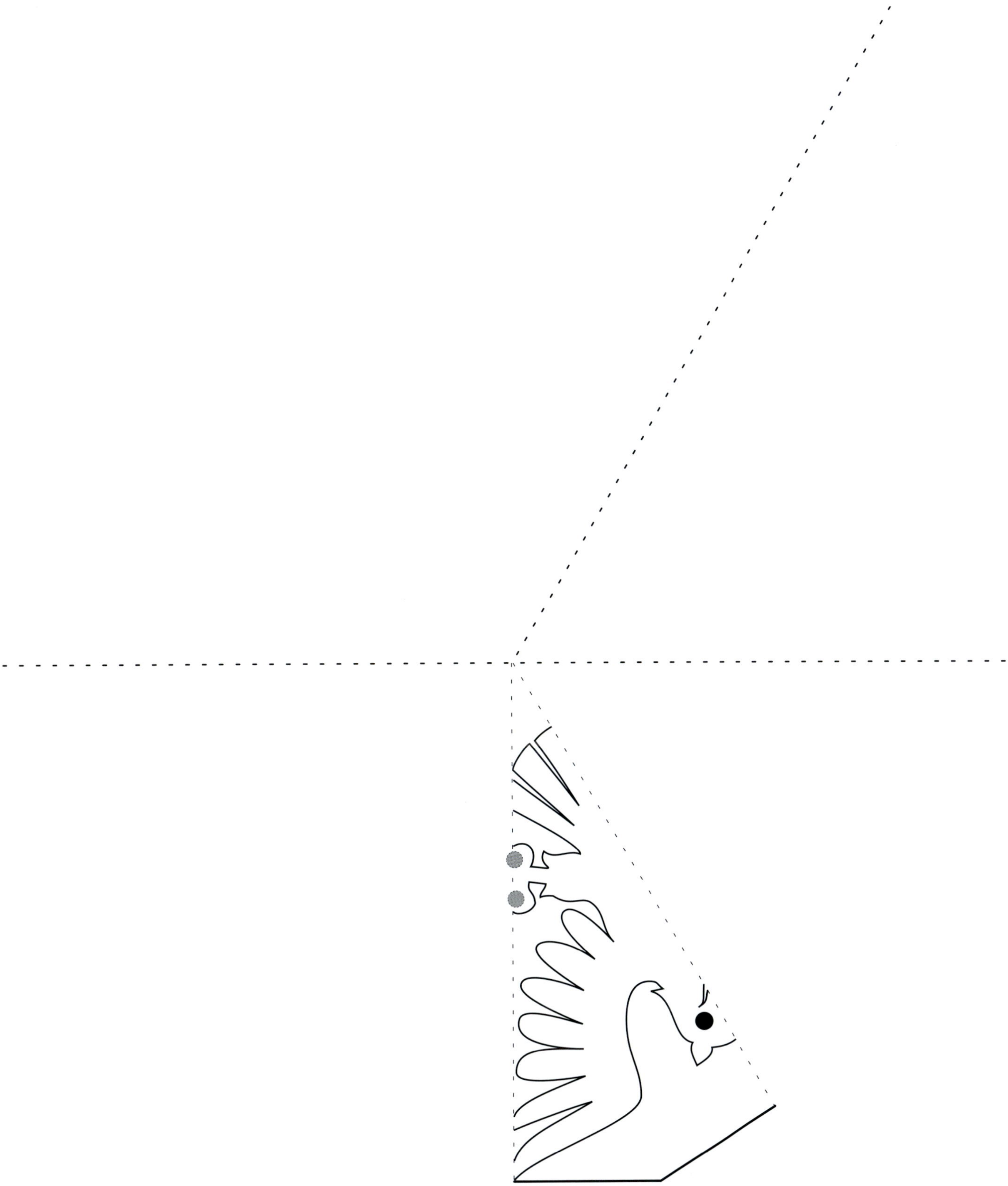

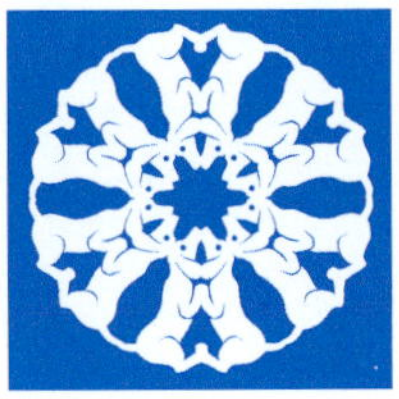

14 HUND

Um dem Hund Konturen zu verleihen, sollten alle „Blitzlinien“ bei den Beinen und Ohren vollständig ausgeschnitten werden.

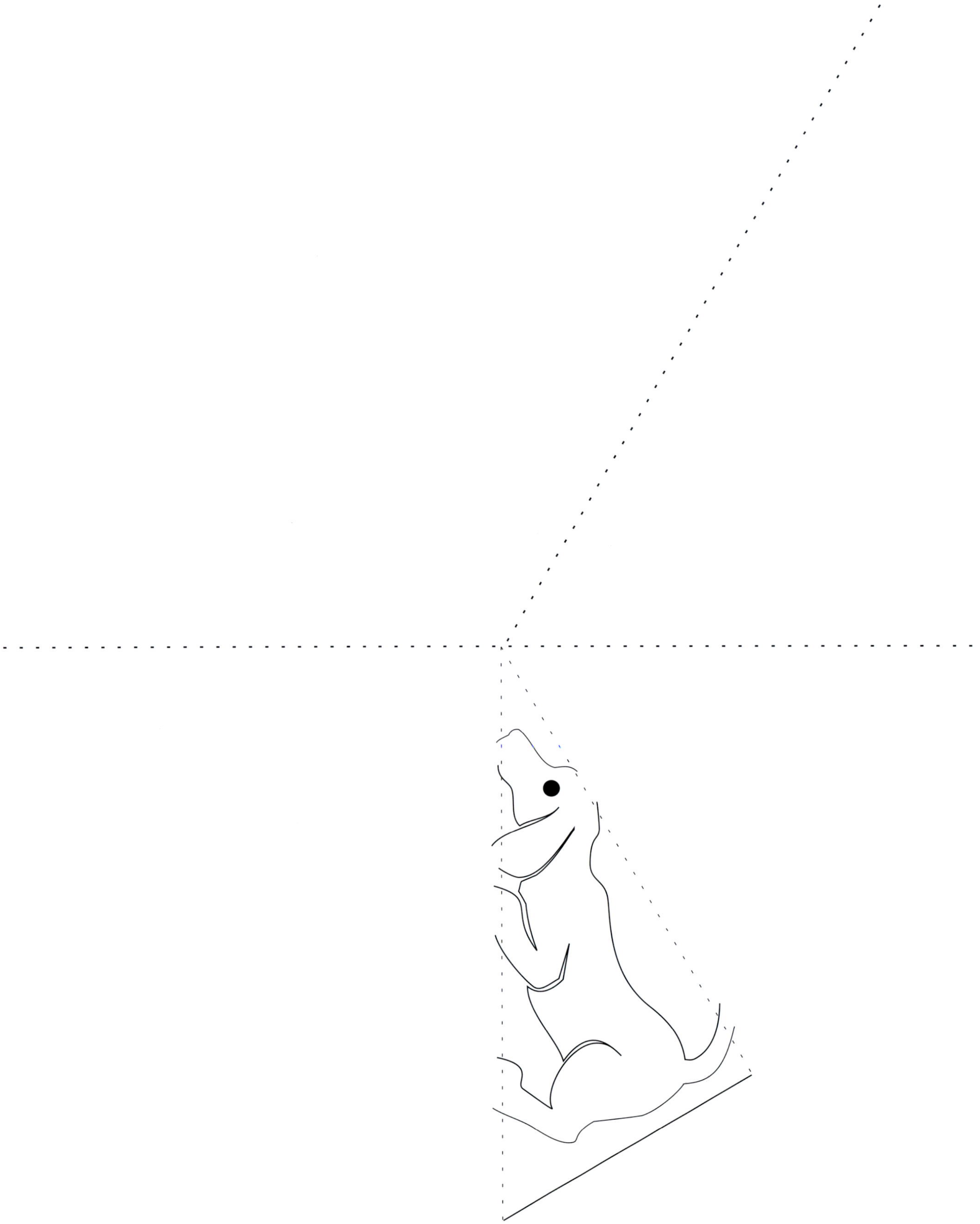

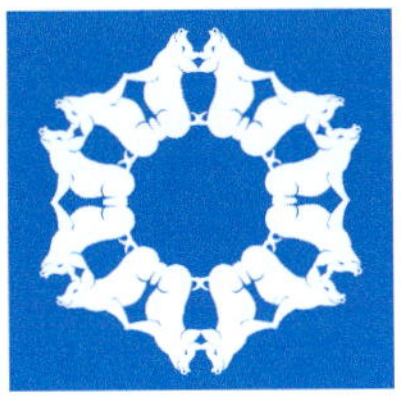

15 SCHWEIN

Für Augen, Nasenlöcher und Schwanz eine Lochzange verwenden. Die „Blitzlinien“ an den Beinen, Ohren und am Mund unbedingt ausschneiden. Wer es schafft, kann auch das Auge genau ausschneiden – das Schwein sieht dann gleich noch putziger aus.

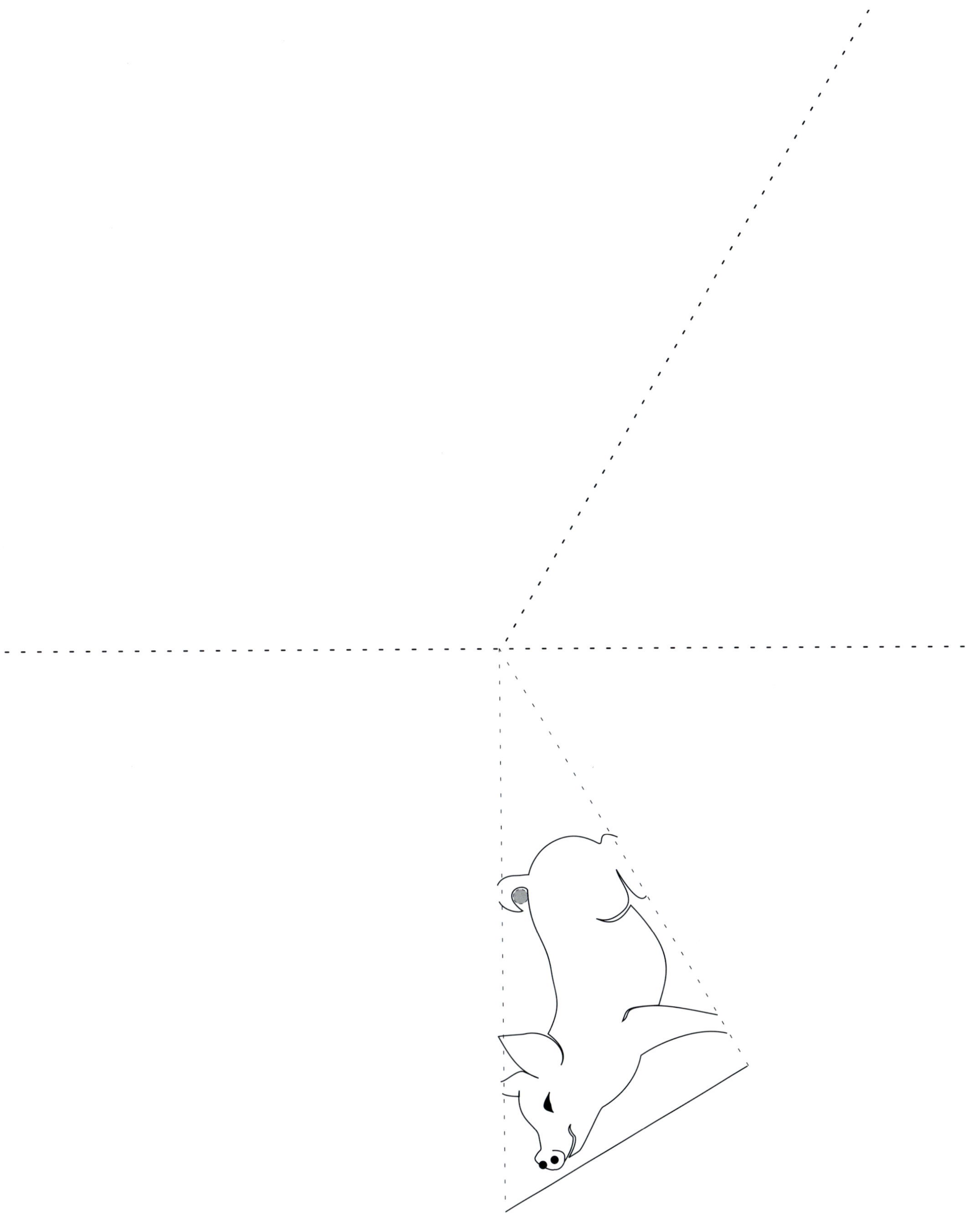

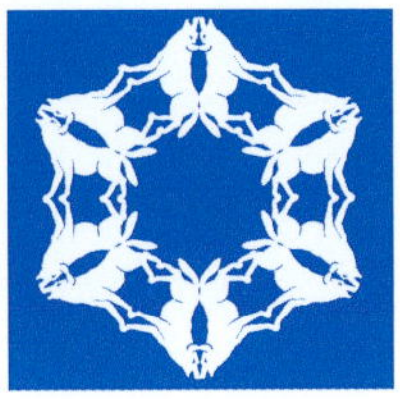

16 WOLF

Der Linie des Beins folgen, um den Zwischenraum unter dem Schwanz auszuschneiden.
Auch hier ist wieder der Schnitt am Ohr entlang wichtig.

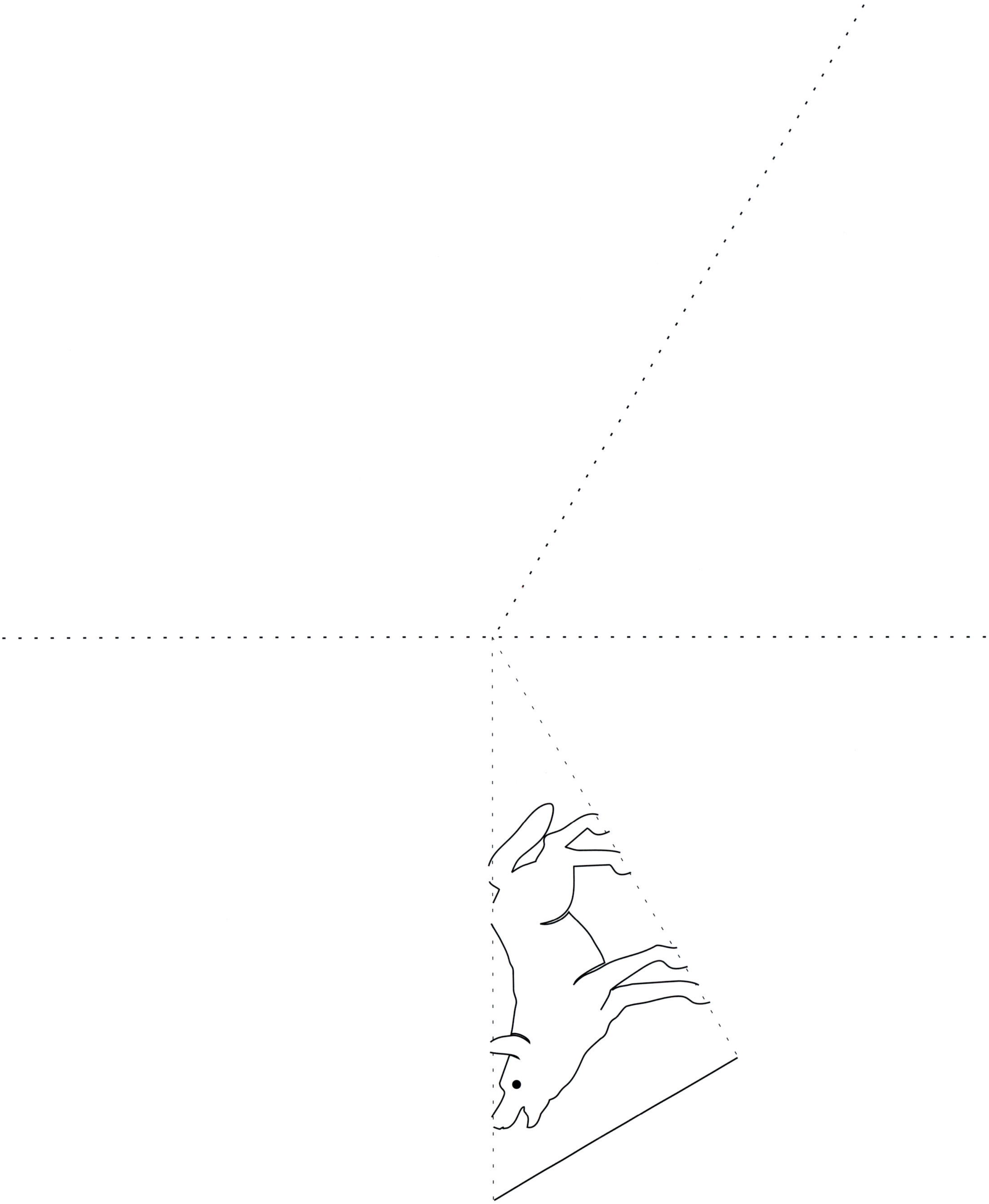

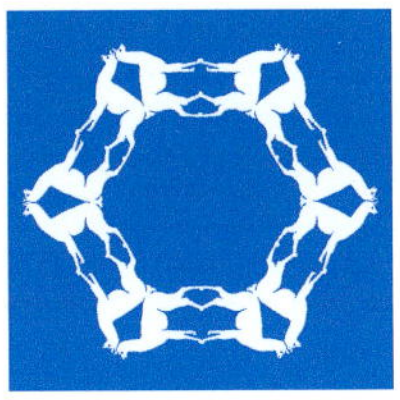

17 LAMA

Für das Auge die kleinste Lochzange verwenden und versuchen, auch das Lächeln mit auszuschneiden.

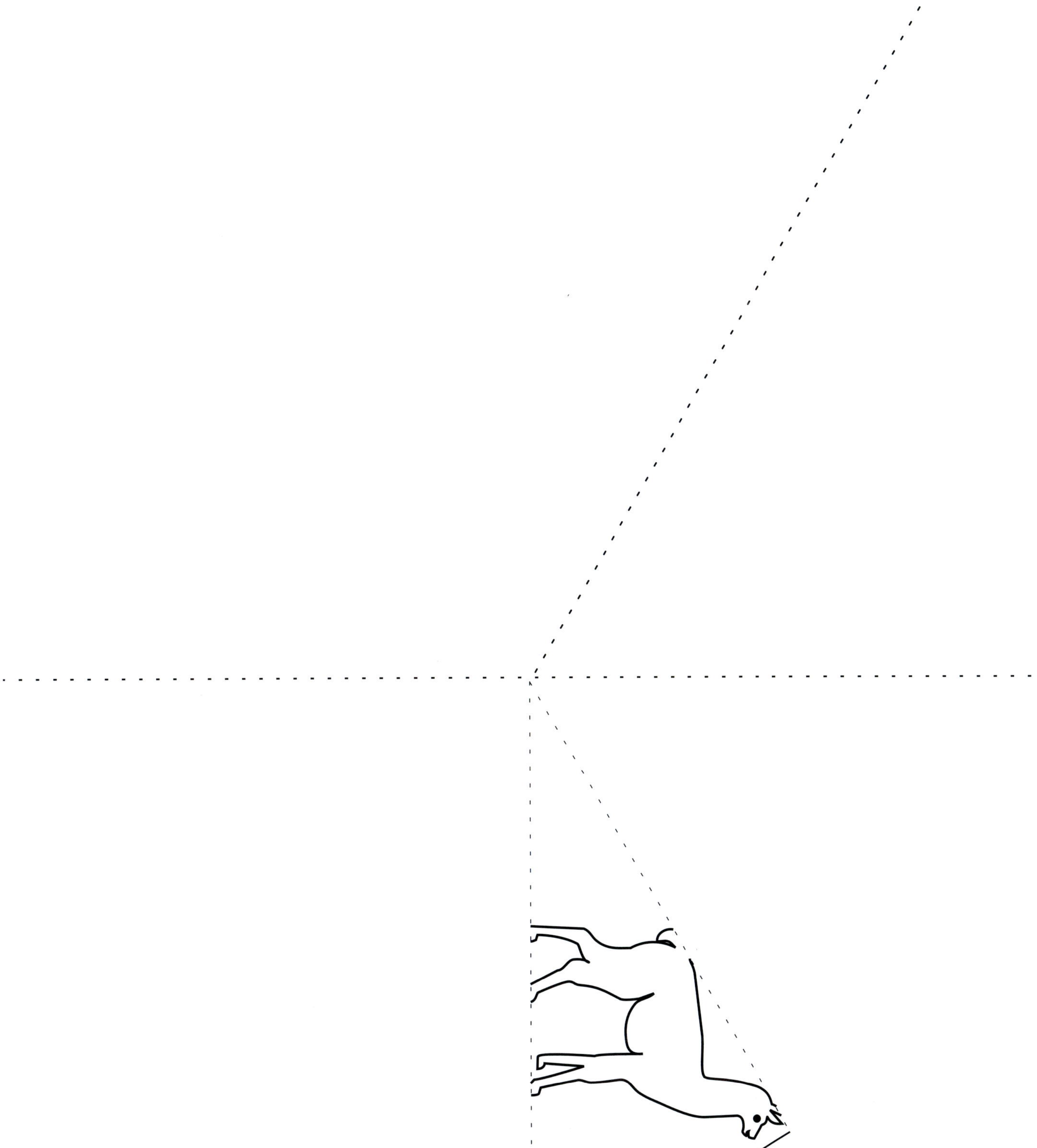

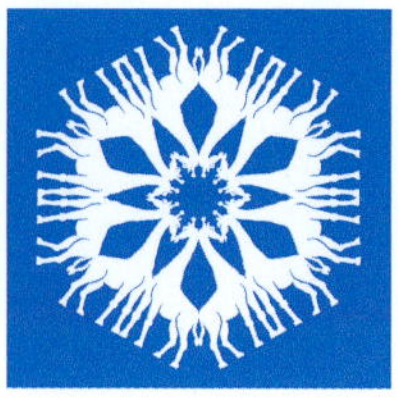

18 GIRAFFE

An Nase, Brust, Fuß und Schwanz müssen Verbindungspunkte bestehen bleiben. Das Auge kann nach Belieben ausgeschnitten werden oder nicht – besser sieht die Giraffe mit Auge aus.

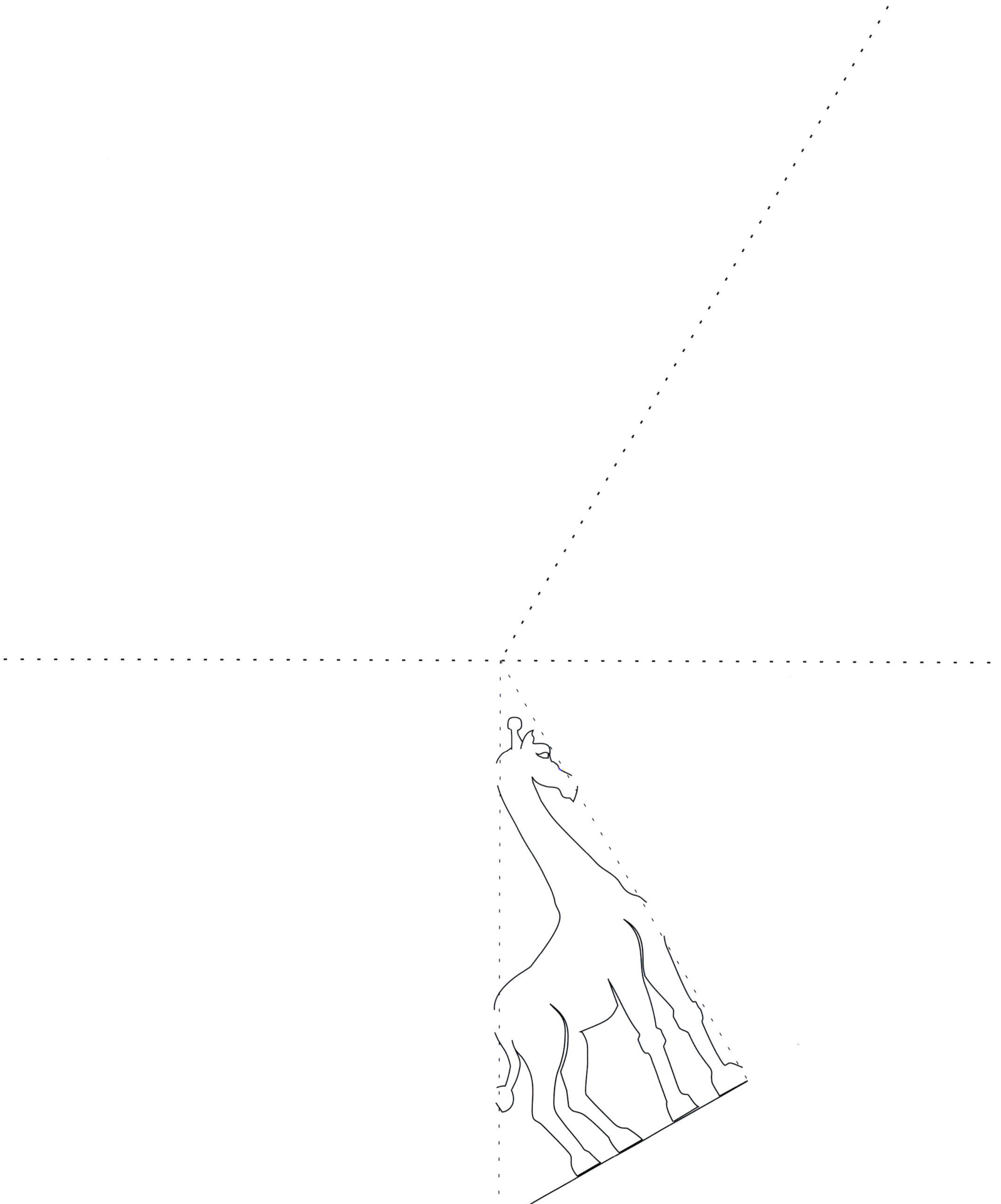

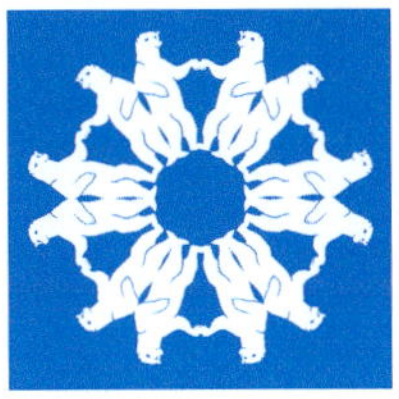

19 STEHENDER BÄR

Für die Augen eine Lochzange verwenden. Dieses Motiv sieht einfacher aus, als es ist. Bei der Bärentatze ist eine ziemlich schwierige „Blitzlinie“. Beim Gesicht muss exakt geschnitten werden, sonst kann man den Bären nicht erkennen.

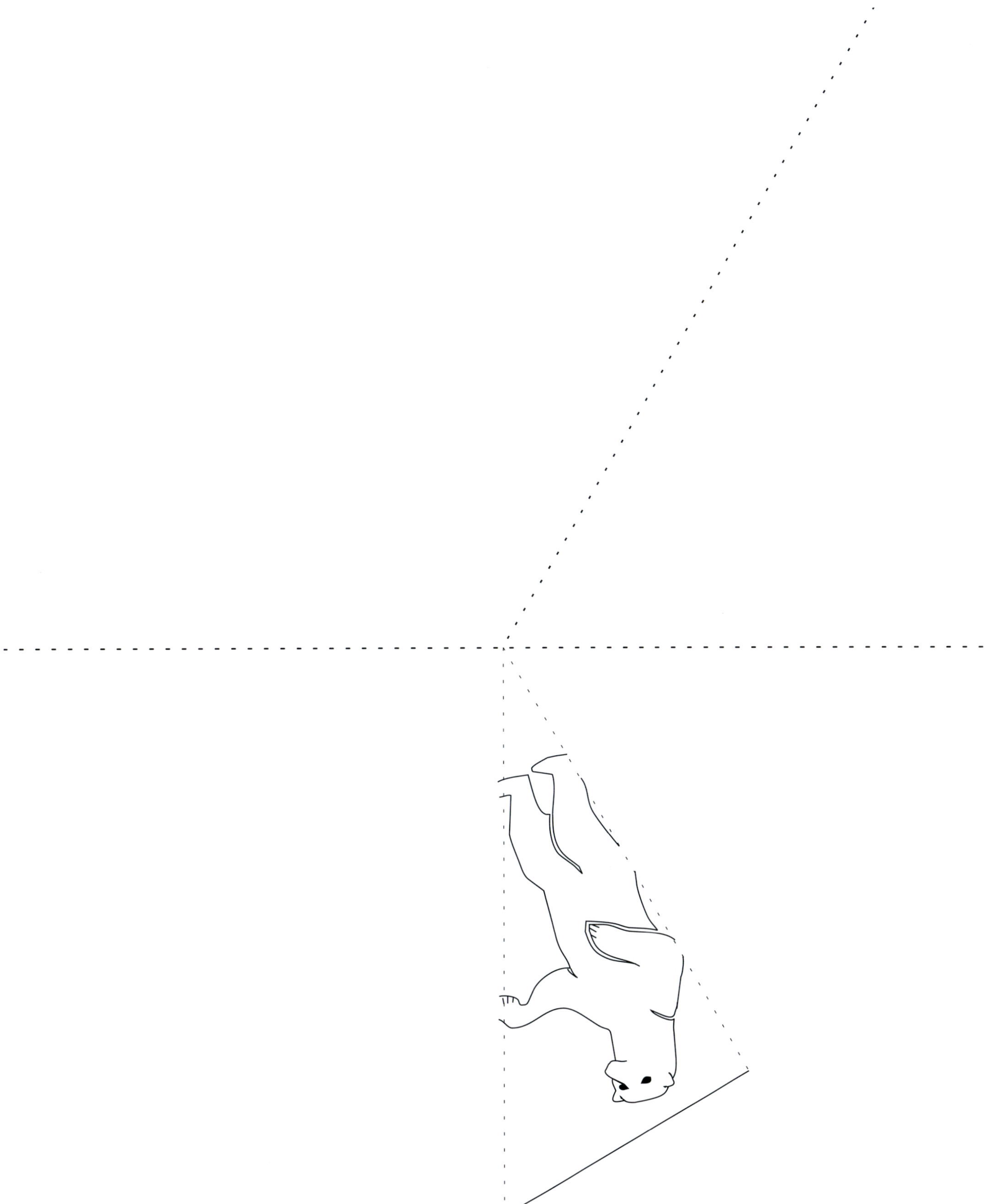

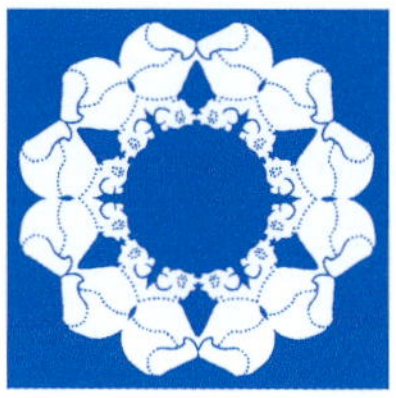

20 PANDA

Die schwarzen Streifen des Pandas werden durch die gestanzten Löcher markiert. Damit beginnen und dann den Bären ausschneiden.

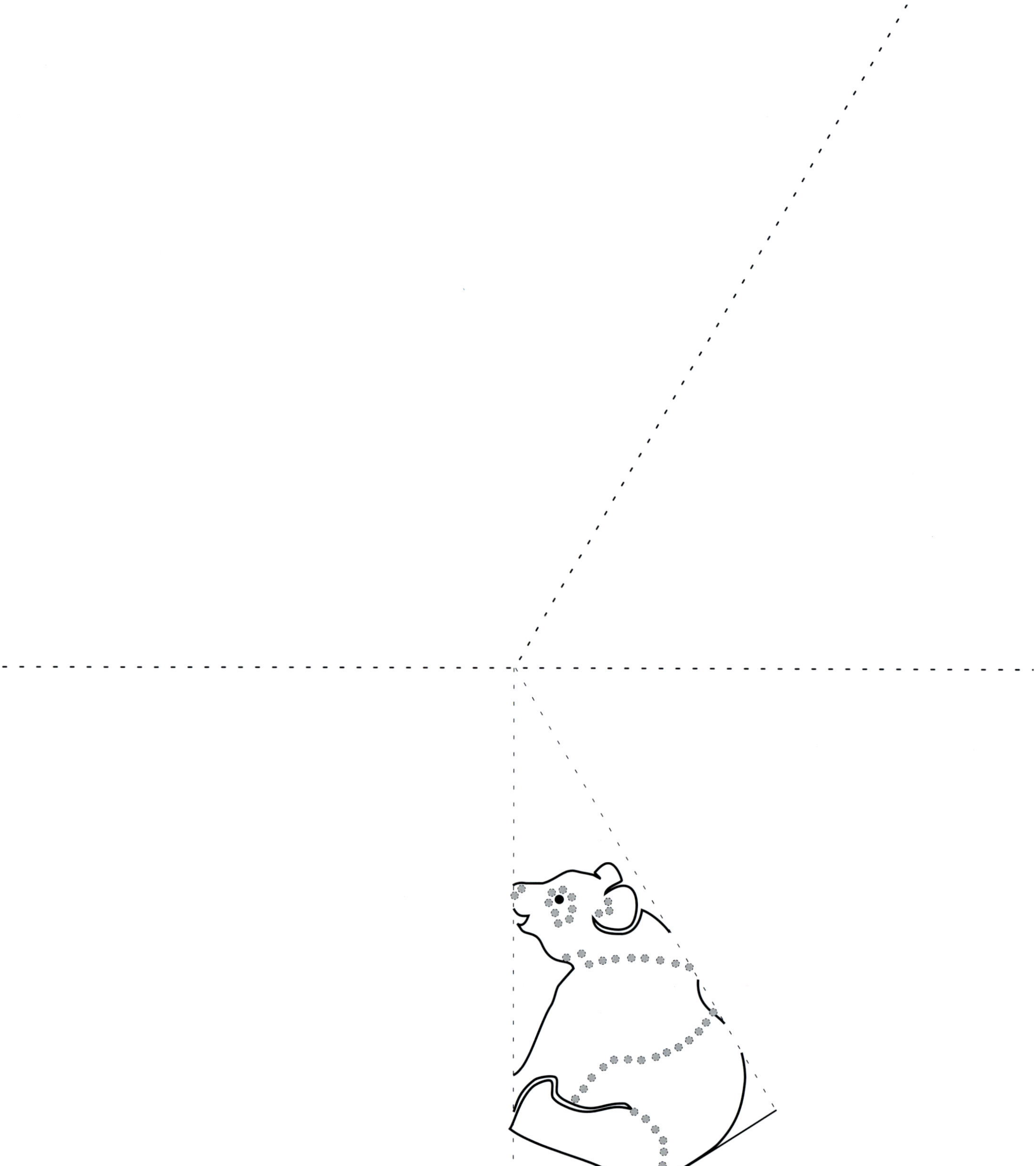

21 EISBÄR

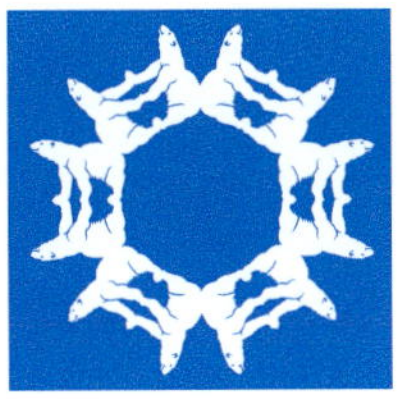

Wer ein Ohr ausschneiden will, sollte mit einer Lochzange beginnen und das Ohr dann mit der Schere zurechtschneiden. Sonst sieht es aus wie ein Auge an einer falschen Stelle. Der gesamte schwarze Strich für das Lächeln muss ausgeschnitten werden; ebenso alle „Blitzlinien“ an den Beinen.

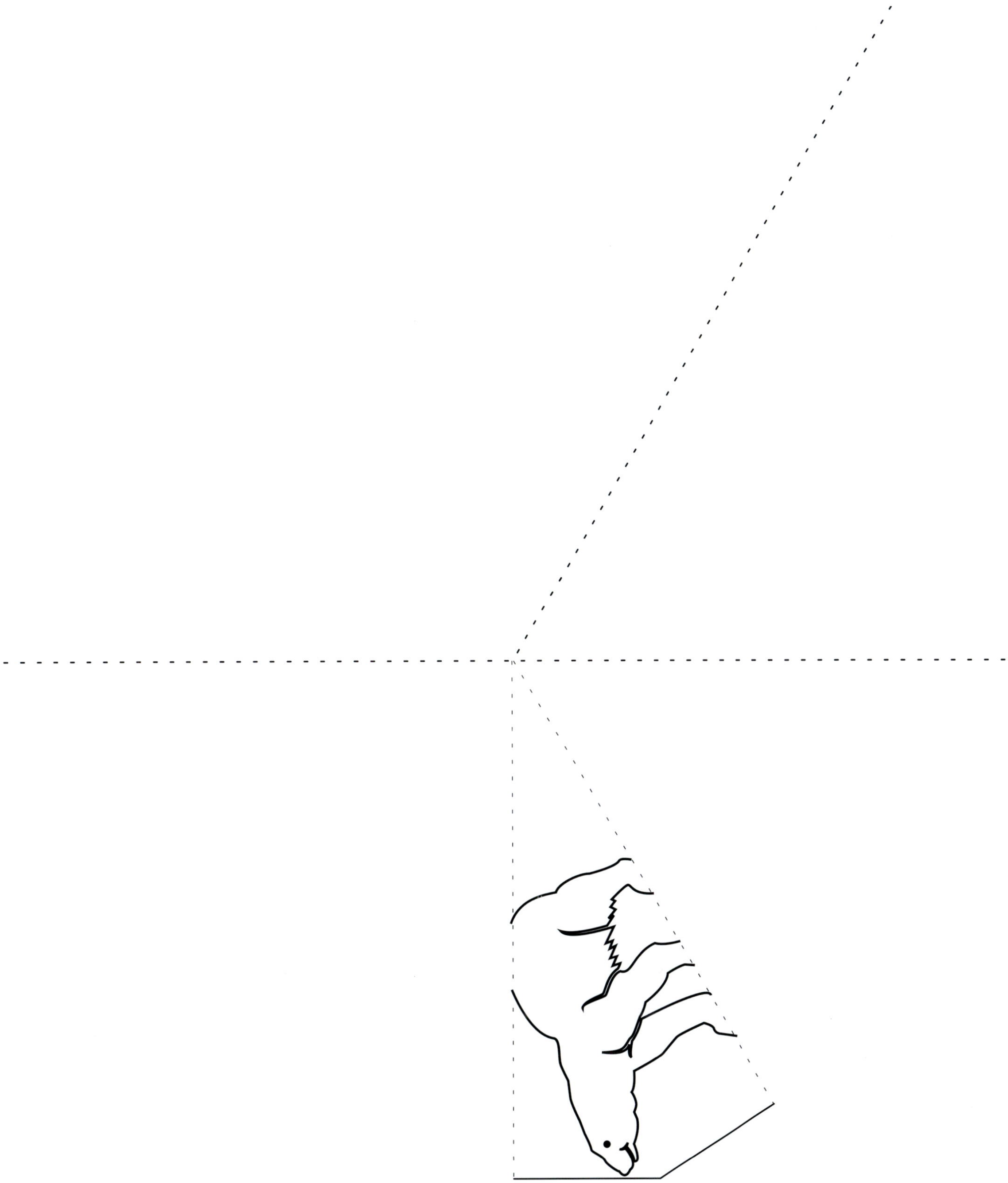

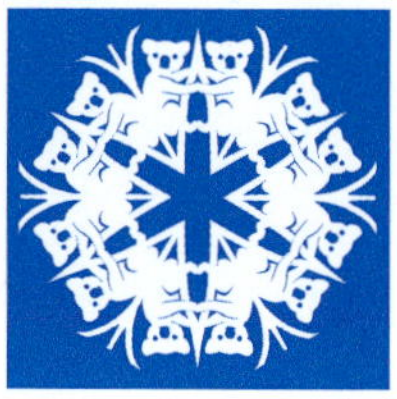

22 KOALA

Zuerst mit einer Lochzange die Löcher im Gesicht stanzen und Zugang zum dreieckförmigen Zwischenraum schaffen. Dem Arm nach innen folgen und den gesamten schwarzen Bereich ausschneiden.

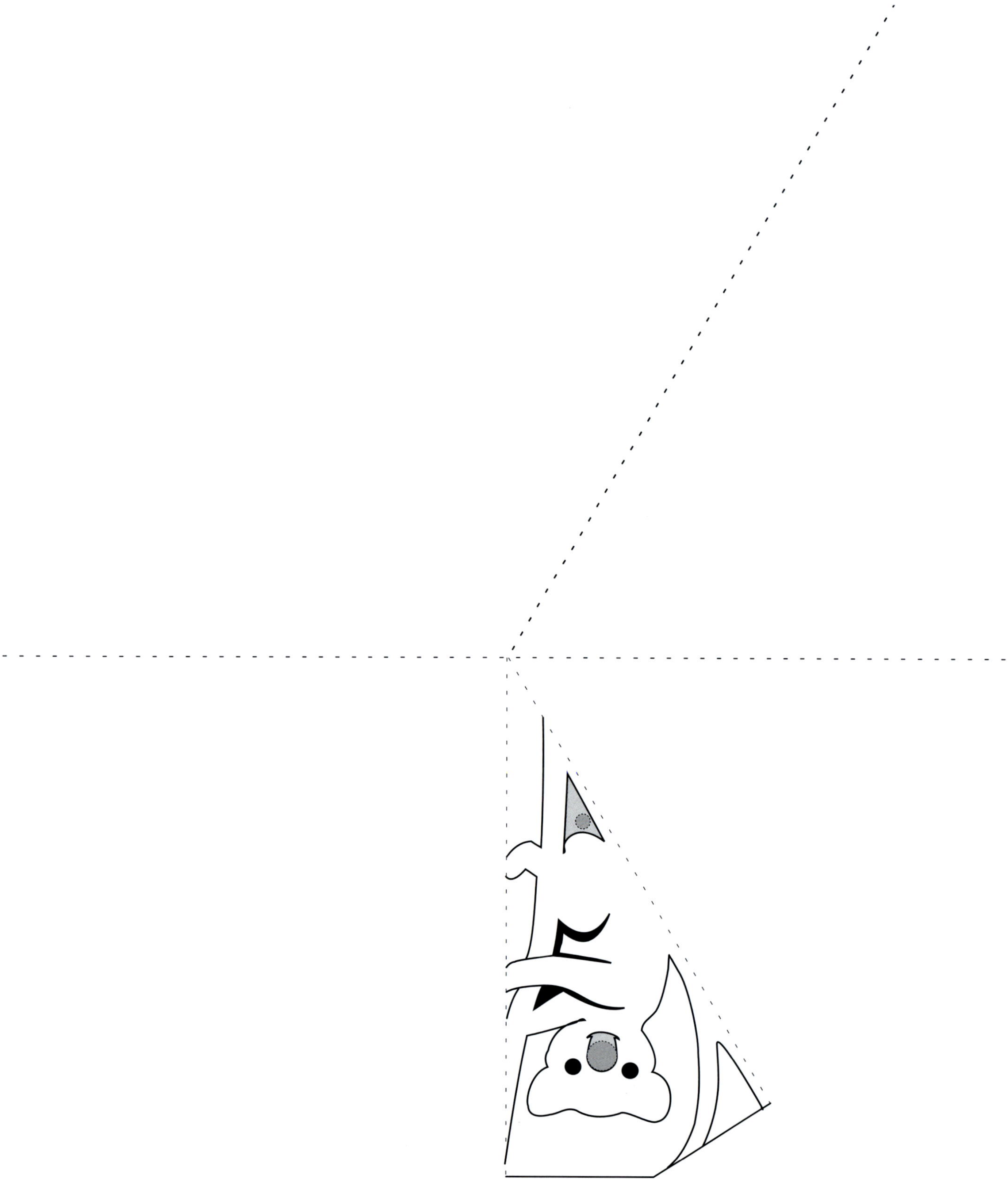

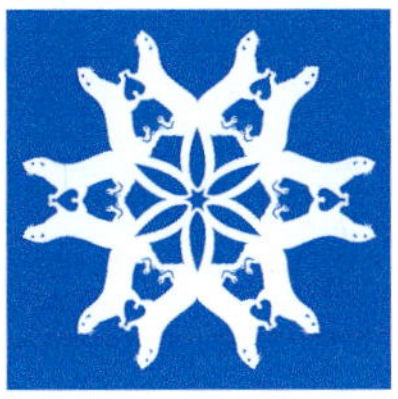

23 OTTER

Für die Rundungen an den Pfoten die kleinen Lochzangen verwenden.
Die Schnurrbarthaare unbedingt mitschneiden; das Ohr kann man auslassen.

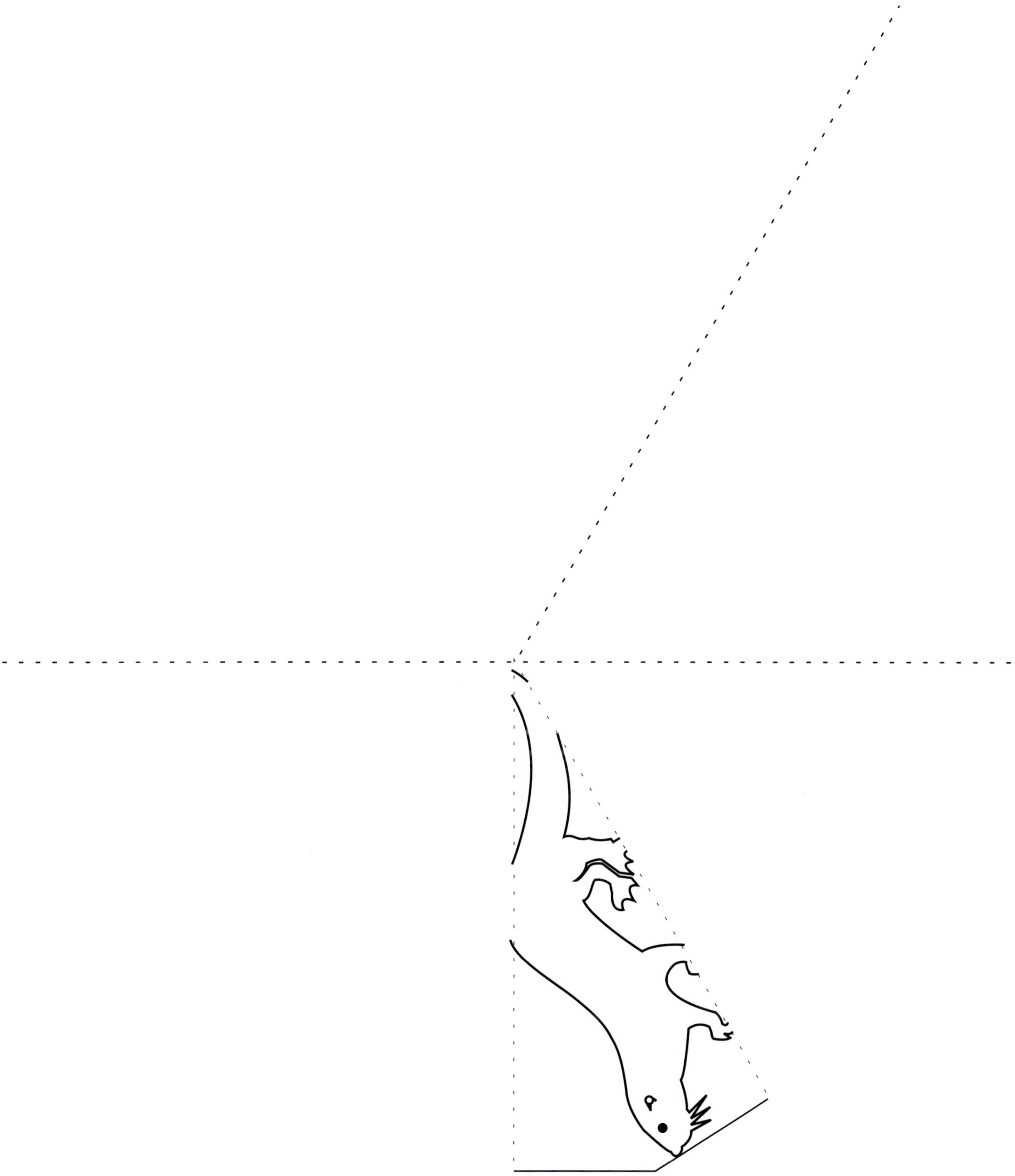

24 KÄNGURU

Schön, wenn die Wimper dranbleibt, aber sie ist nicht unbedingt nötig.
Die „Blitzlinien“ und das Kinn geben dem Känguru Konturen.

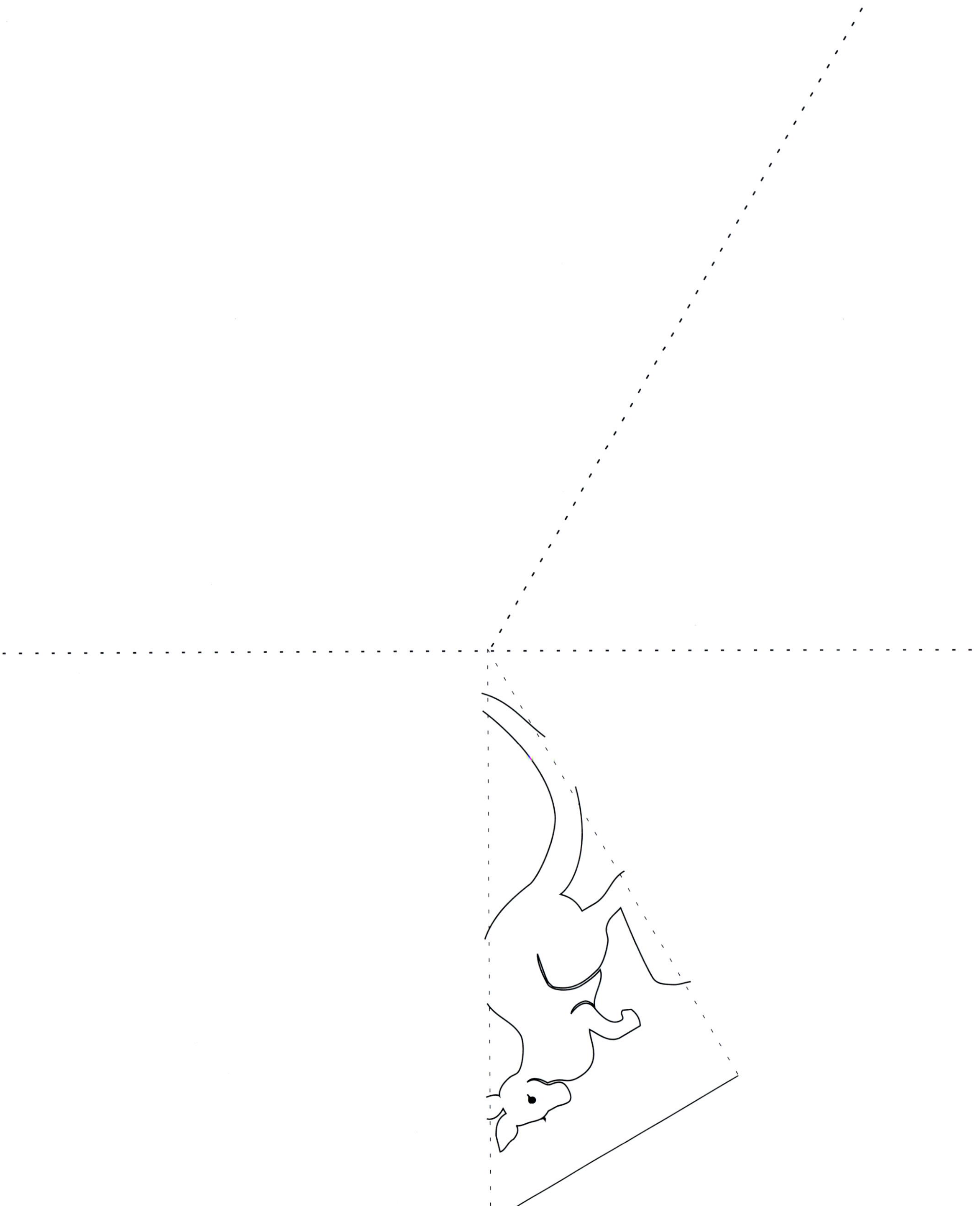

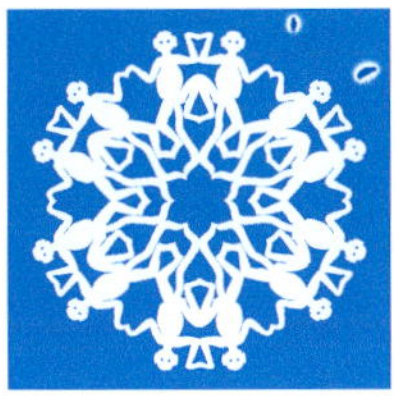

25 AFFE

Für Augen und Hals eine Lochzange verwenden. Der Schwanzlinie nach innen folgen, um den Zwischenraum zwischen den Beinen herauszuschneiden.

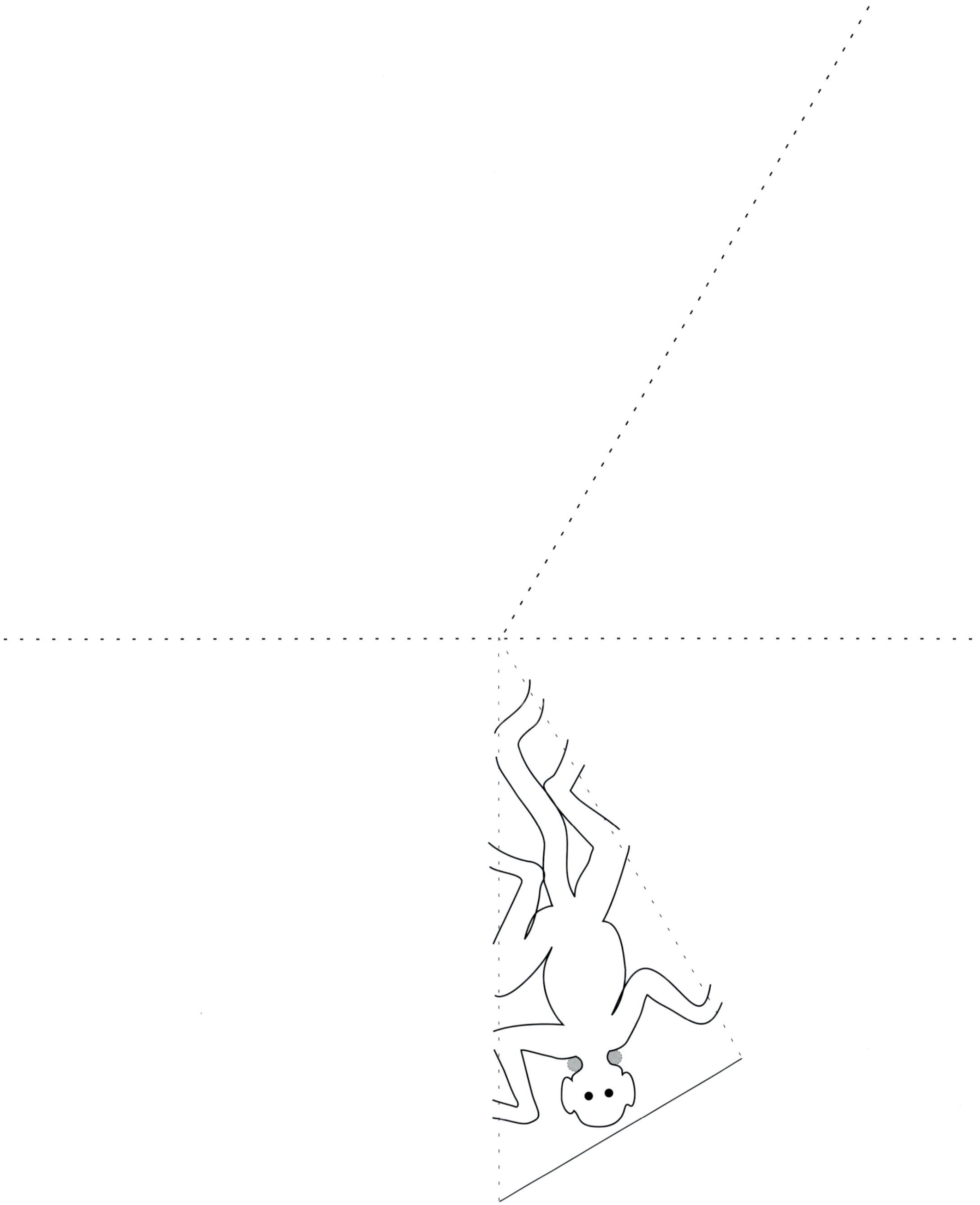

26 KATZE

Die geschwungenen Linien am Katzenschwanz sind mit Lochzangen viel einfacher zu bewältigen. Vielleicht schaffen Sie es, den kleinen Mund mitzuschneiden – das sieht dann sehr gut aus.

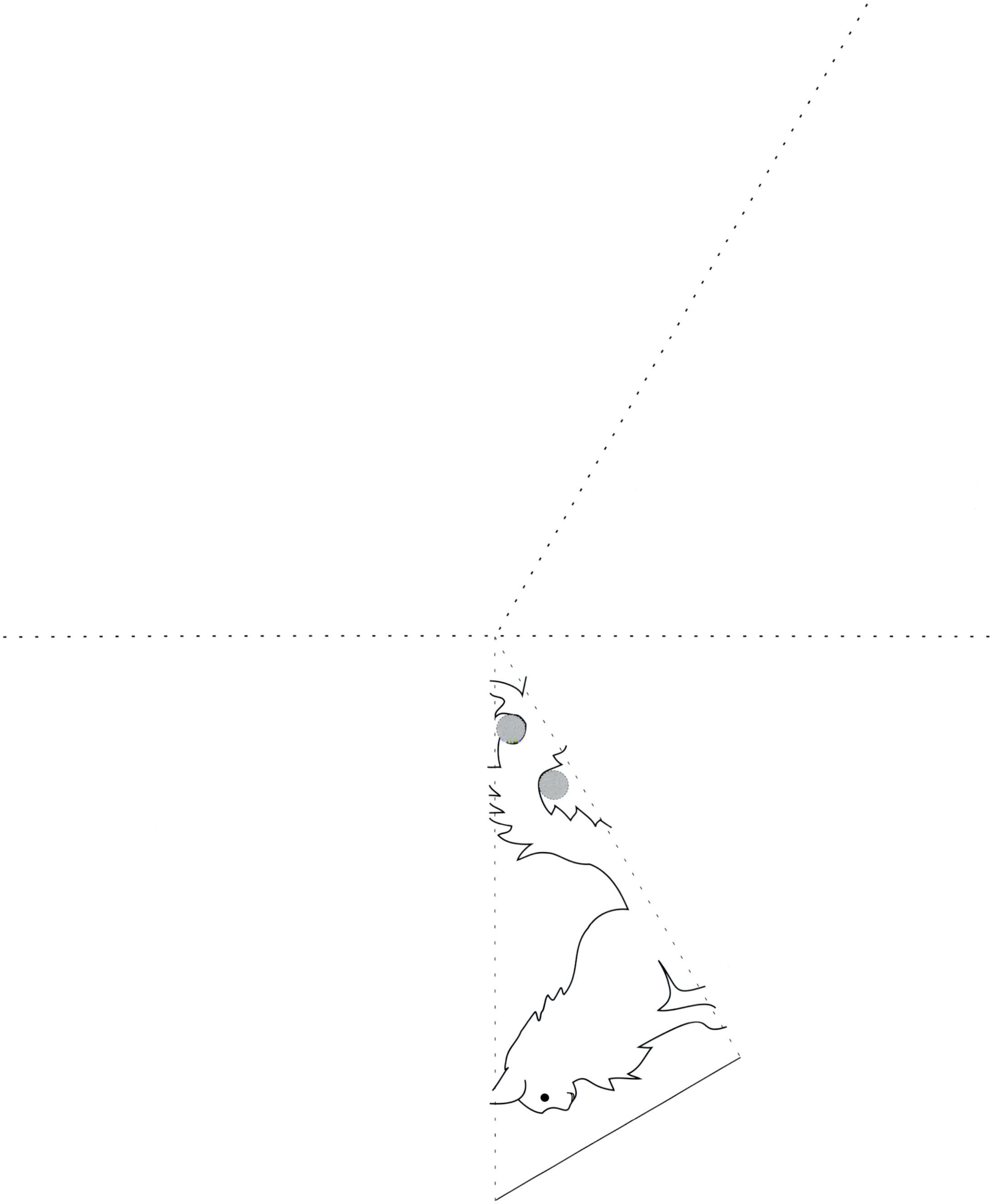

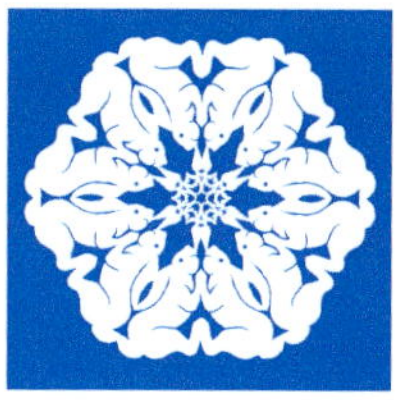

27 HASE

Noch mehr „Blitzlinien"! Hier muss an beiden Linien entlang geschnitten werden,
sodass sich ein ganz dünnes Stück Papier löst. Das sollte hier bei den Ohren und Beinen gemacht
werden, damit diese dann auch bei allen Hasen sichtbar sind.

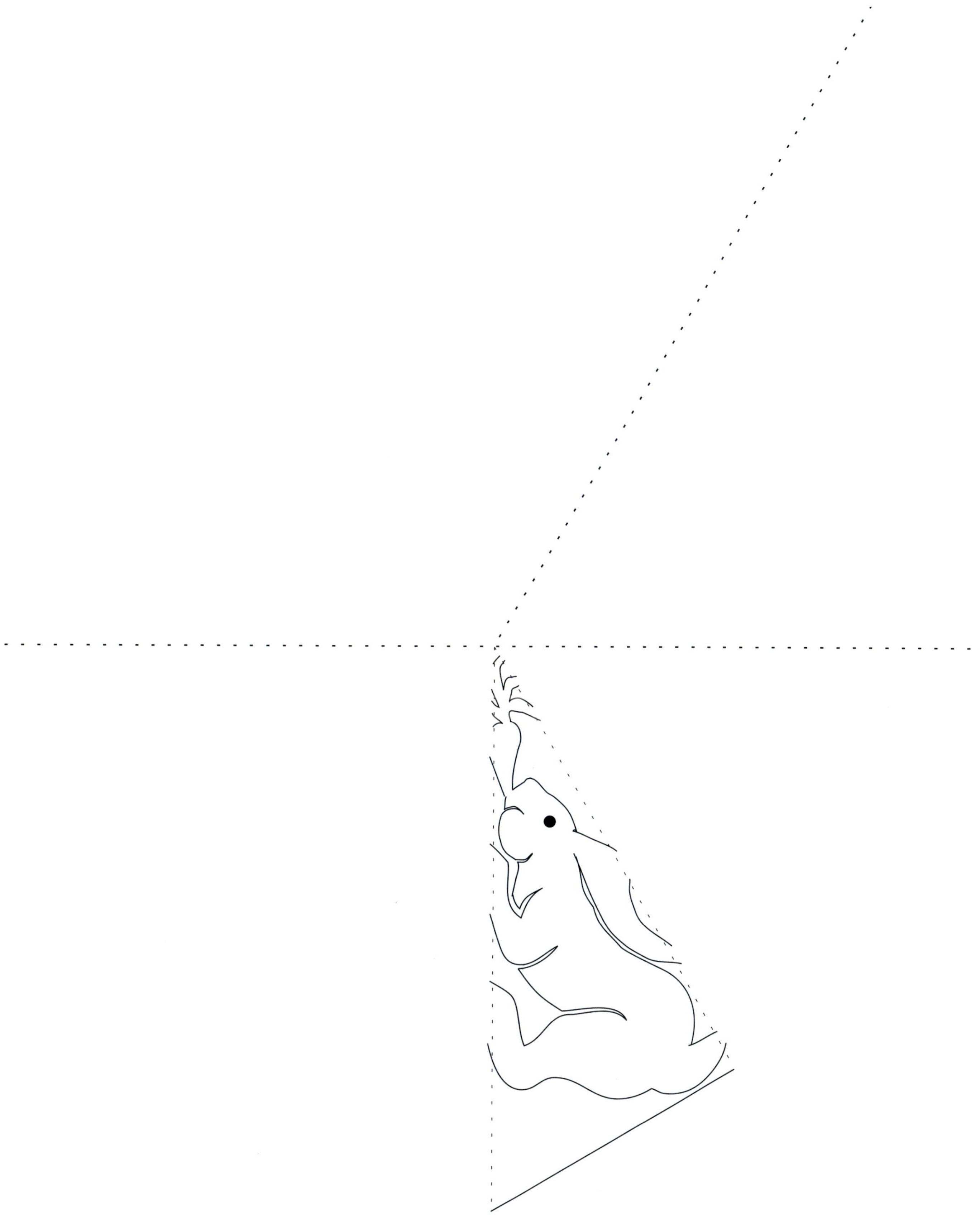

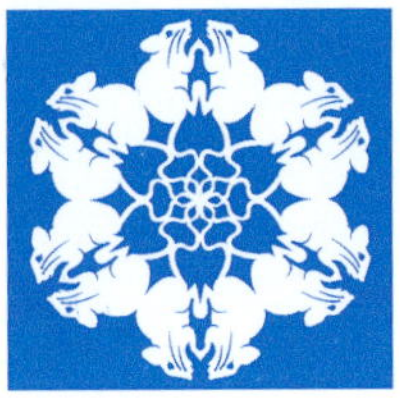

28 MAUS

Die Schnurrbarthaare werden übertrieben dargestellt, damit man sie dann auch gut sieht. Wenn man das Auge genau ausschneidet, wird die Maus zu einem niedlichen Tierchen anstatt zu einem kleinen Biest.

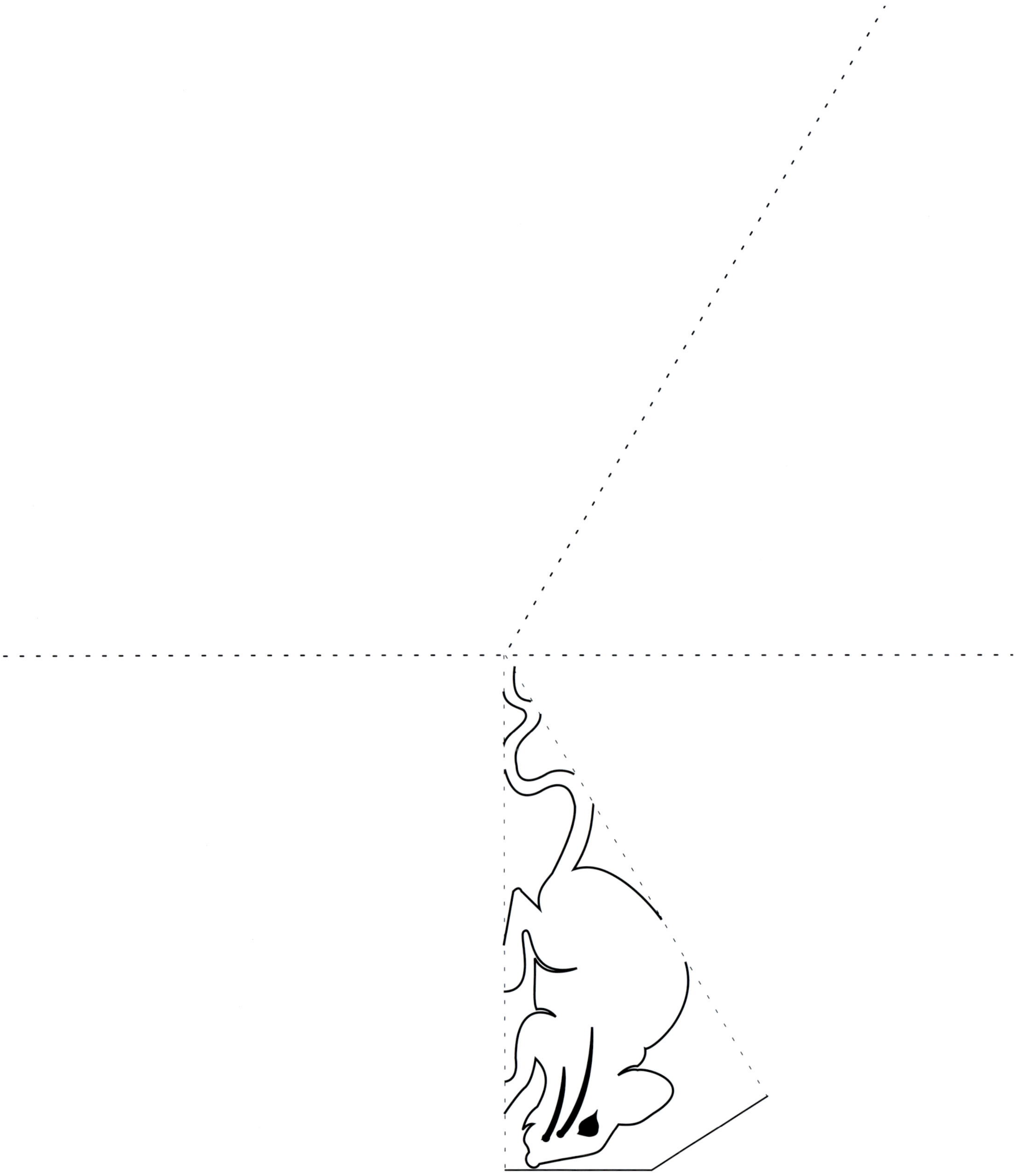

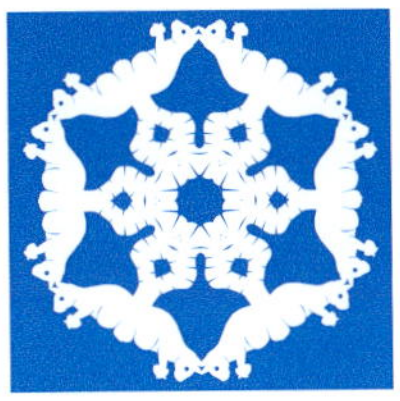

29 EICHHÖRNCHEN

Dieses Motiv ist schwieriger, als es aussieht. Achtung beim Schwanz und bei der Nuss.

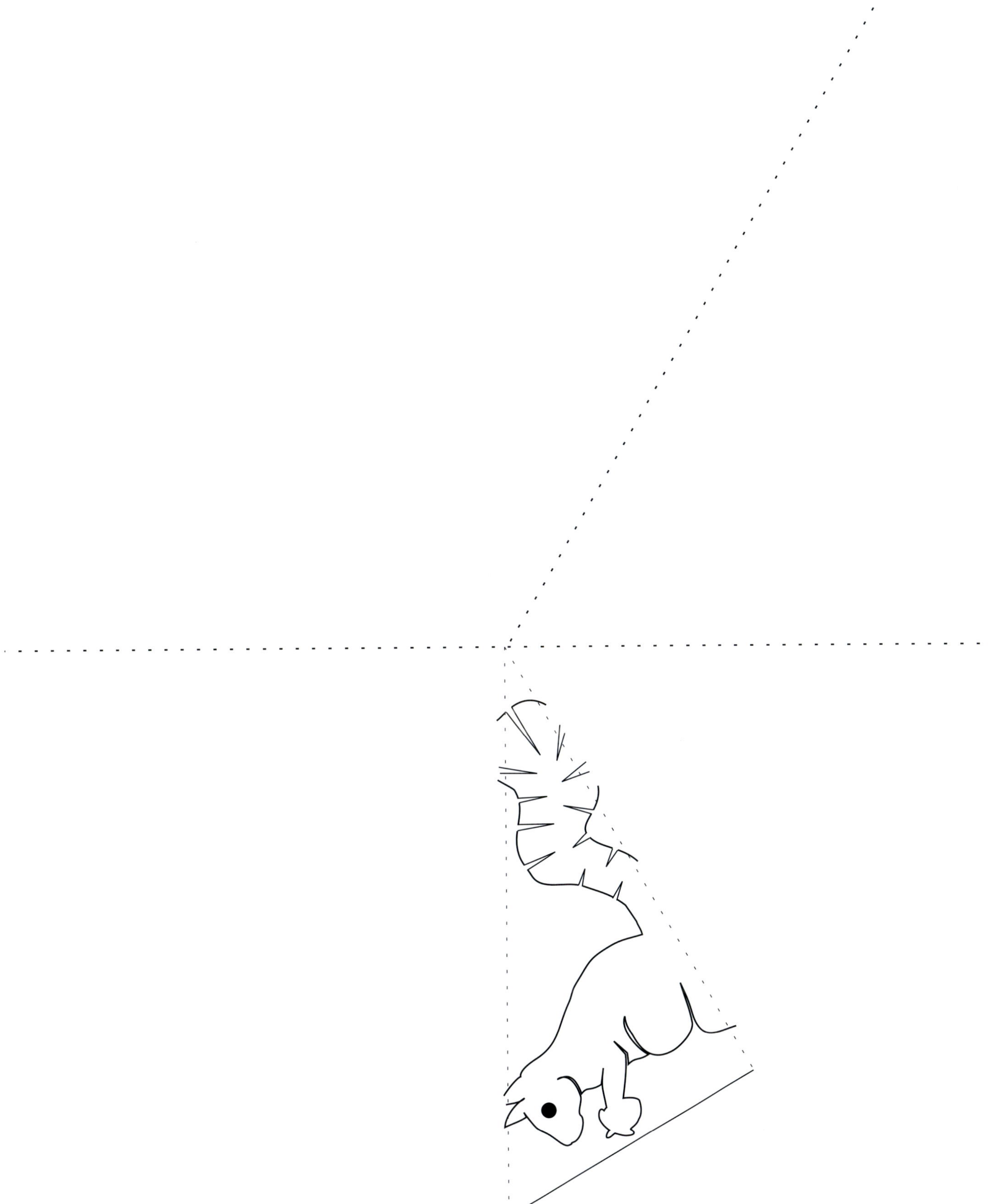

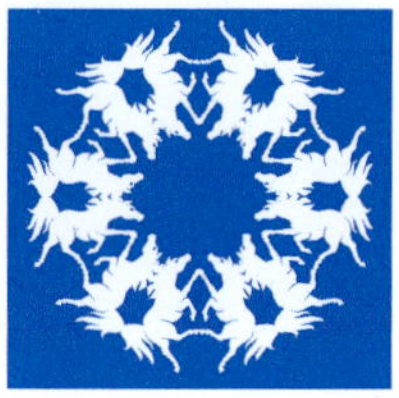

30 PFERD

Der Linie ins Auge hinein folgen, um das Auge auszuschneiden. Die „Blitzlinien“ sind hier sehr wichtig – auch die ganz kleinen beim Ohr. Mit den schwierig zu schneidenden Beinen beginnen und gut festhalten, damit sie nicht unbemerkt in unteren Papierschichten verrutschen können.

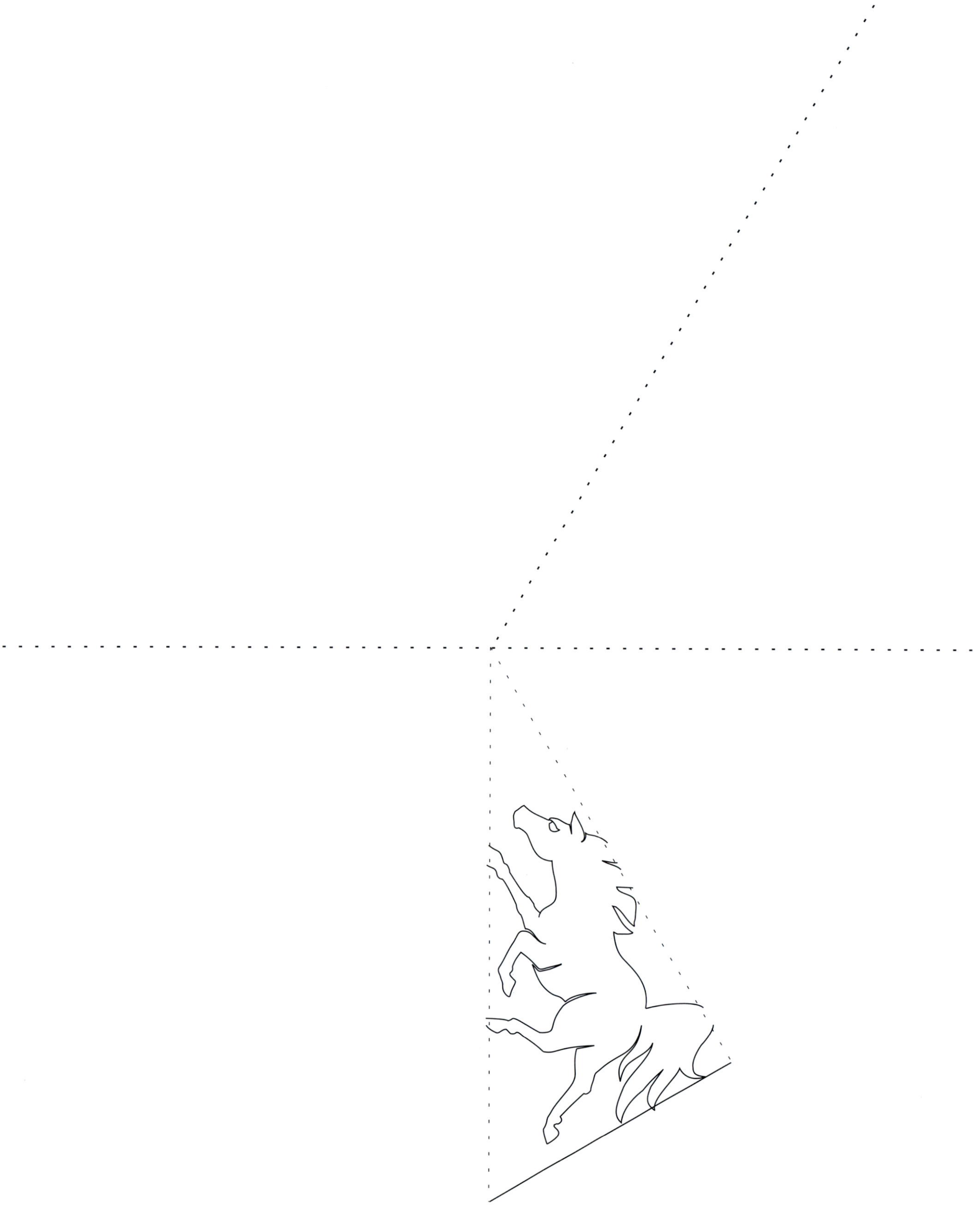

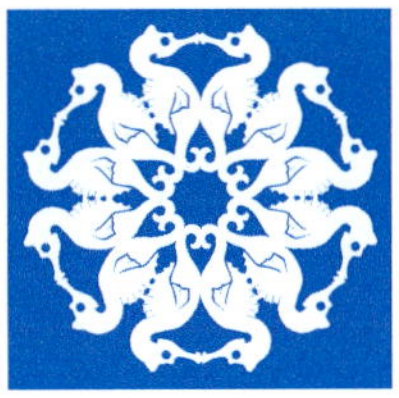

31 SEEPFERDCHEN

Hier gibt es „Blitzlinien“ und geschwungene Linien, die mit Lochzangen geschnitten werden. Achtung: Die drei winzigen Verbindungen an der Rückenflosse sowie die Verbindung an der Nase müssen bestehen bleiben.

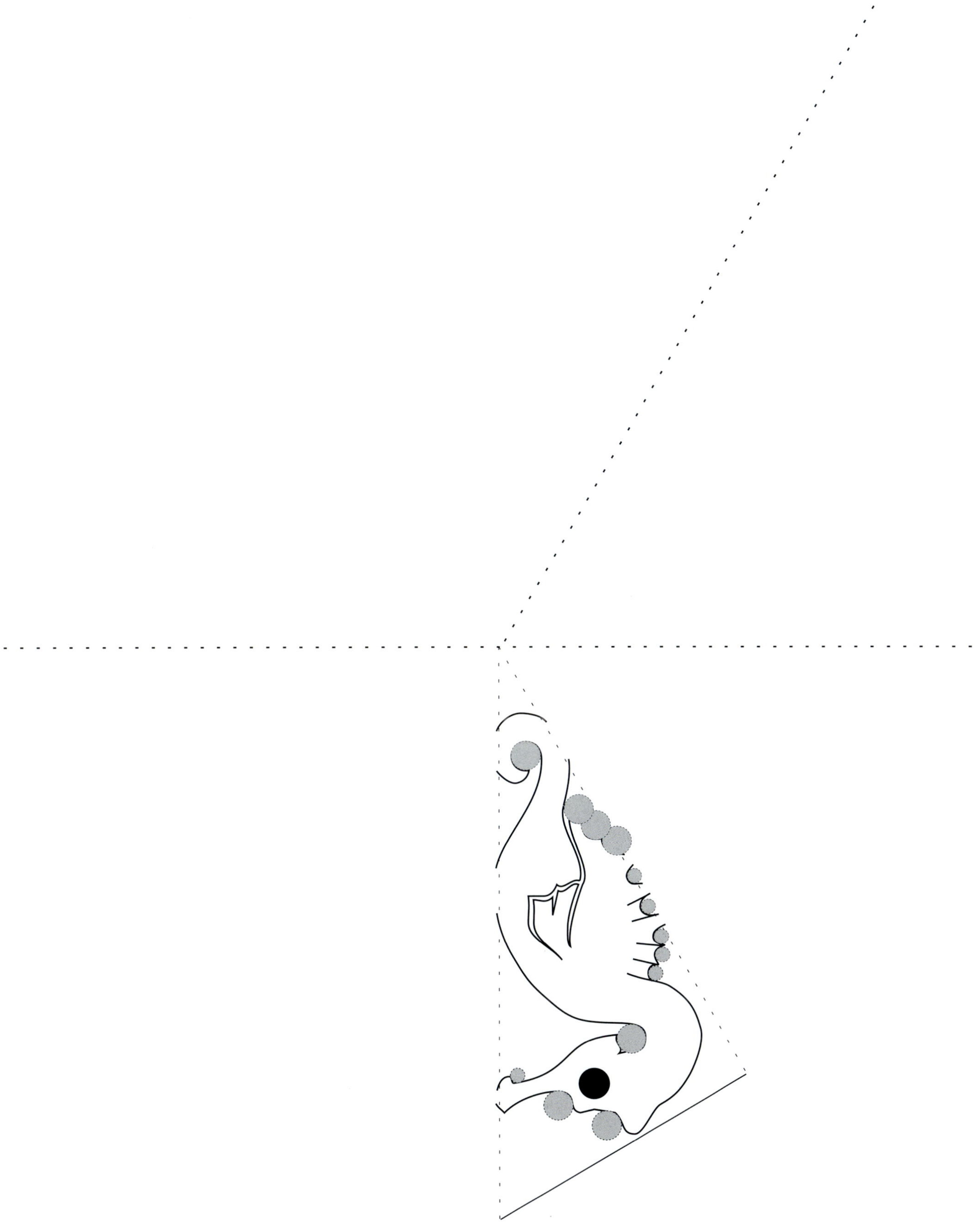

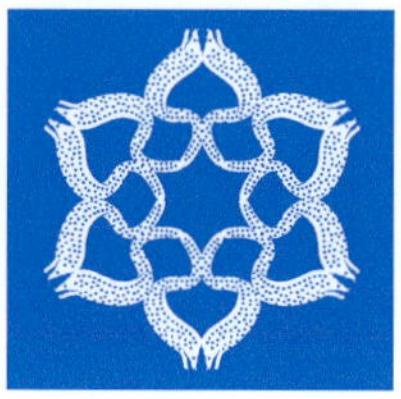

32 MURÄNE

Wenn erst einmal alle Löcher gestanzt sind, ist dieses Motiv nicht mehr schwierig.
Übrigens: Aale sind gar nicht schleimig, sondern fühlen sich an wie seidiges Leder!

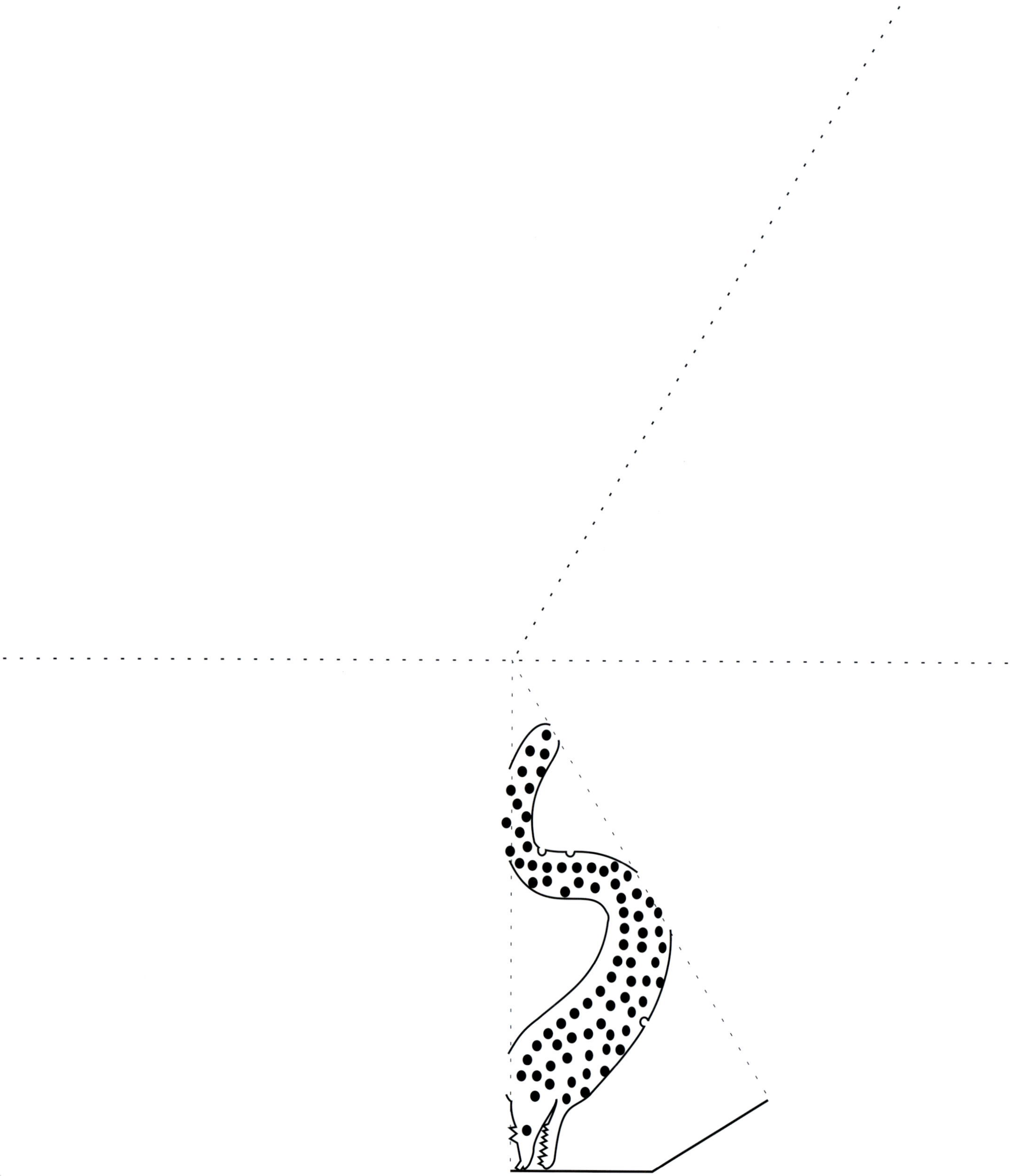

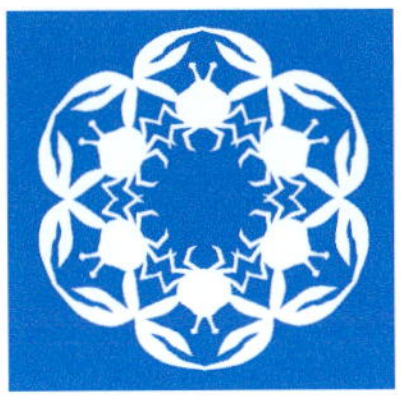

33 KRABBE

Beim Stielauge zuerst mit einer Lochzange stanzen, damit sich das Motiv leichter ausschneiden lässt. Vorsicht bei den Beinen! Beim Scherenarm beginnen und dann zu den Beinen vorarbeiten.

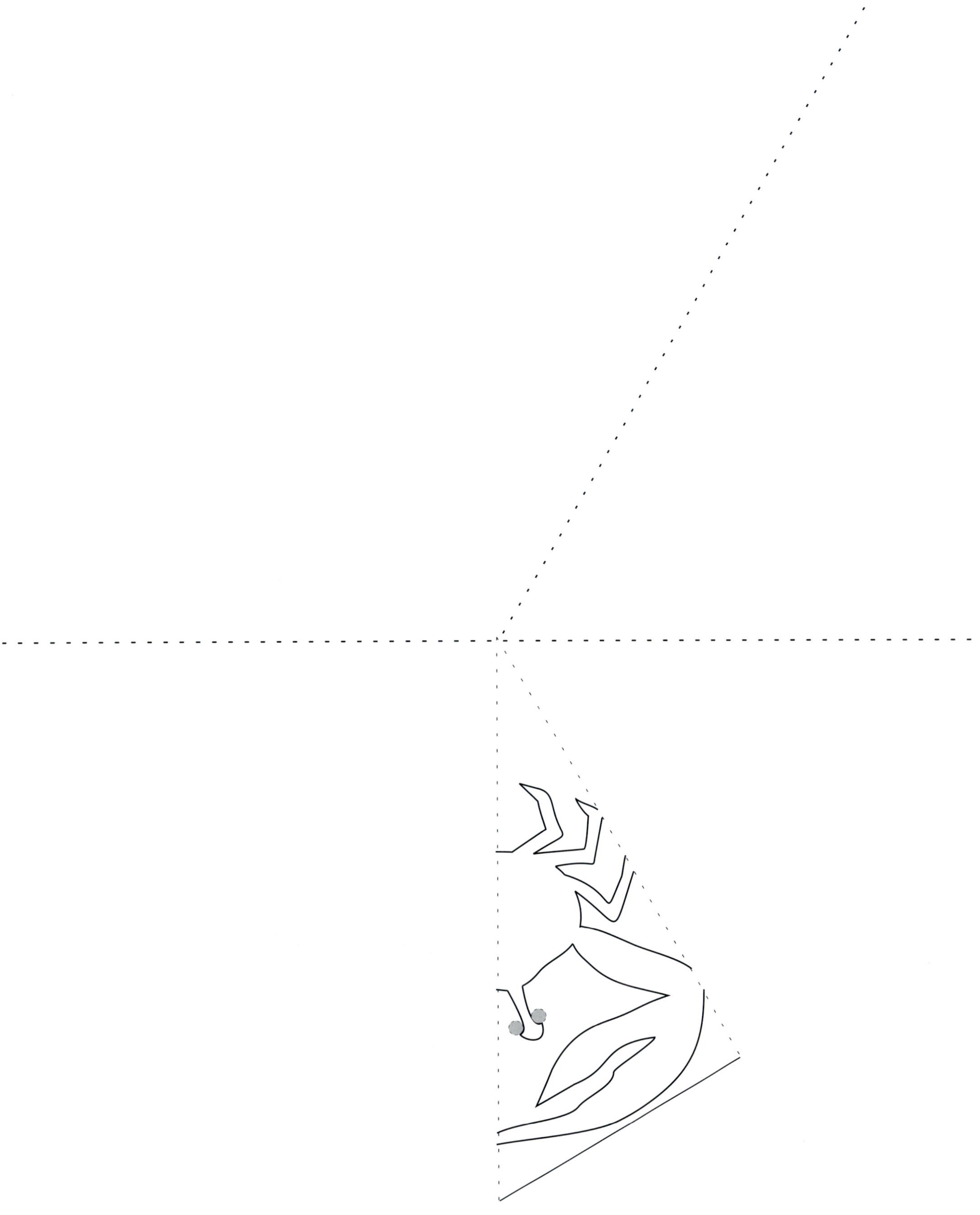

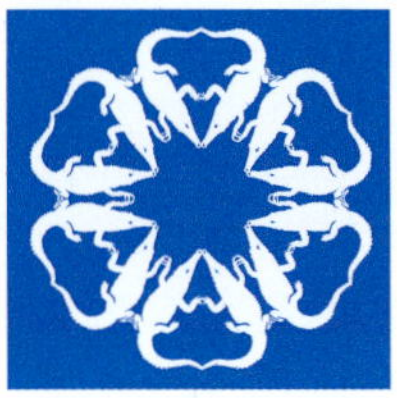

34 KROKODIL

Dieses Motiv kann auch vereinfacht werden, indem die Zehen und die Zacken am Schwanz weggelassen werden.

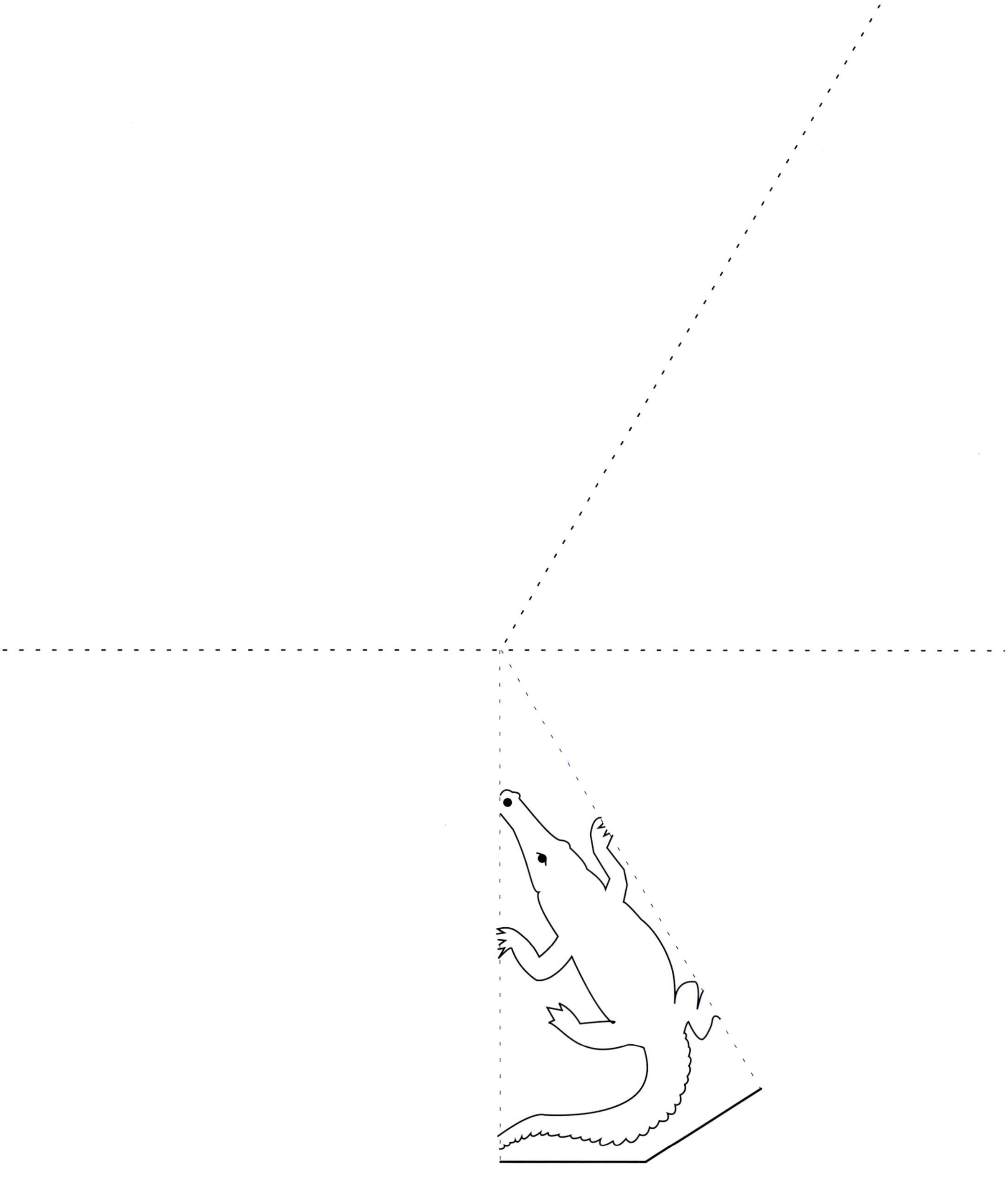

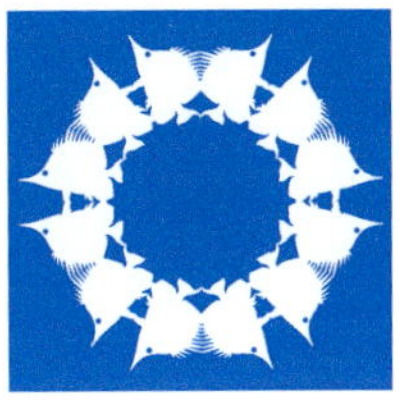

35 GELBER MASKEN-PINZETTFISCH

Dieses Motiv kann man in einen Igel verwandeln: Die Schwanzflosse und die Hinterflossen weglassen, stattdessen ein rundes Hinterteil schneiden und anstelle der Vorderflosse eine Pfote.

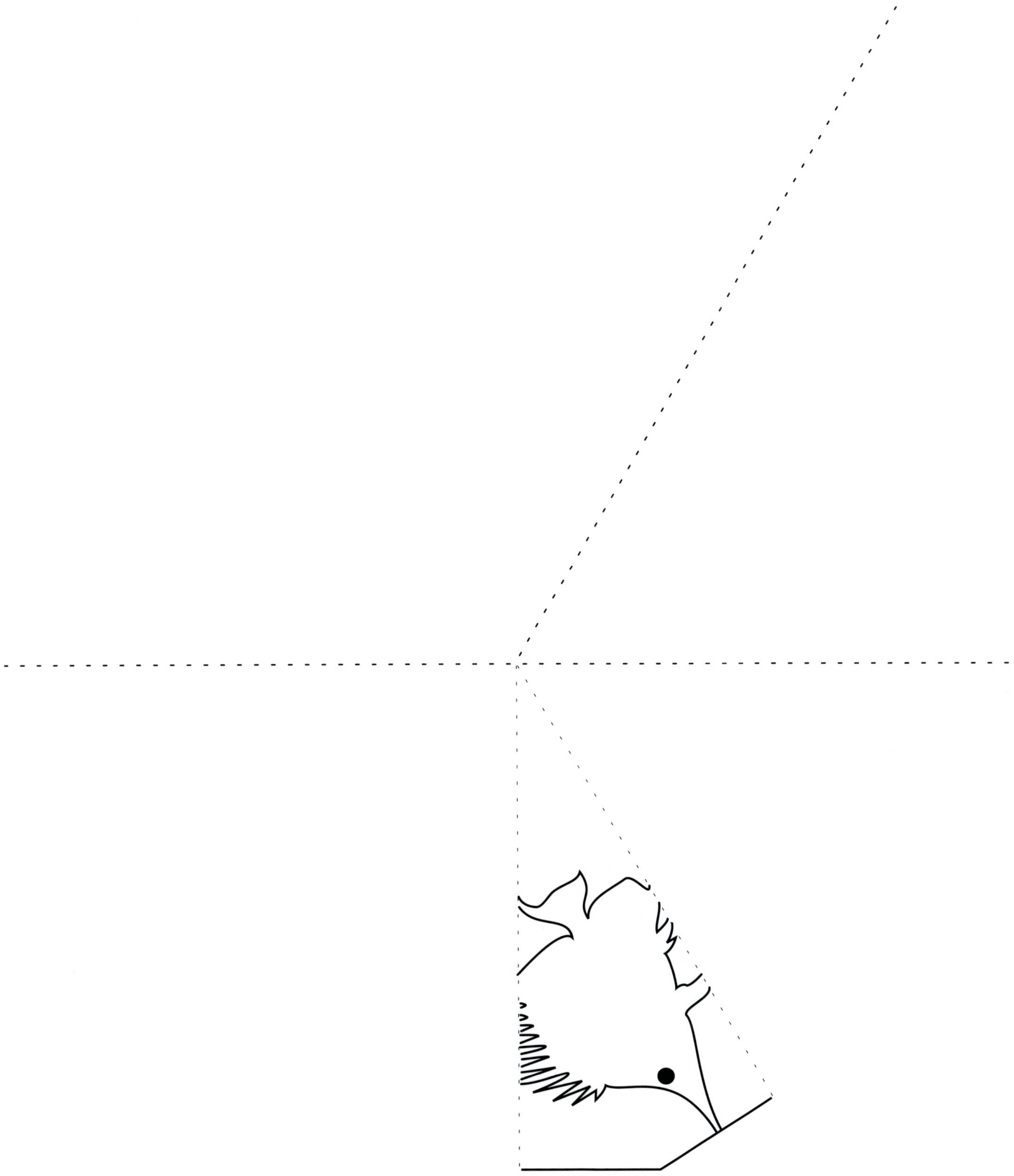

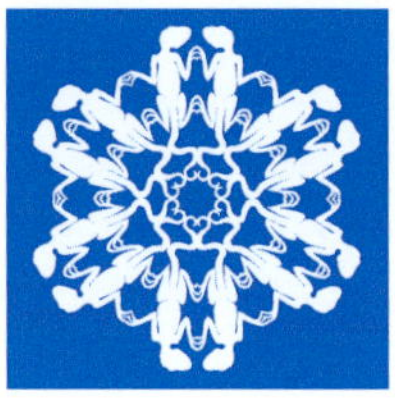

36 GECKO

Beim geschwungenen Schwanz und am Hals eine Lochzange verwenden.
Die Verbindungspunkte an den Zehen müssen unbedingt bestehen bleiben.

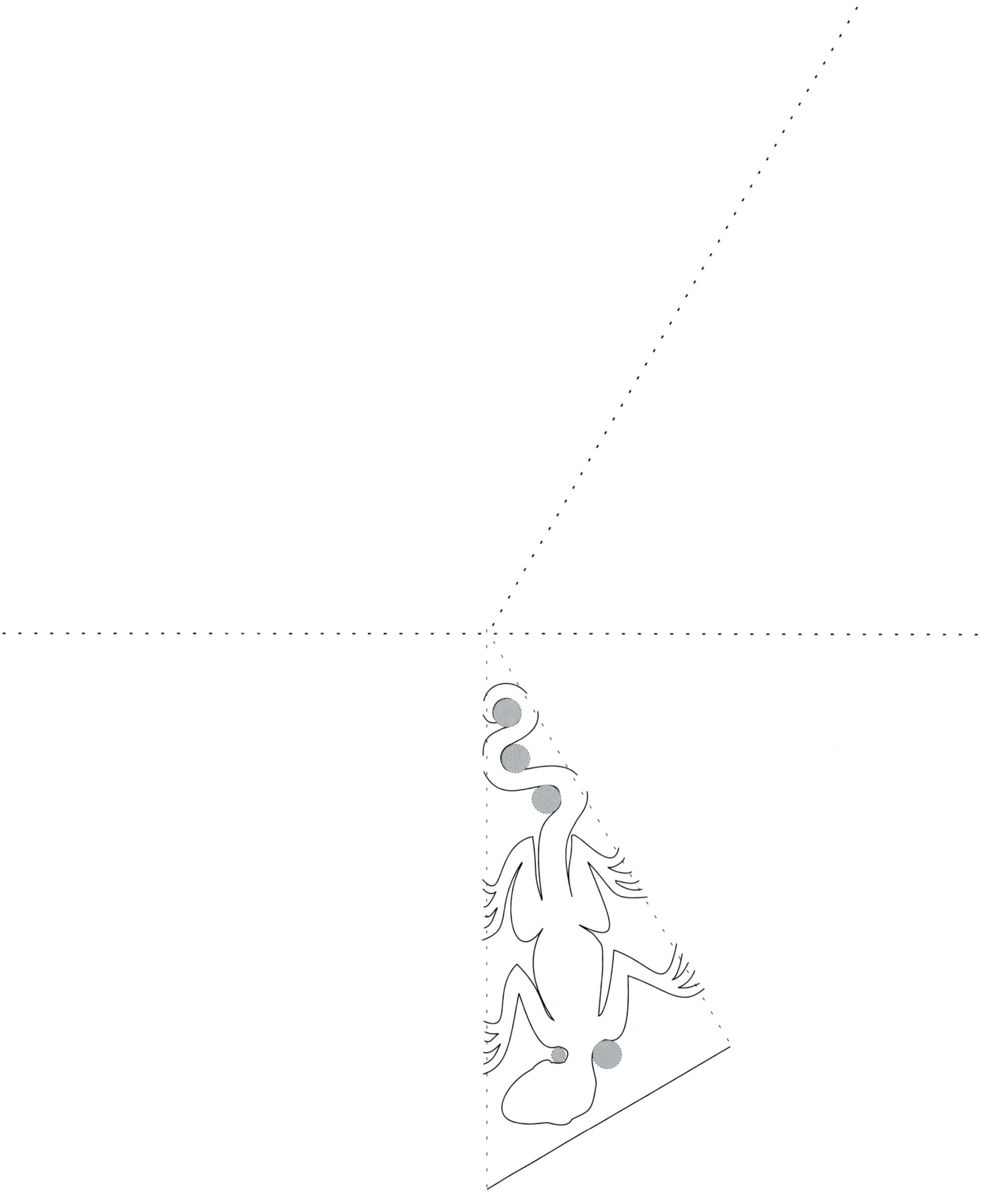

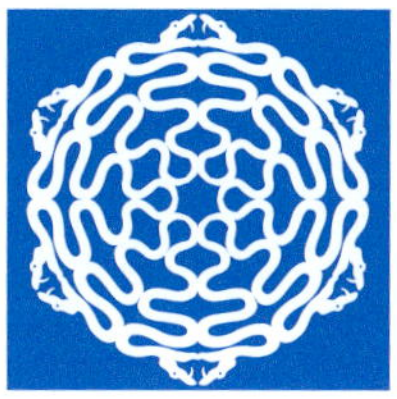

37 SCHLANGE

Bei geschwungenen Linien so viel wie möglich Lochzangen verwenden. Auch die Schlangenlinien in diesem Motiv sind damit viel leichter auszuschneiden. Mit dem Zahn beginnen und dann vom Kopf aus nach unten arbeiten.

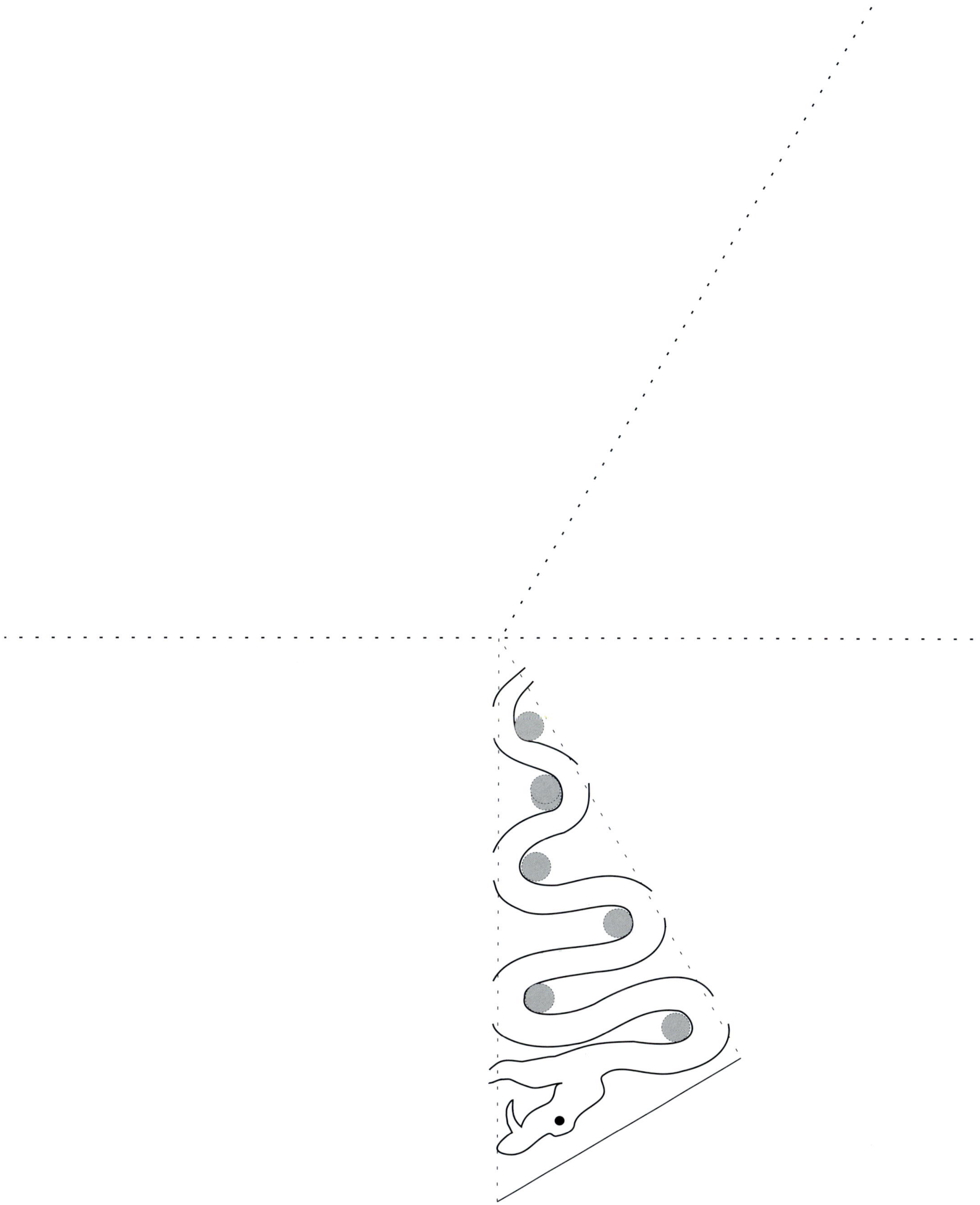

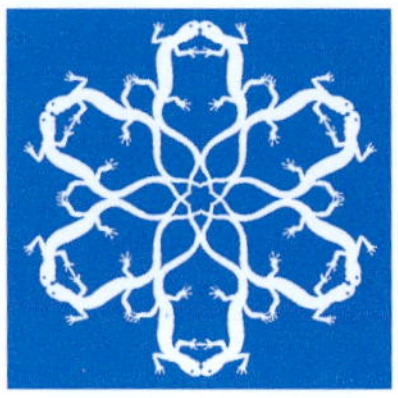

38 SALAMANDER

Bei den Füßen kann man statt der winzigen Zehen auch den gestrichelten Linien folgen – dann schafft dieses Motiv jedes Kind.

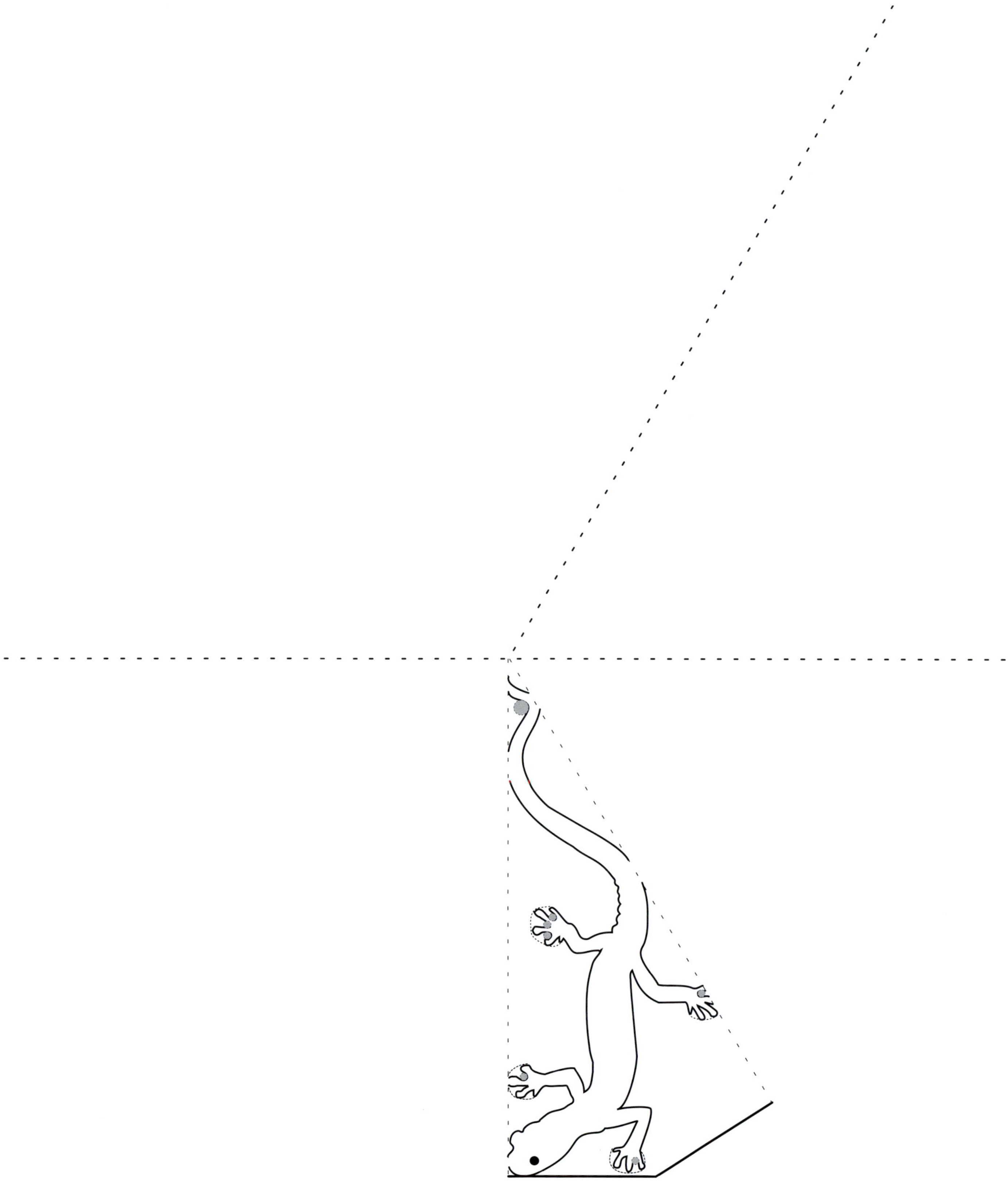

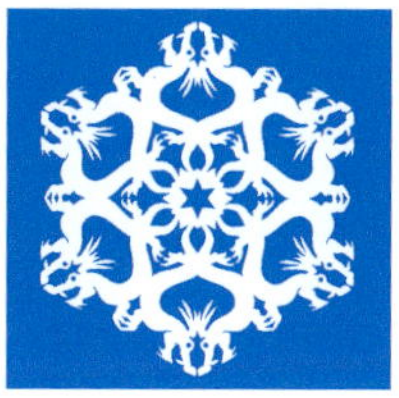

39 DRACHE

Mit den schwierigsten Teilen beginnen: Zehen, Haare und Zahn.
Das Auge mit einer Lochzange stanzen.

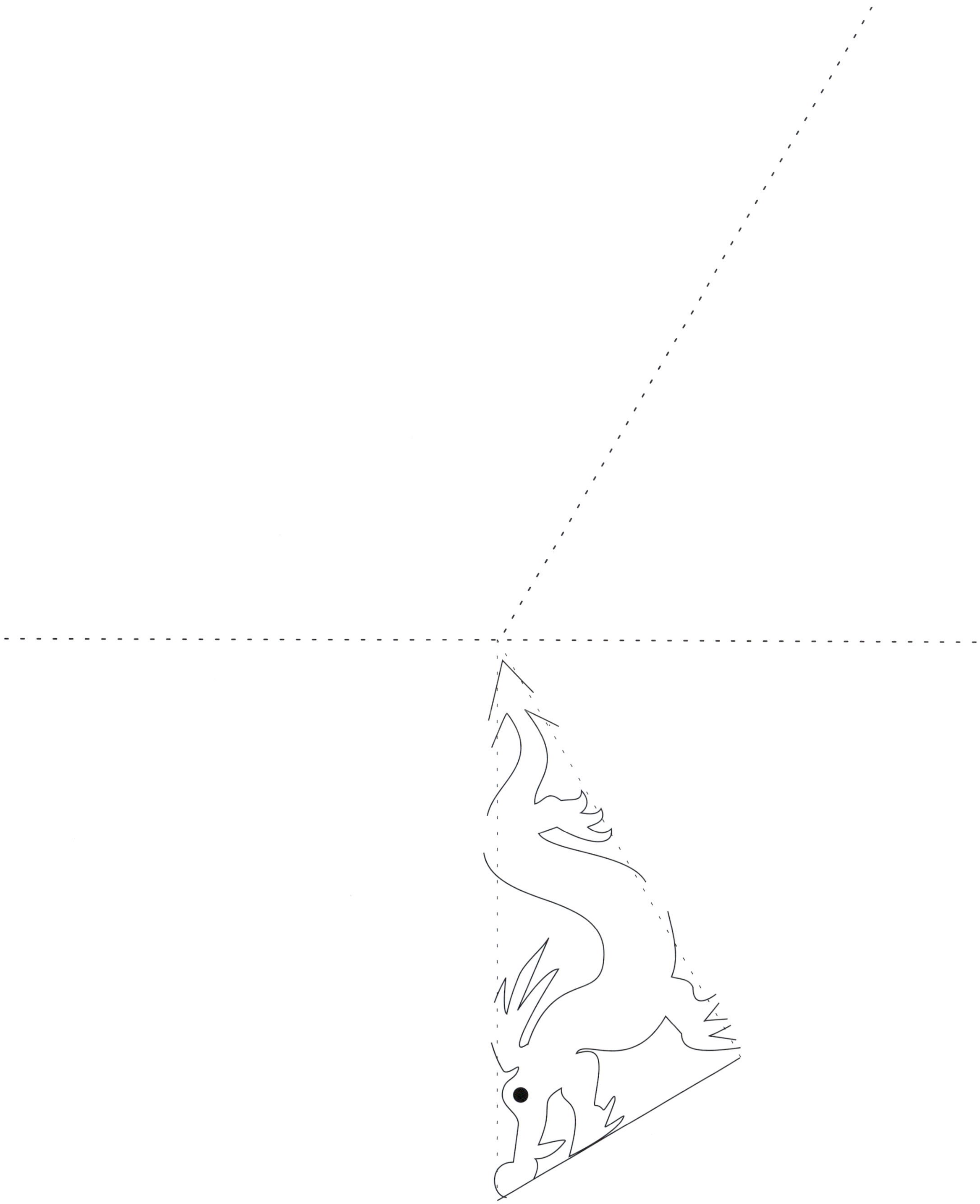

40 SCHMETTERLING

Zuerst in den Zwischenräumen in den Flügeln Löcher stanzen, an den gestrichelten Linien entlang in die Ecken schneiden und dann jeweils den Rest zwischen den Ecken ausschneiden. Danach alle übrigen durchgehenden schwarzen Linien schneiden.

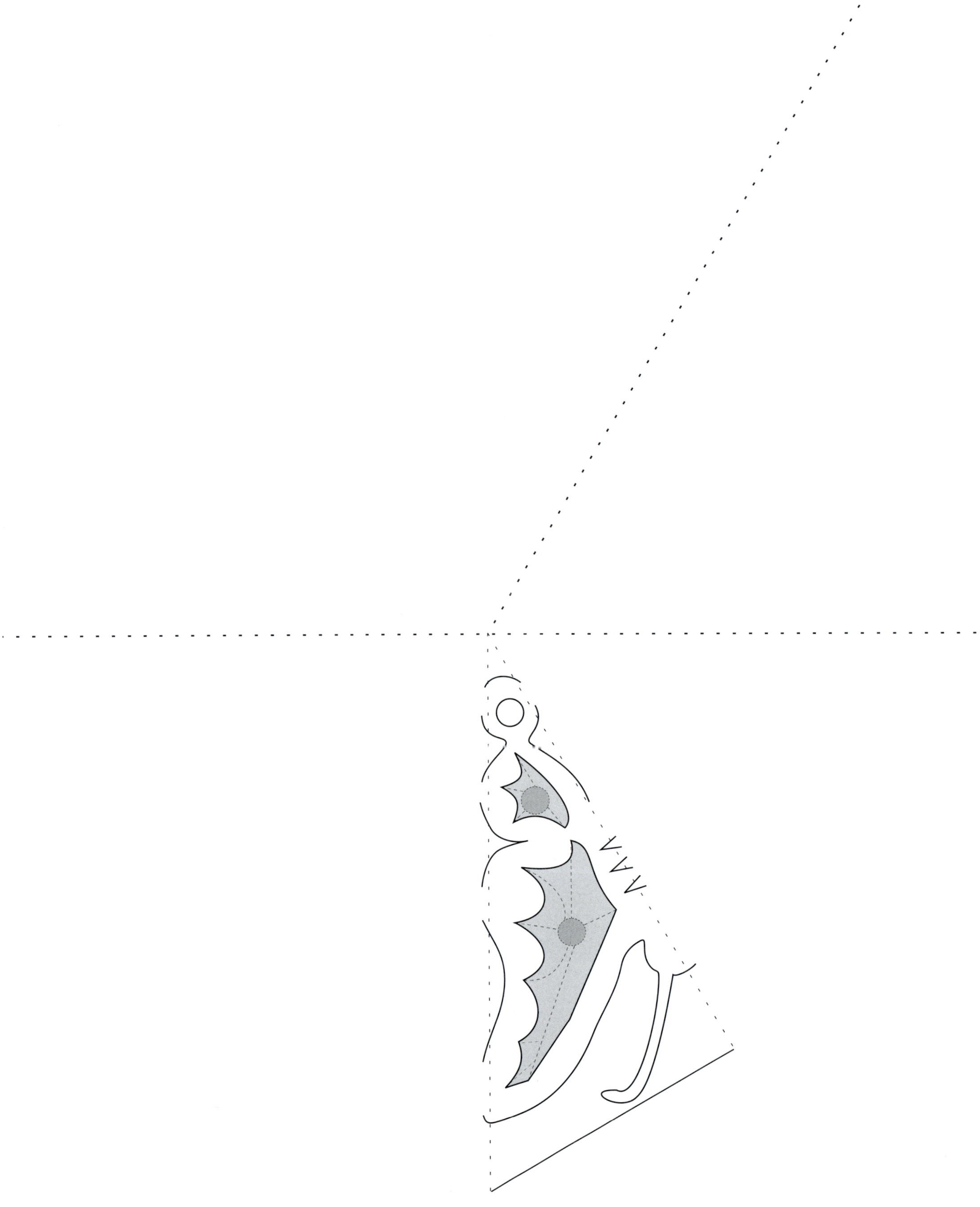

41 LAUBFROSCH

Dies ist der einfachste unter den Fröschen, da er nicht viele Zehen hat. Zuerst den Streifen beim Auge ausschneiden. Unbedingt die dünnen Papierstreifen an den Beinen herausschneiden.

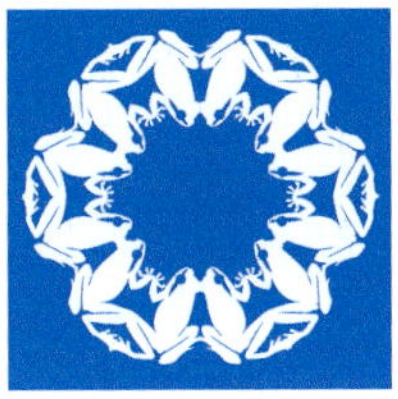

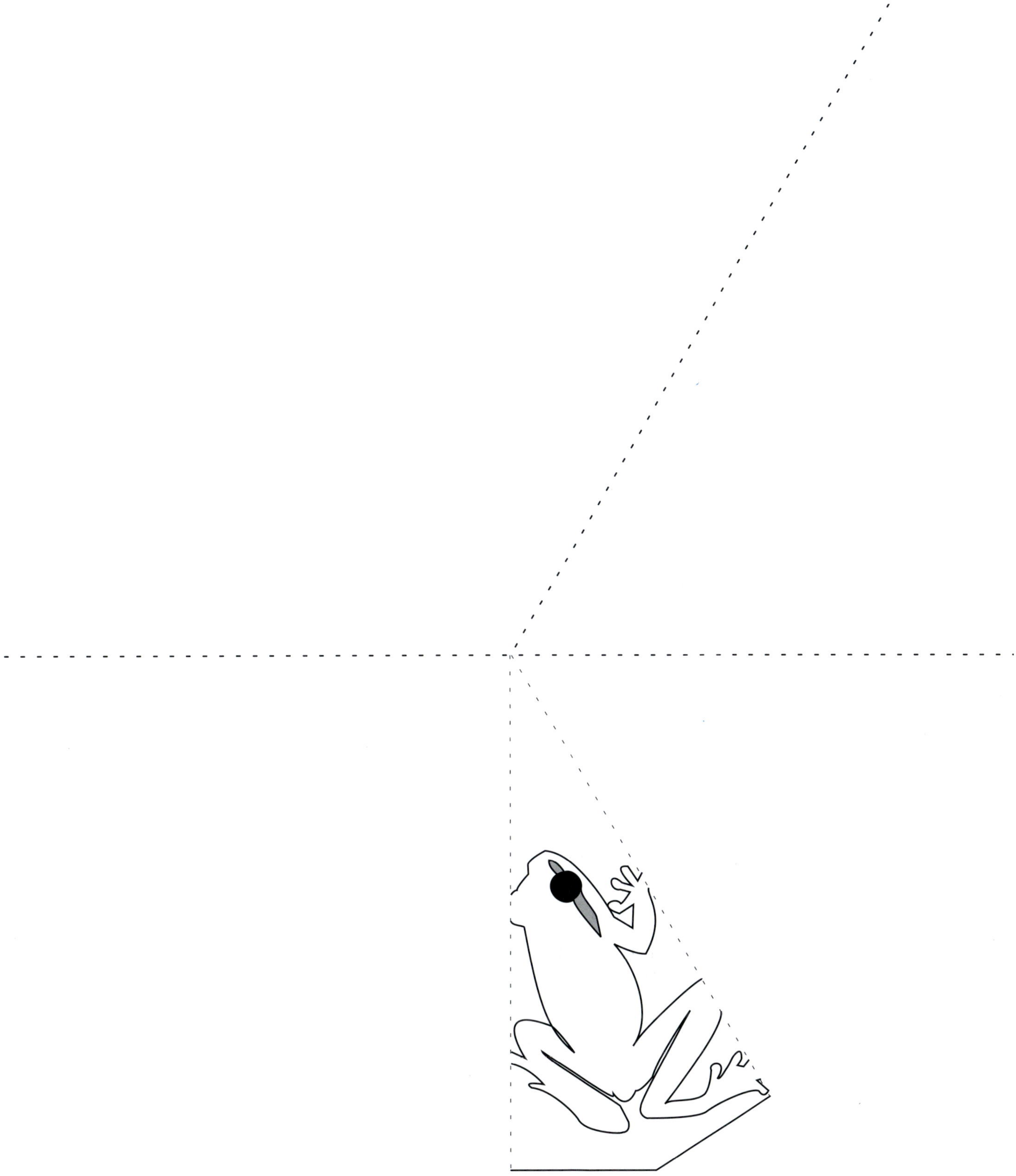

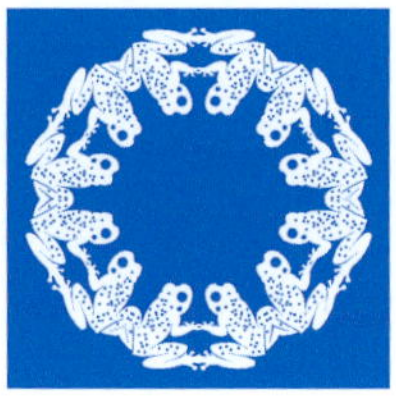

42 AUSTRALISCHER LAUBFROSCH

Vor dem Schneiden alle Löcher stanzen. Aufpassen, dass dabei keine Papierrückstände bleiben. Um solche zu verhindern, kann es helfen, die Lochzange beim Stanzen ein bisschen zu drehen.

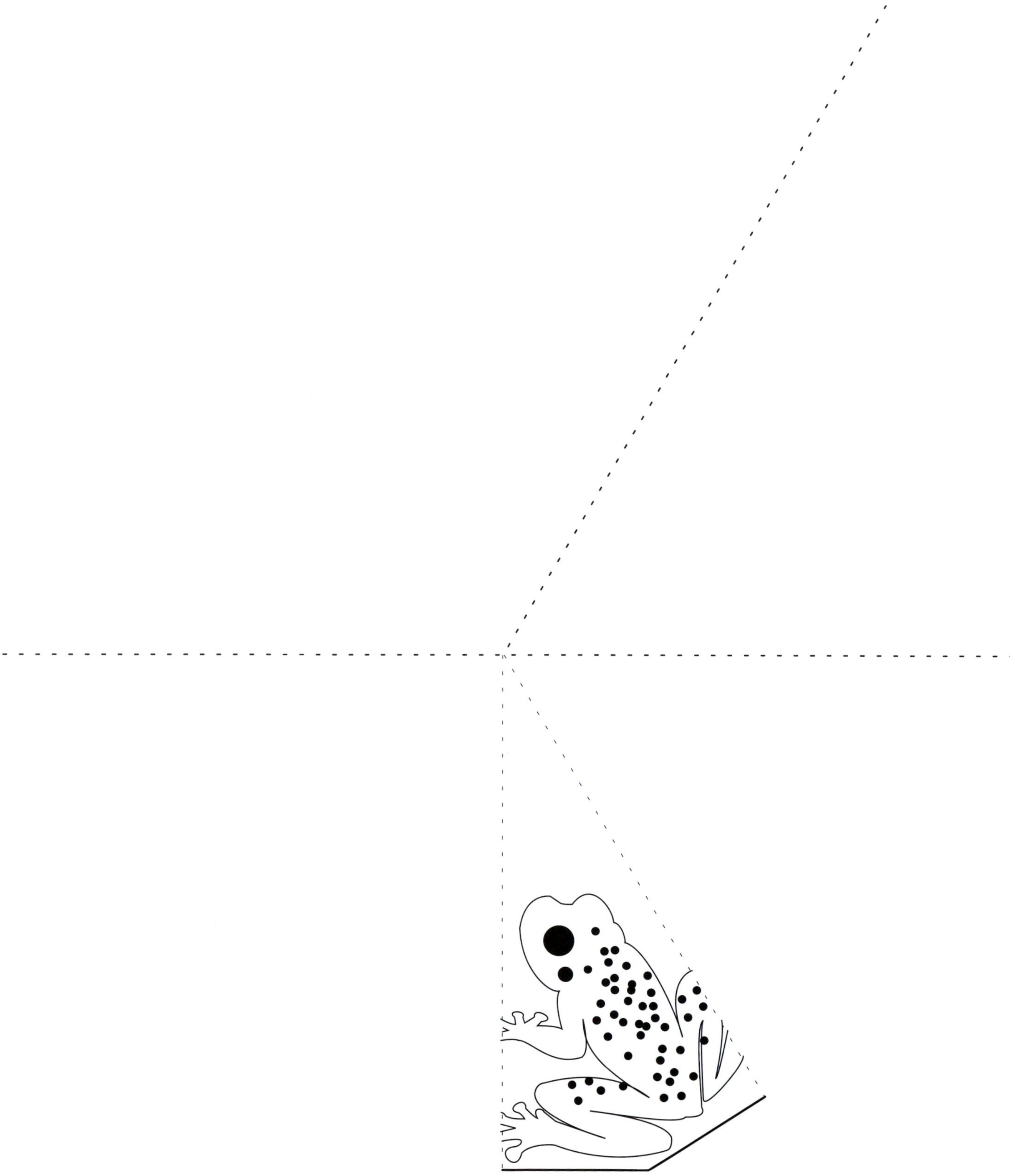

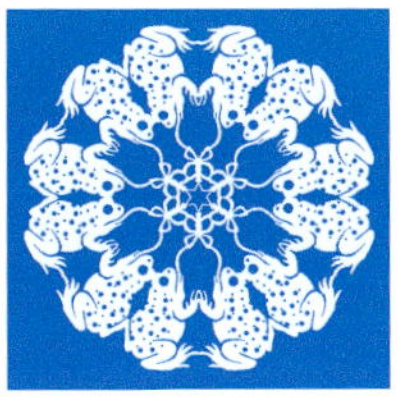

43 KRÖTE

Mit den Zwischenräumen in den Mottenflügeln beginnen. Dies ist ein winziges Detail, aber ein wichtiger Bestandteil des Motivs. Danach alle Löcher (auch das Auge) stanzen und erst dann den Rest ausschneiden.

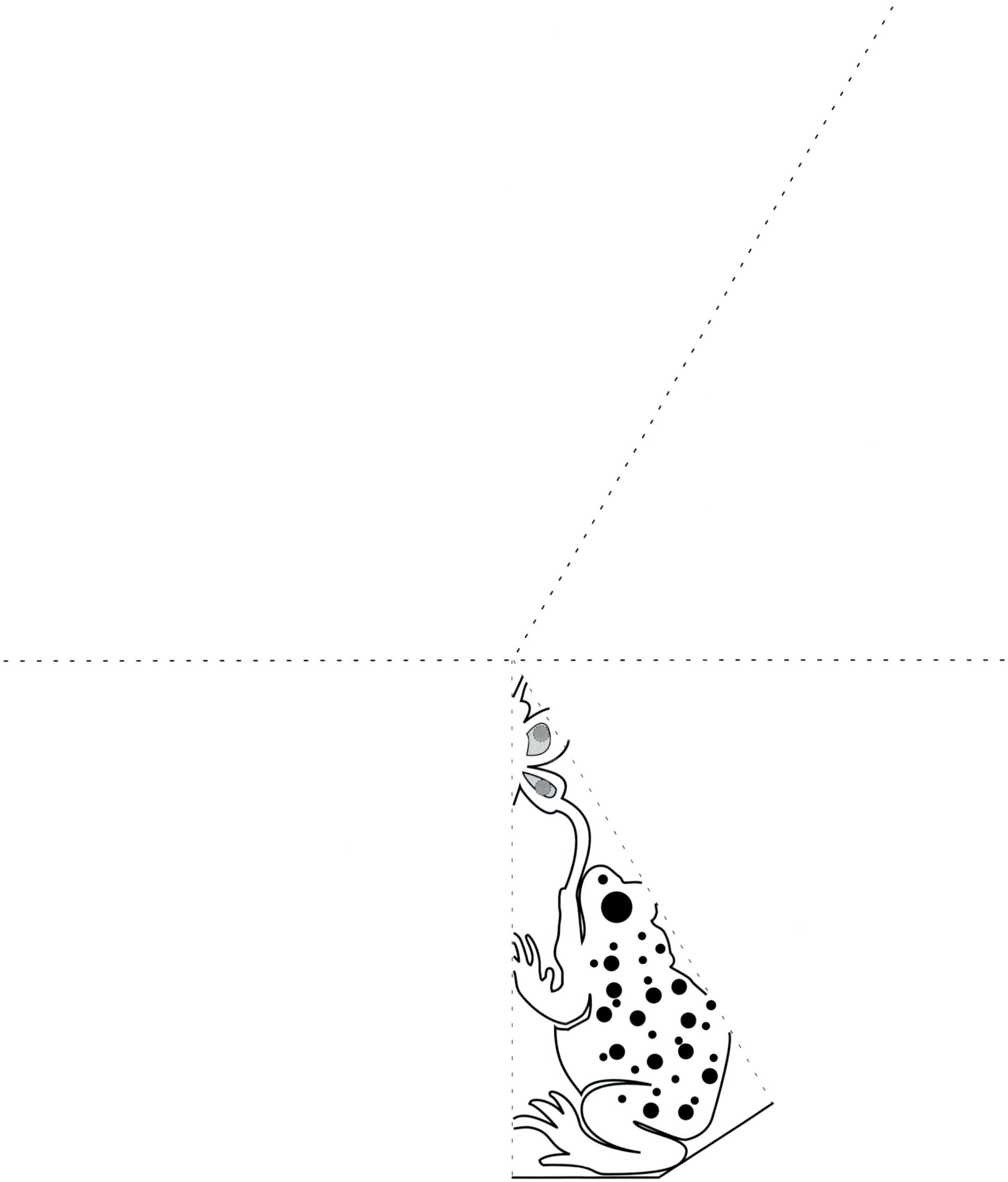

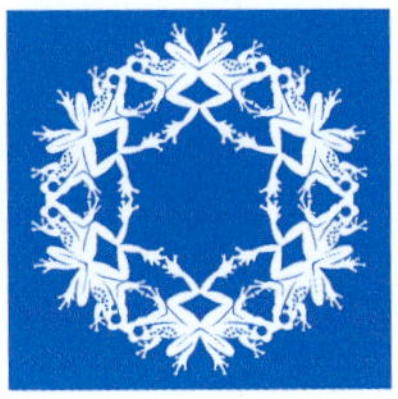

44 KAROLINA-LAUBFROSCH

Bei den Zehen kann man es mit der kleinsten Lochzange versuchen,
um sich die Sache zu vereinfachen und einen sauberen Schnitt zu erreichen.

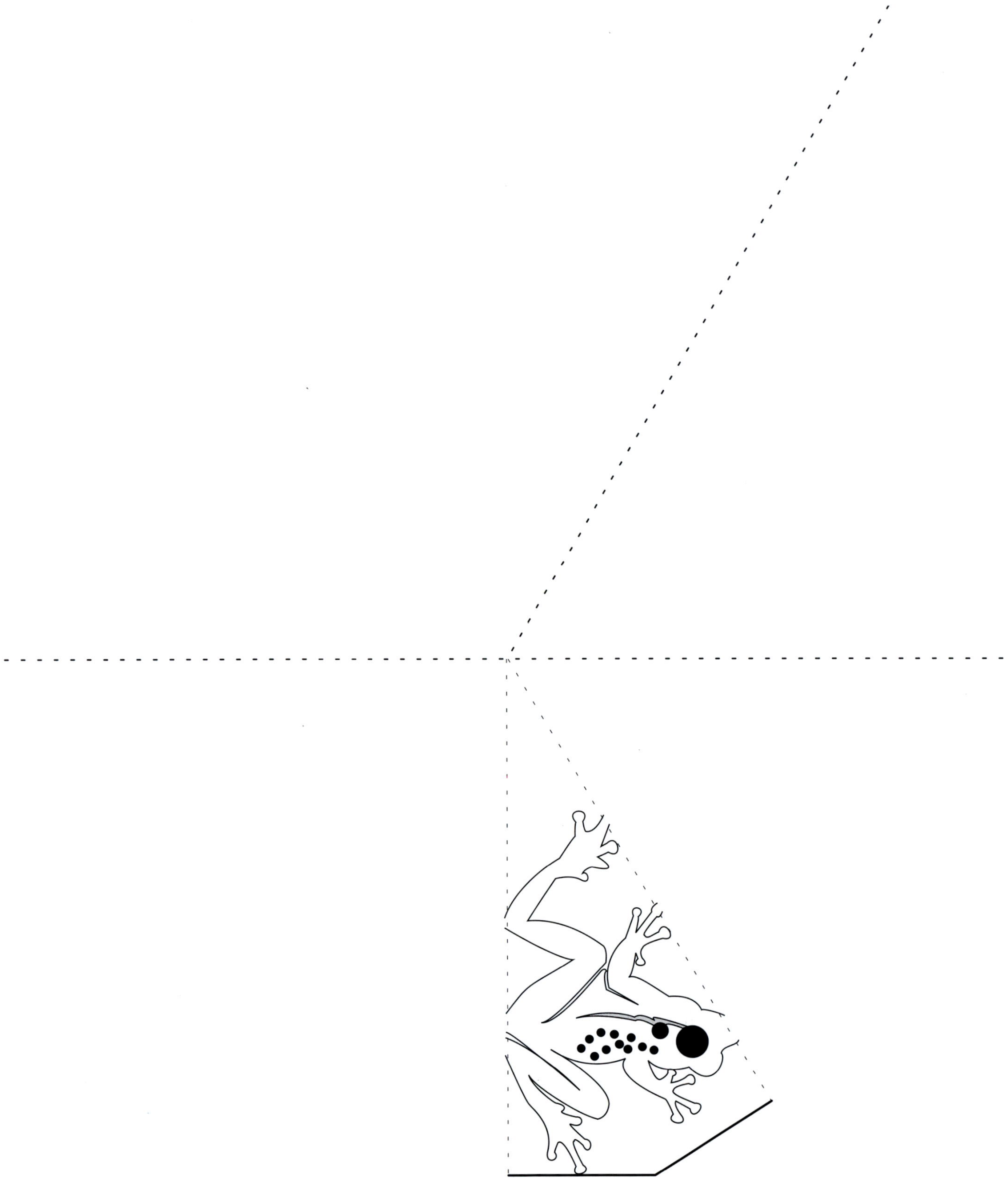

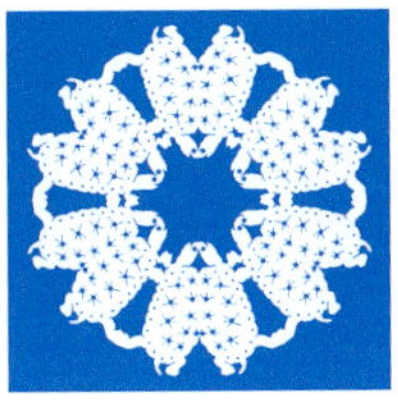

45 DIAMANTSCHILDKRÖTE

Die „Blitzlinien" an den Panzerpunkten können von den Stanzlöchern aus geschnitten werden, oder aber man verwendet eine sternförmige Lochzange. Dann macht die Diamantschildkröte ihrem Namen alle Ehre.

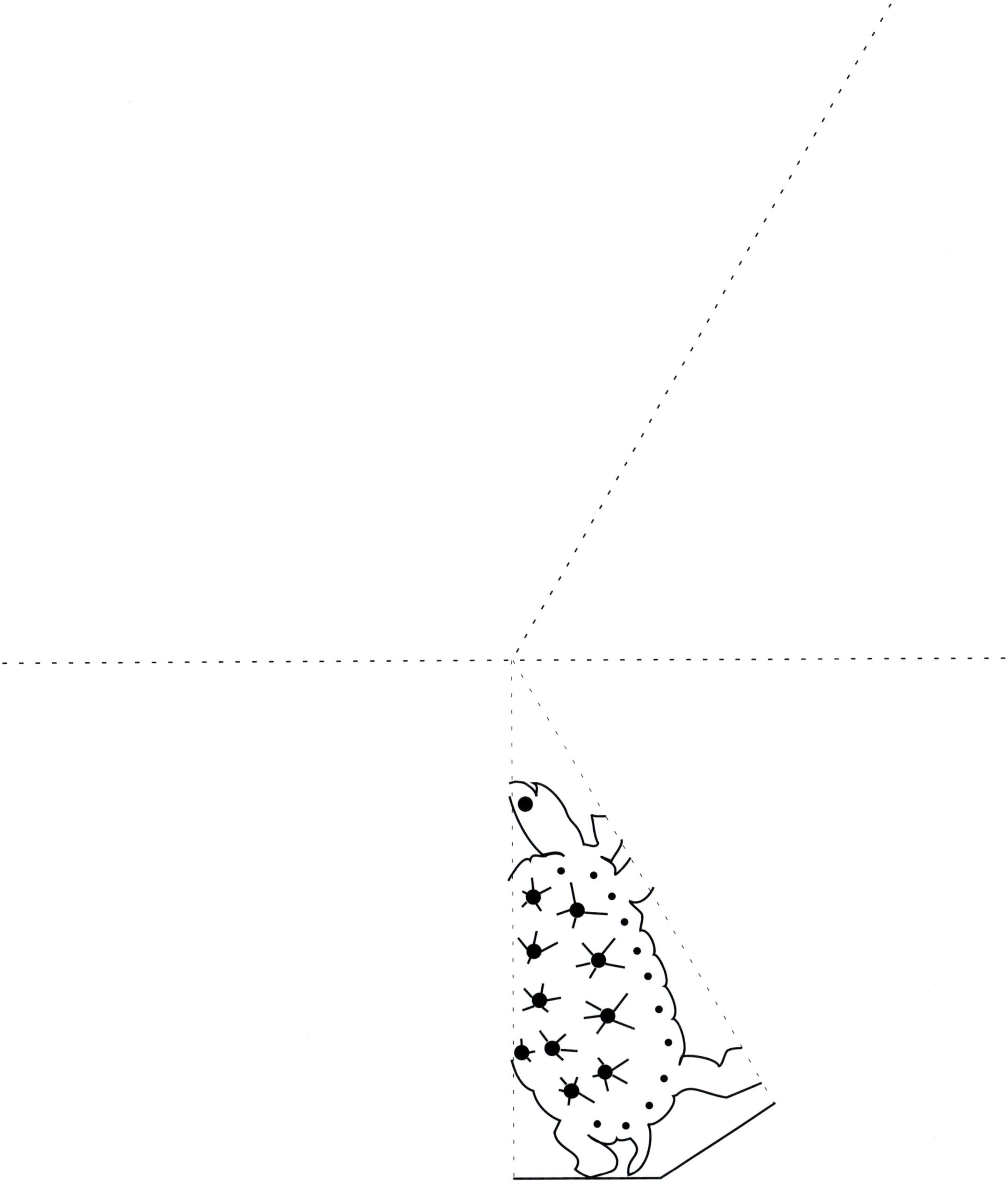

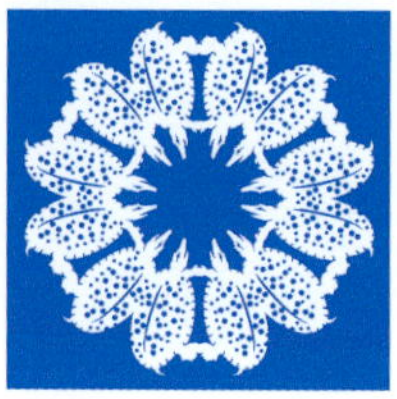

46 WEICHSCHILDKRÖTE

Dieses Motiv ist nicht schwierig umzusetzen, aber man braucht unbedingt Lochzangen mit 1,5 mm und 3 mm Durchmesser. Die „Blitzlinie“ am Rücken zuerst mit einer winzigen Lochzange anstechen.

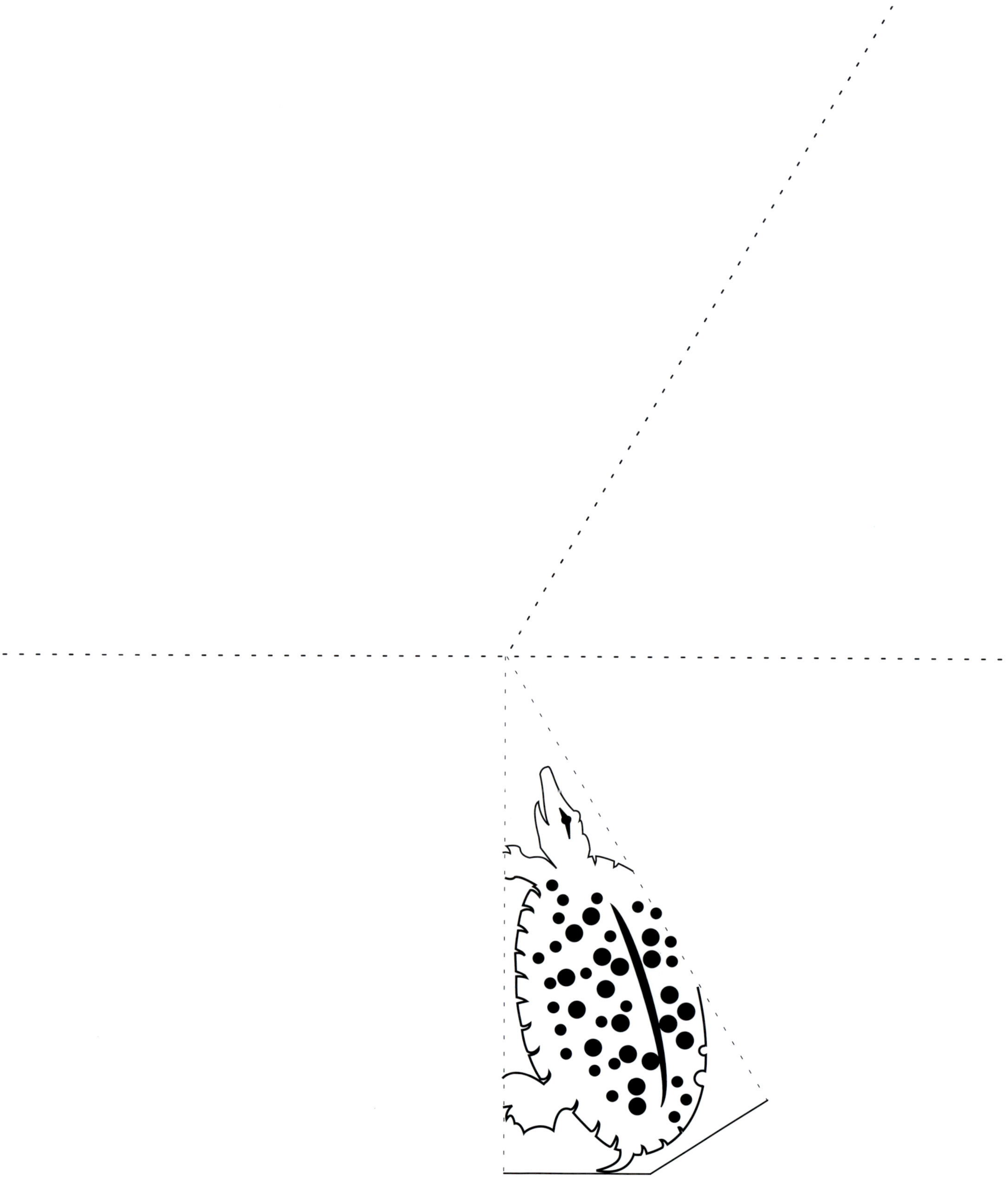

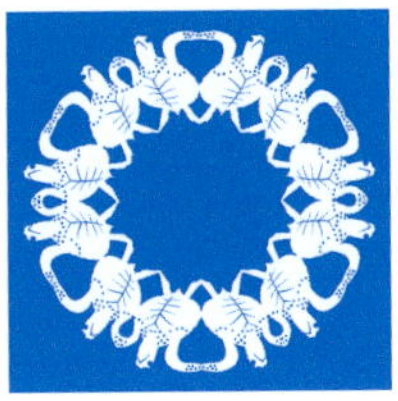

47 MEERESSCHILDKRÖTE

Wer hier die Rippenlinien ausschneidet, hat es schwer. Die Schildkröte sieht aber auch gut aus, wenn man diesen komplizierten Teil weglässt.

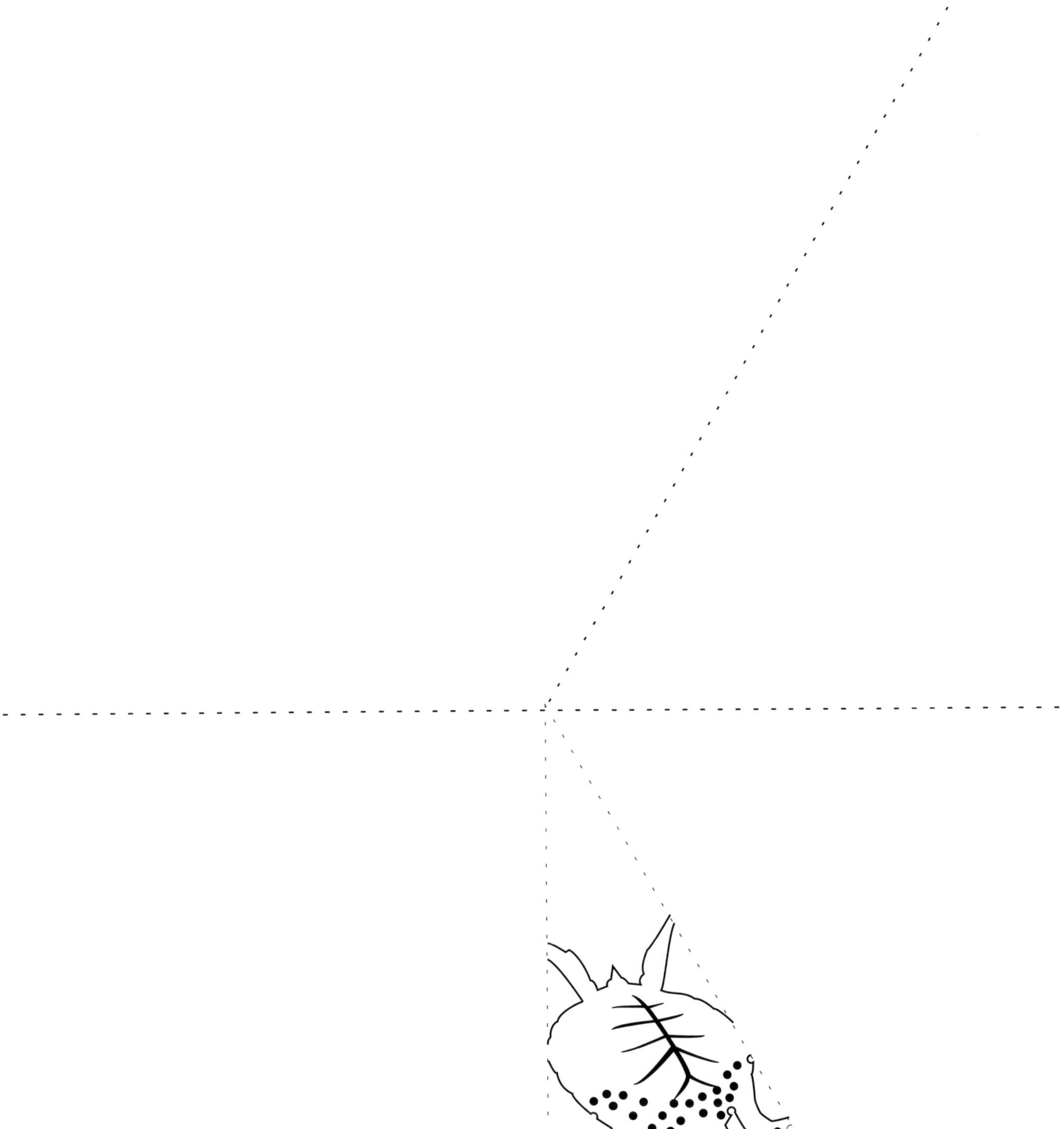

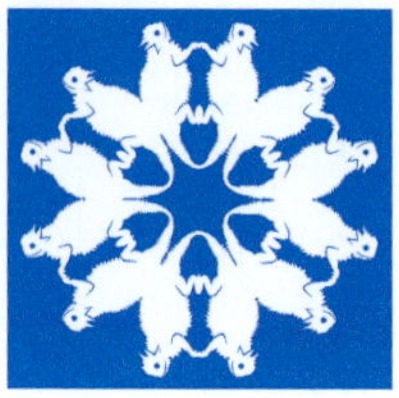

48 KRÖTENECHSE

Kleine Scheren, die an der Spitze sehr scharf sind, sind für diese gezackten Linien besonders gut geeignet. Das sonnige Lächeln nicht vergessen!

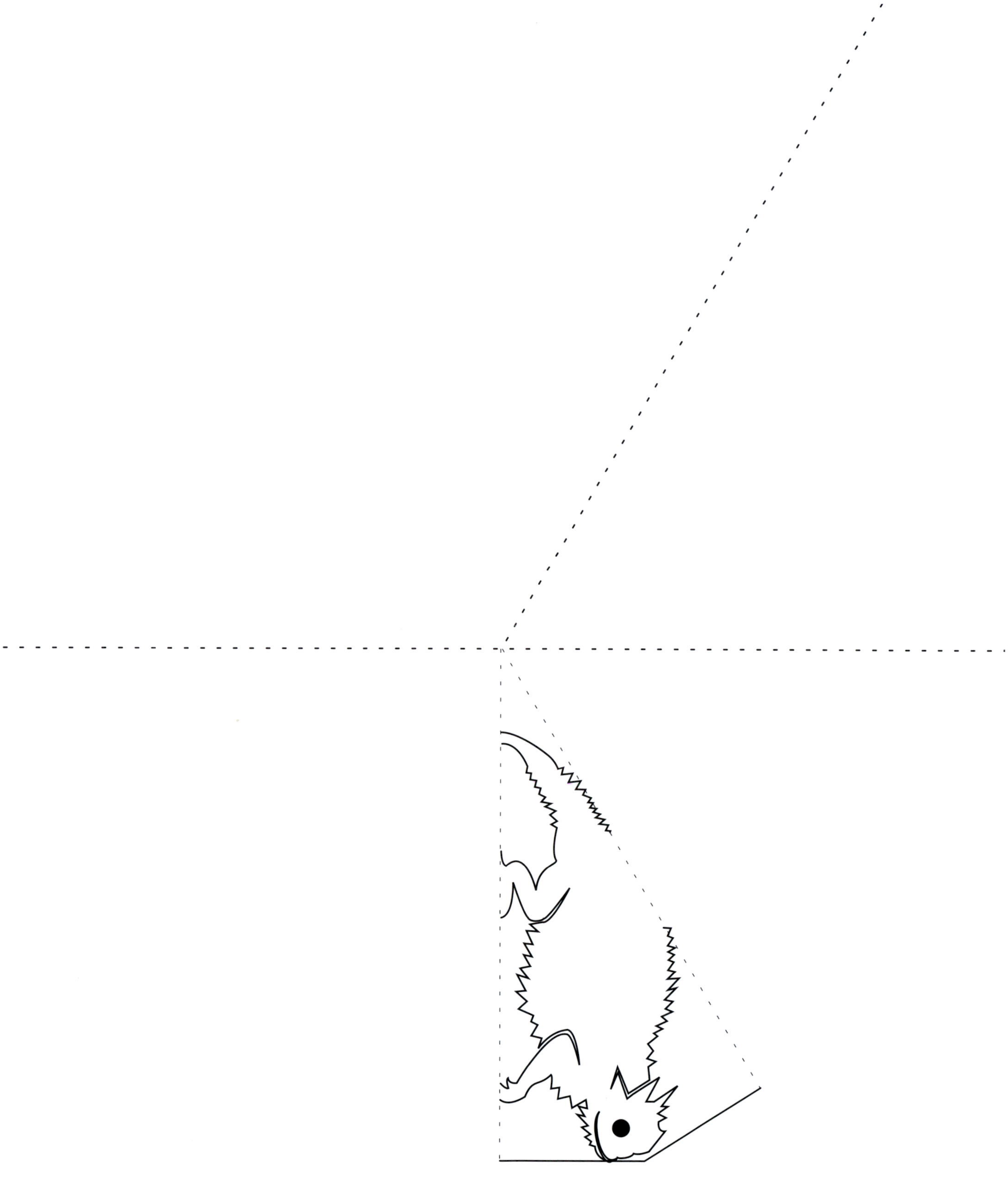

49 HAHN

Wenn möglich, auch die „Blitzlinie“ für den Flügel schneiden. Dazu ein winziges Loch stanzen (mit derselben Lochzange, die für das Auge verwendet wird). Wer dem Hahn einen exotischeren Anstrich verpassen will, schneidet die längeren Schwanzfedern aus (graue Linien).

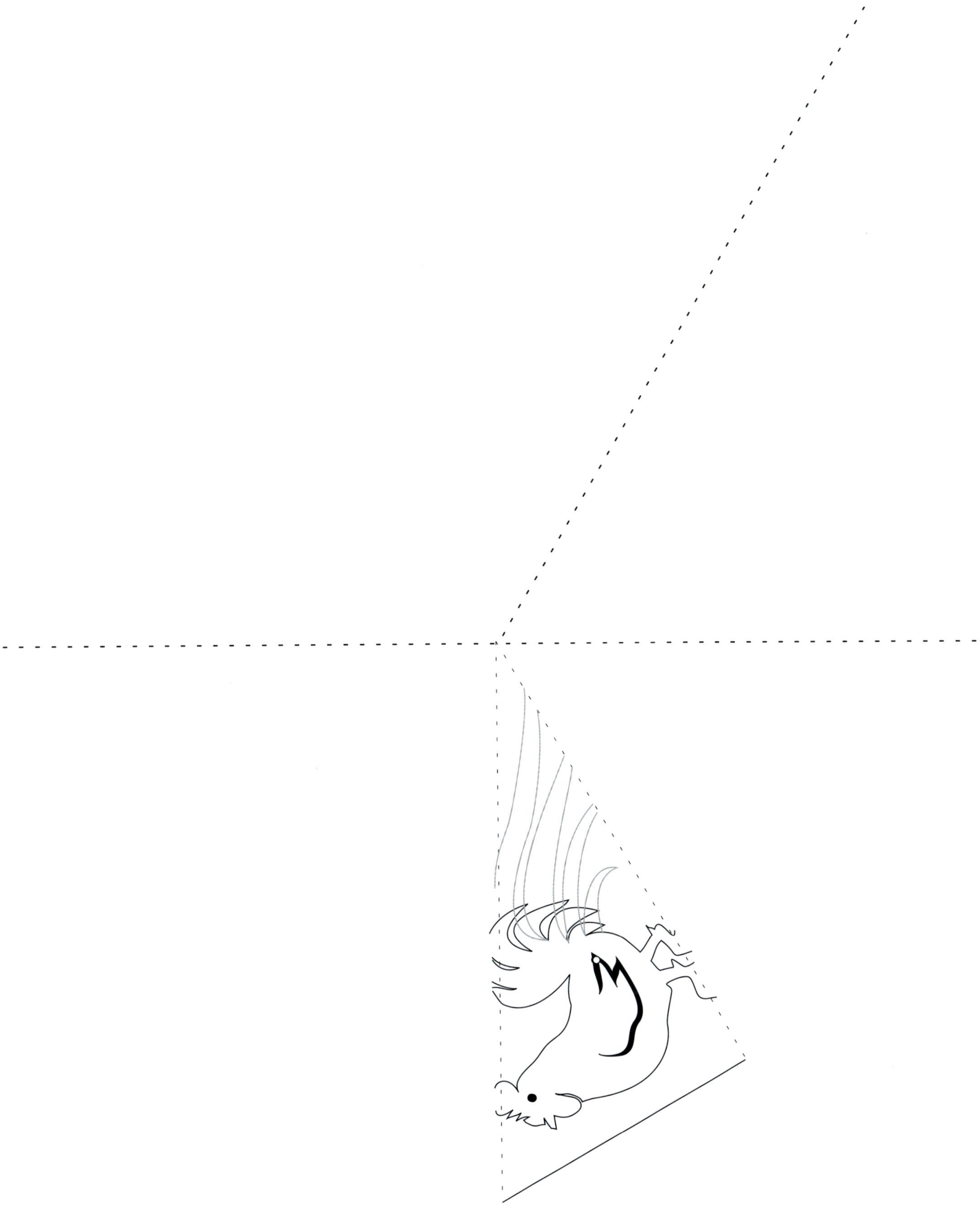

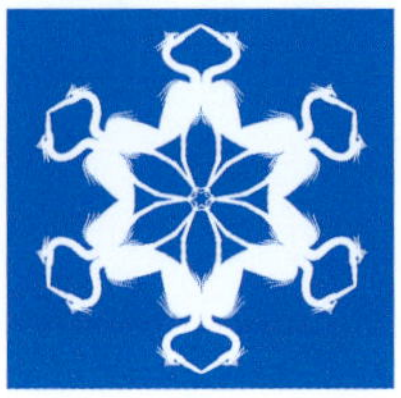

50 REIHER

Vorsicht! Dieses Motiv hat es in sich. Hierfür dickeres, robusteres Qualitätspapier verwenden, sonst ist das Gebilde zu filigran und kann nicht aufgehängt oder laminiert werden.

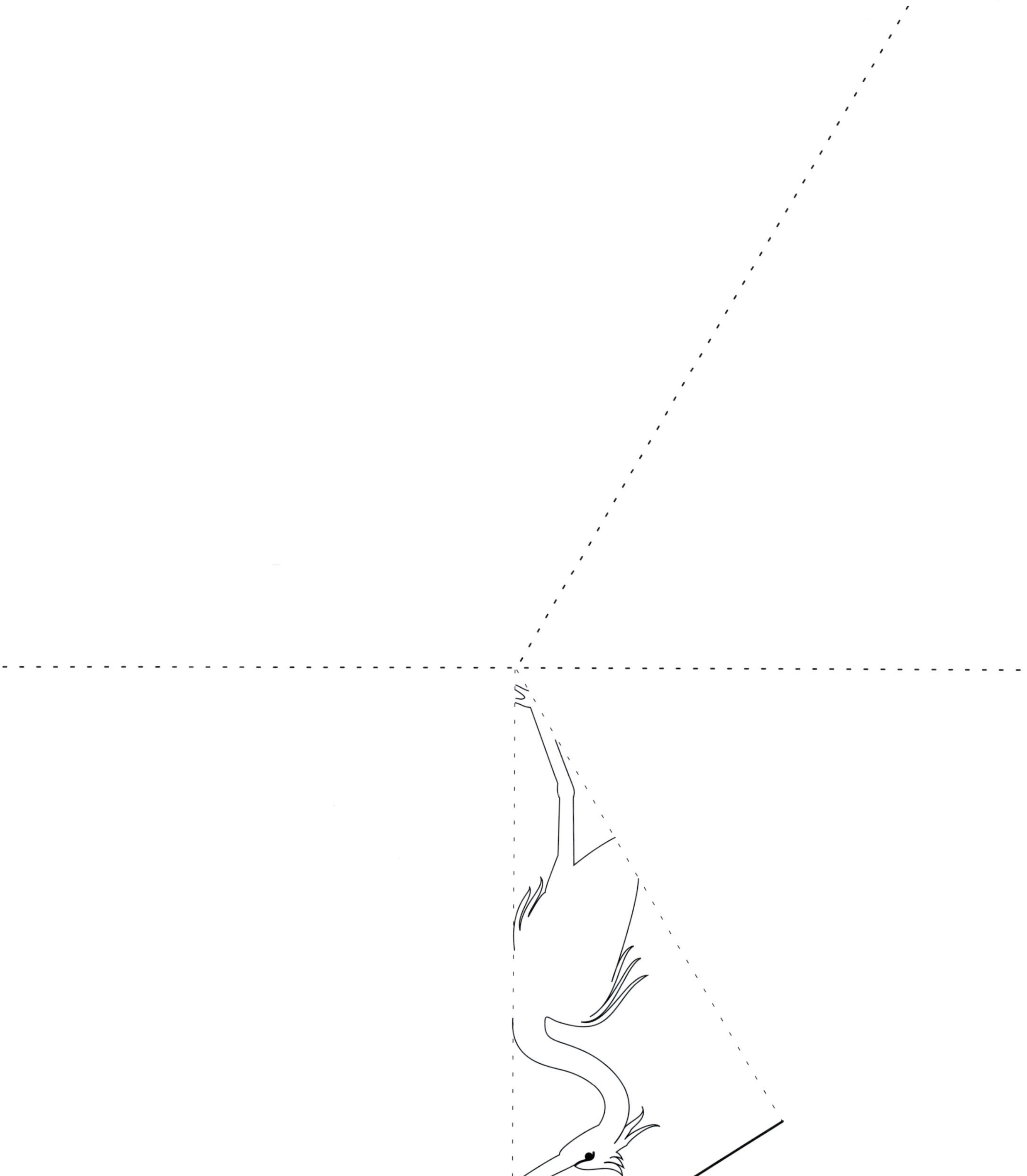

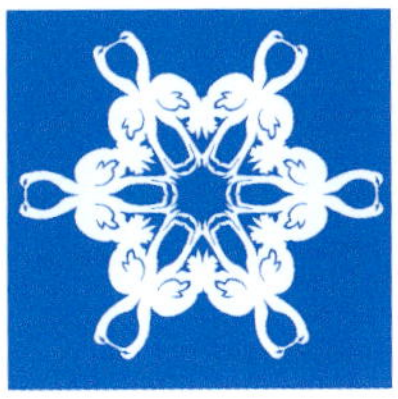

51 STRAUSS

Die „Blitzlinie" für den Flügel zuerst mit einer winzigen Lochzange anstechen.

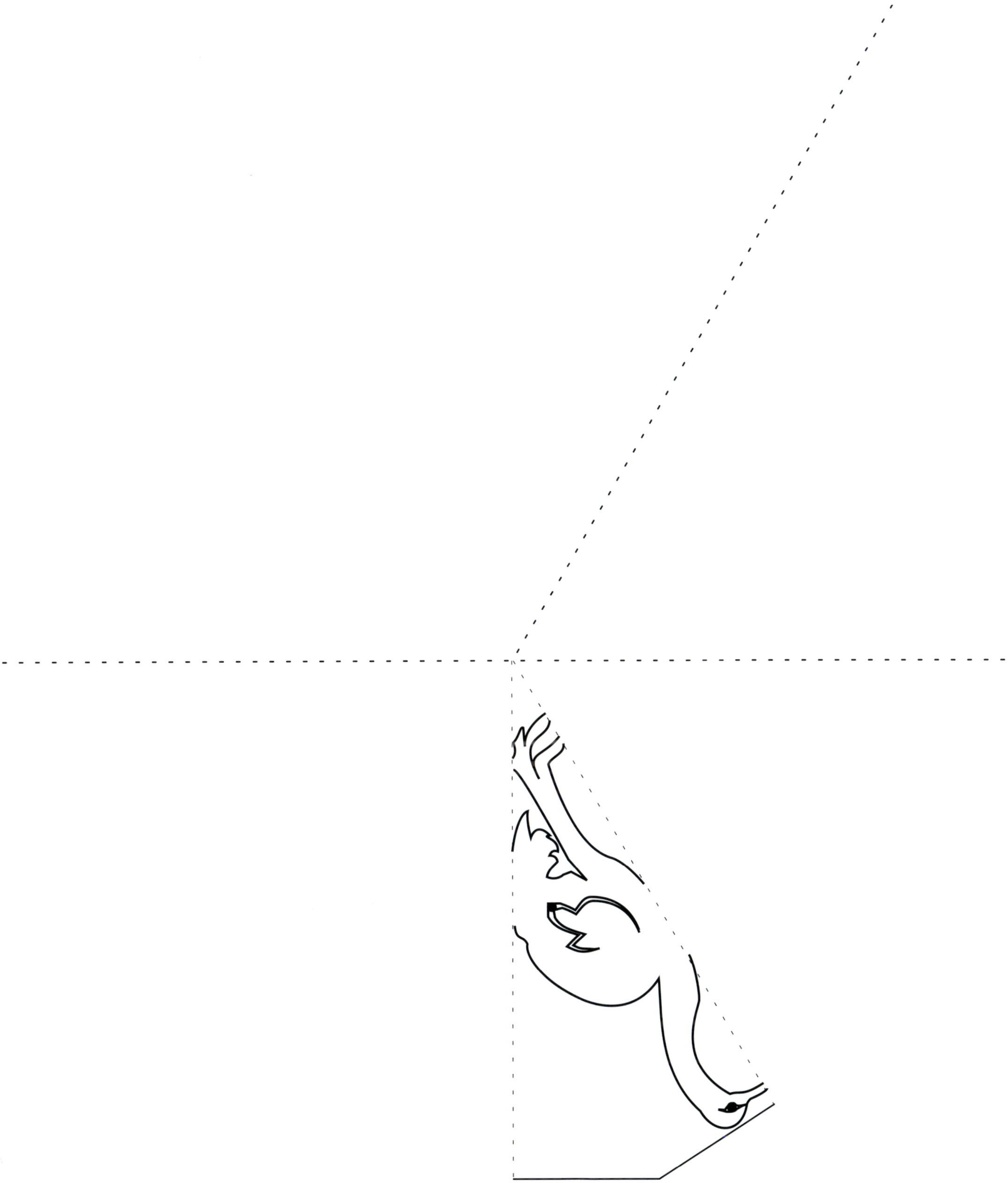

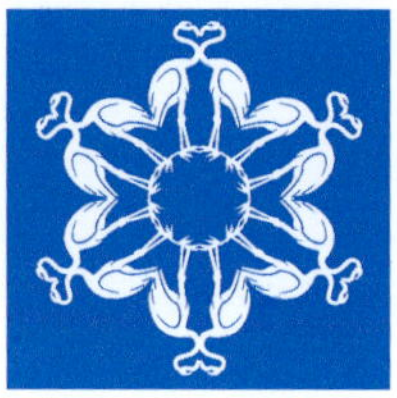

52 FLAMINGO

Achtung bei der „Blitzlinie“ für den Flügel. Eine 1,5-mm-Lochzange für das Auge verwenden und um in den Zwischenraum zwischen den Beinen zu gelangen.

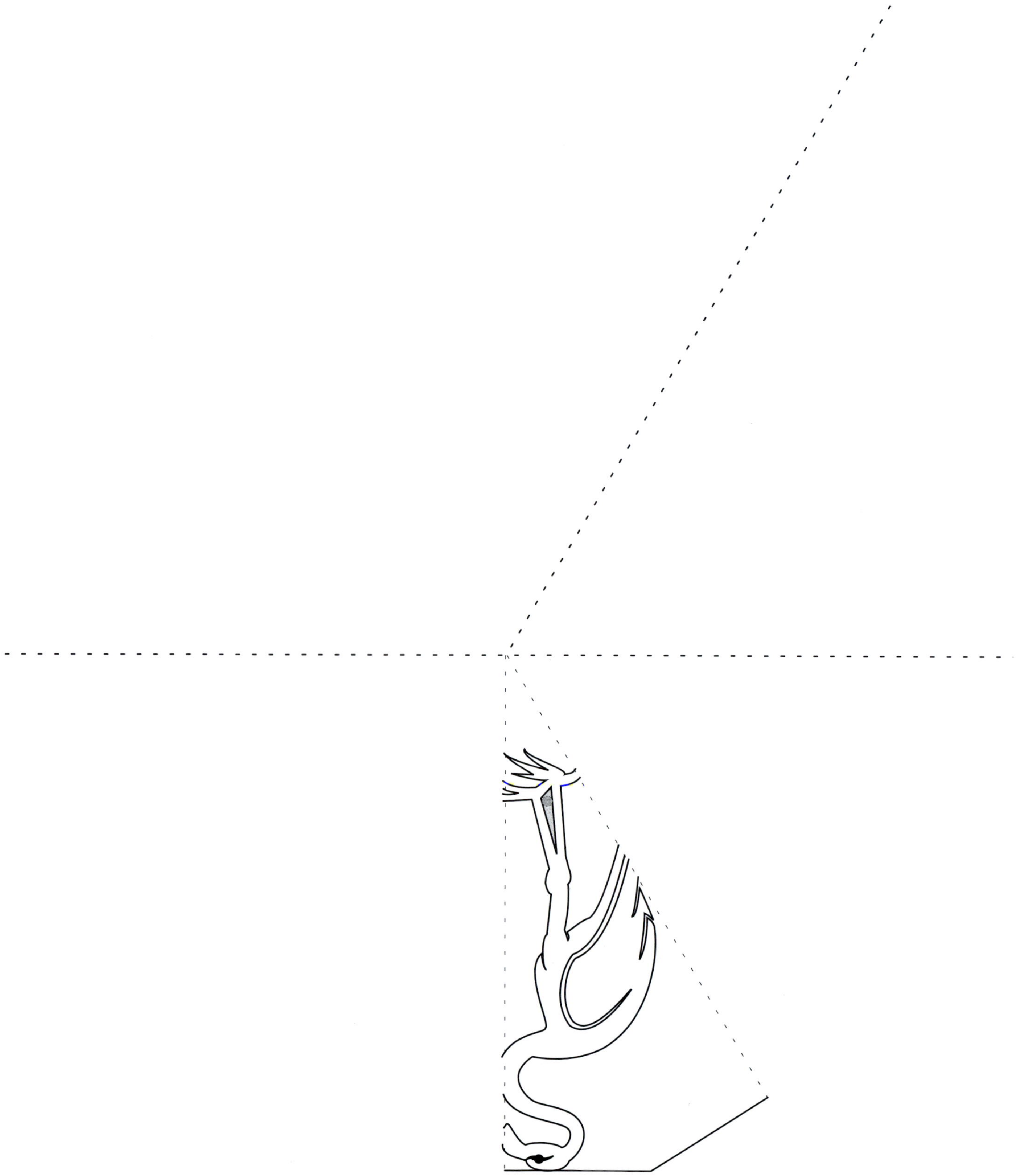

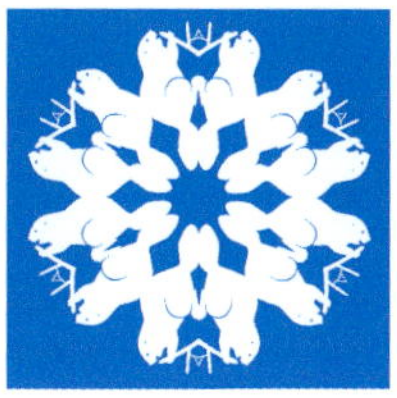

53 BIBER

Immer mit den schwierigsten Teilen beginnen; hier sind das der dünne Zweig und die Zähne.

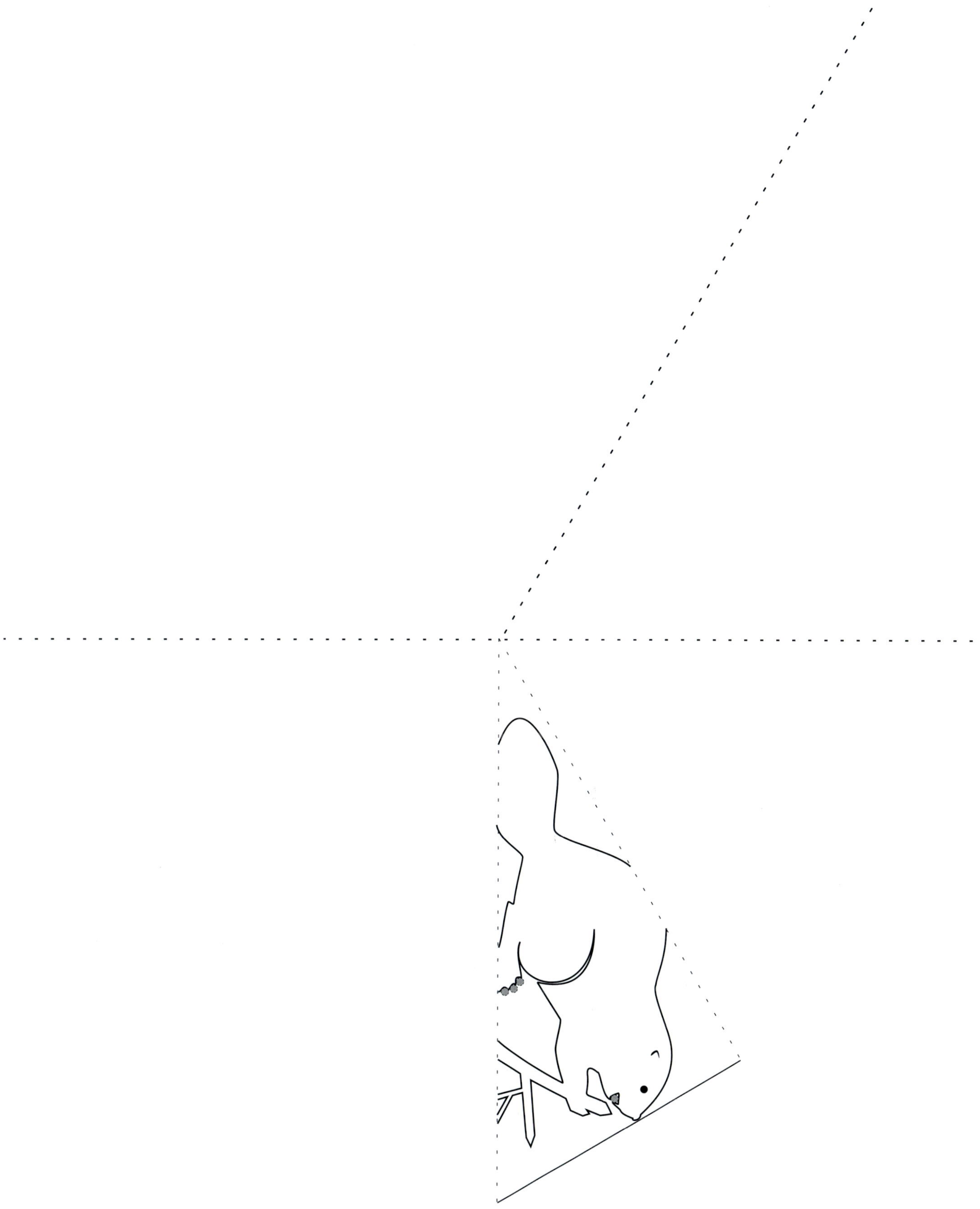

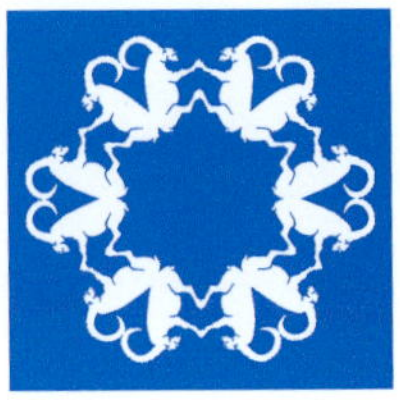

54 STEINBOCK

Für das gerippte Horn eine Lochzange verwenden. Achtung beim Gesicht.
Die „Blitzlinien" an den Beinen sind auch wichtig.

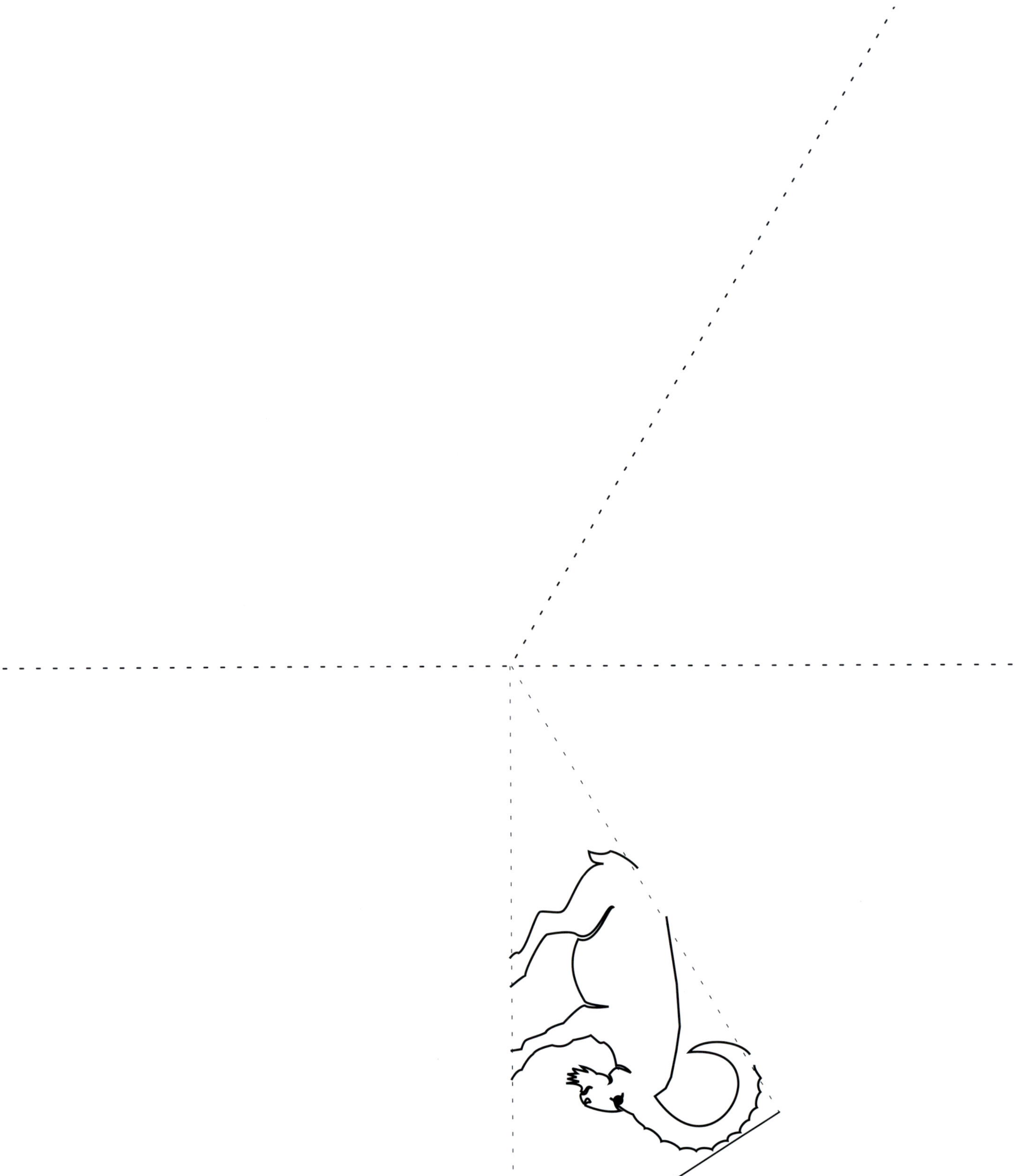

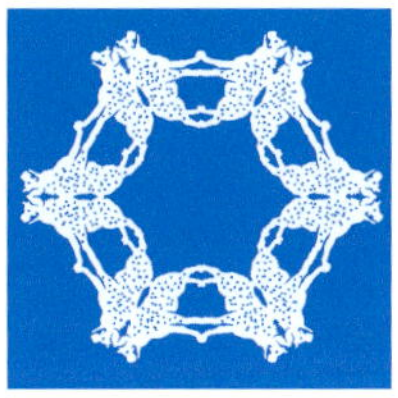

55 HYÄNE

Die Hyäne ist zwar kein besonders schönes Tier, aus ihr wird hier aber eine hübsche Schneeflocke.

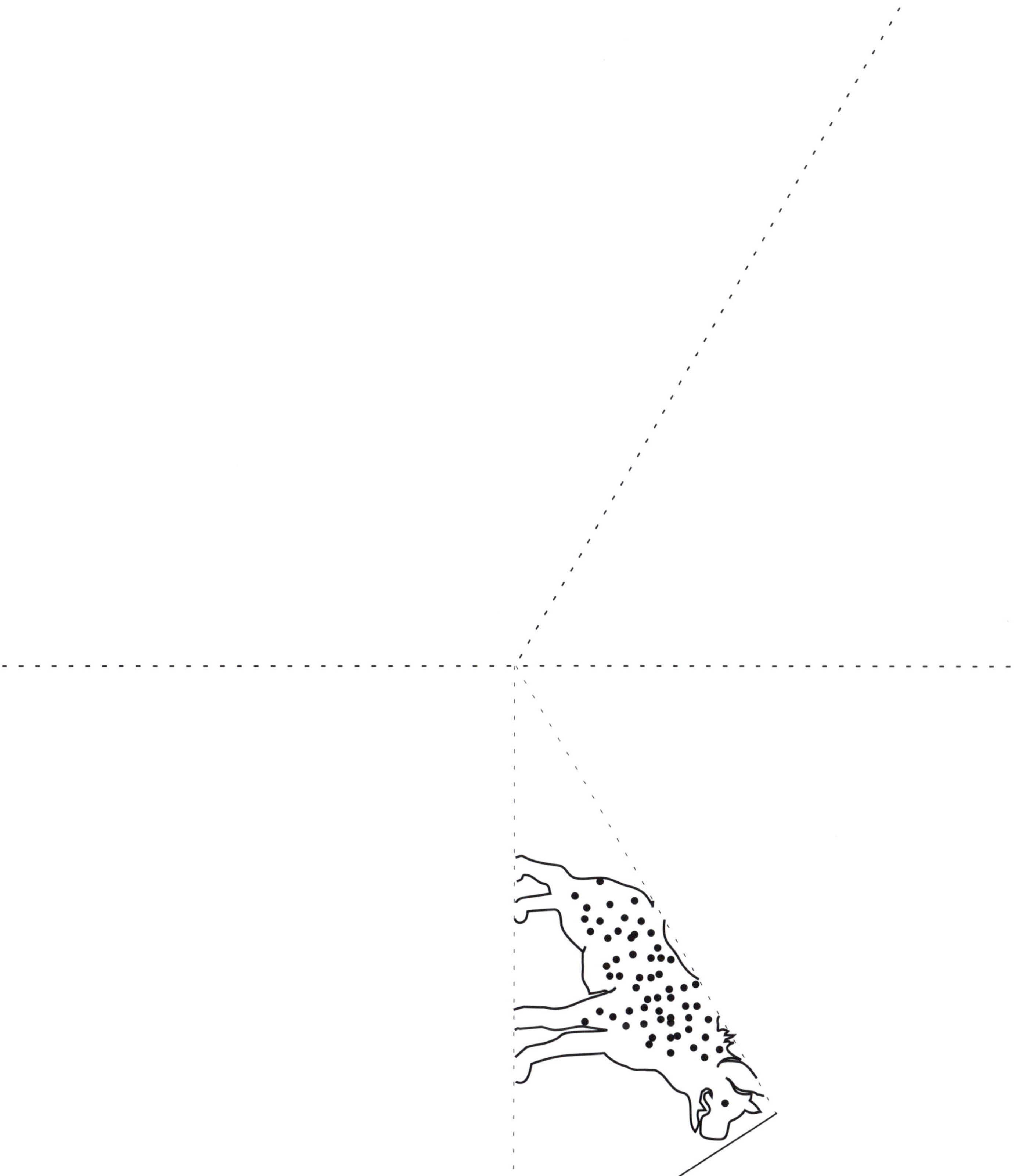

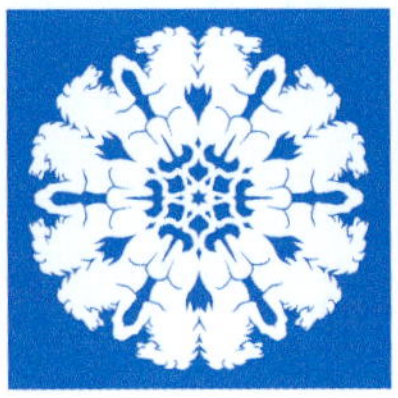

56 LÖWE

Achtung bei den „Blitzlinien“! Wer den Mund und die Nase ausschneiden will, muss sehr geschickt sein.

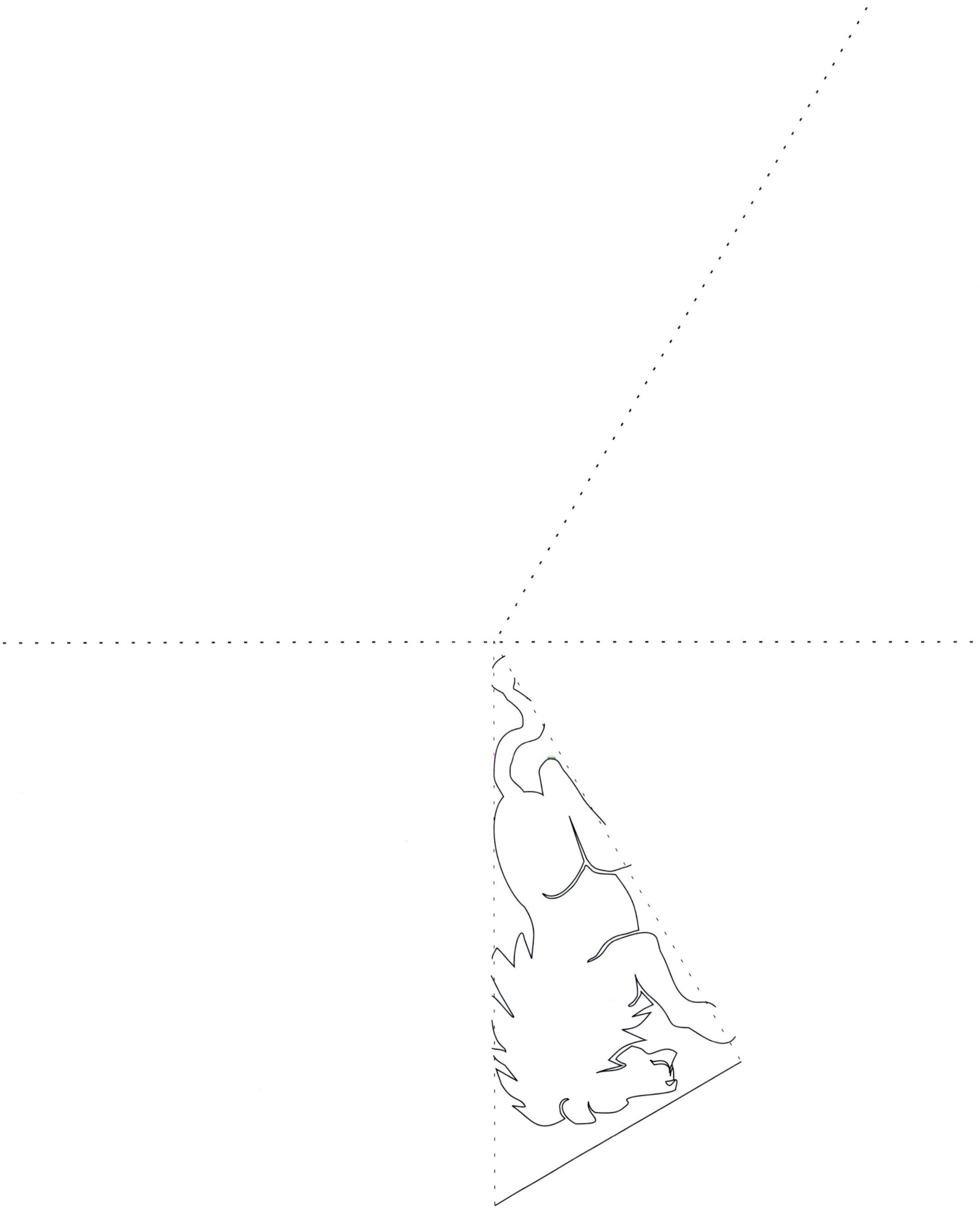

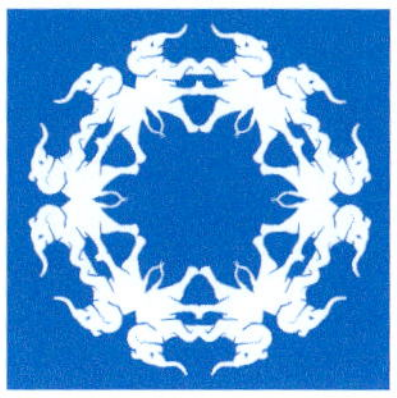

57 BABYELEFANT

Dieses Motiv hat zwar kleine, dafür aber umso wichtigere „Blitzlinien“. Das Auge nicht nur stanzen, sondern noch nachschneiden, um dem kleinen Kerl ein bisschen Seele einzuhauchen.

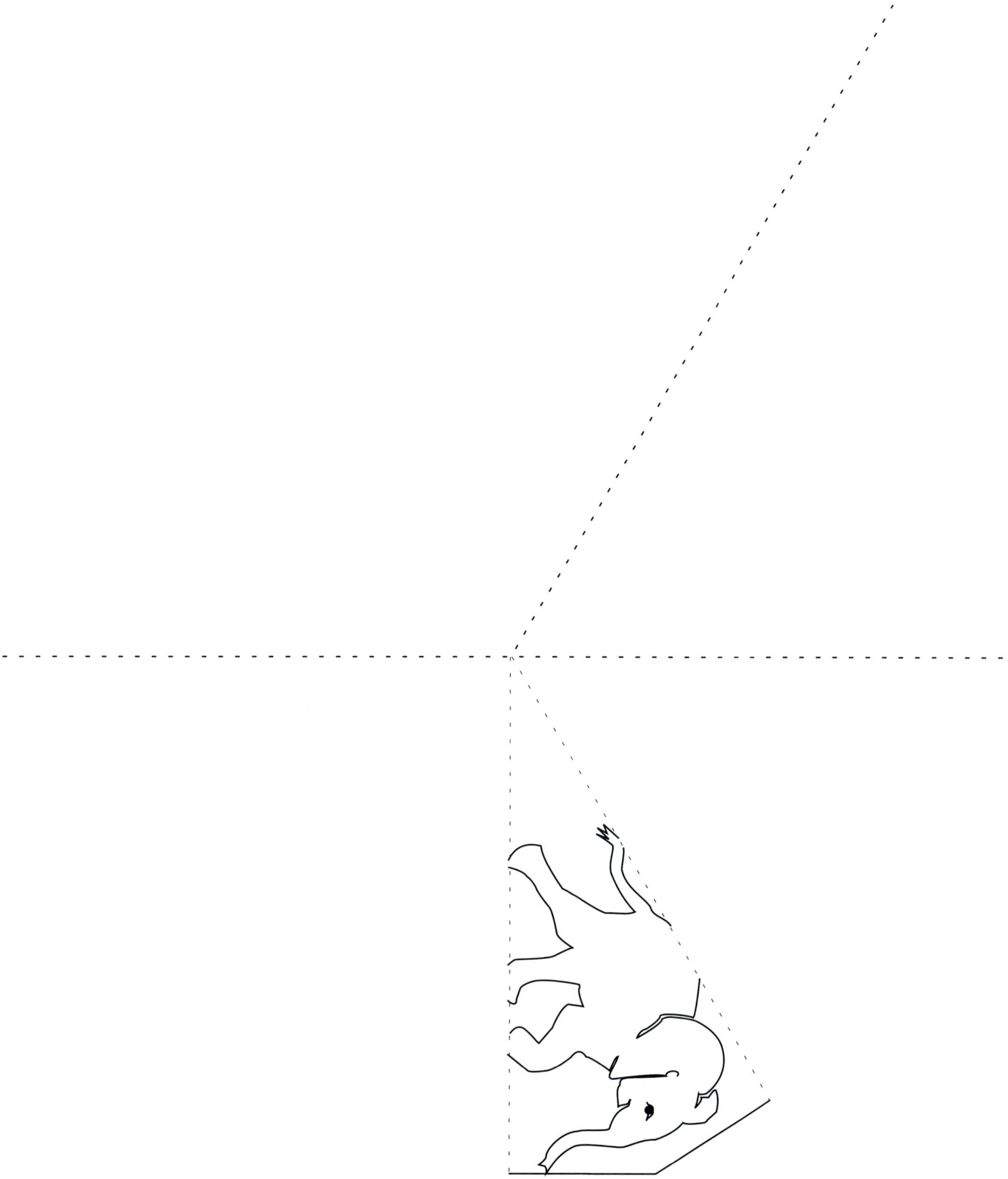

58 AFRIKANISCHER ELEFANT

Das Auge stanzen und dann nachschneiden. Die „Blitzlinien“ sind bei diesem Motiv wichtig, um dem Elefanten Kontur zu verleihen – also alles sauber ausschneiden. Achtung beim Rüssel!

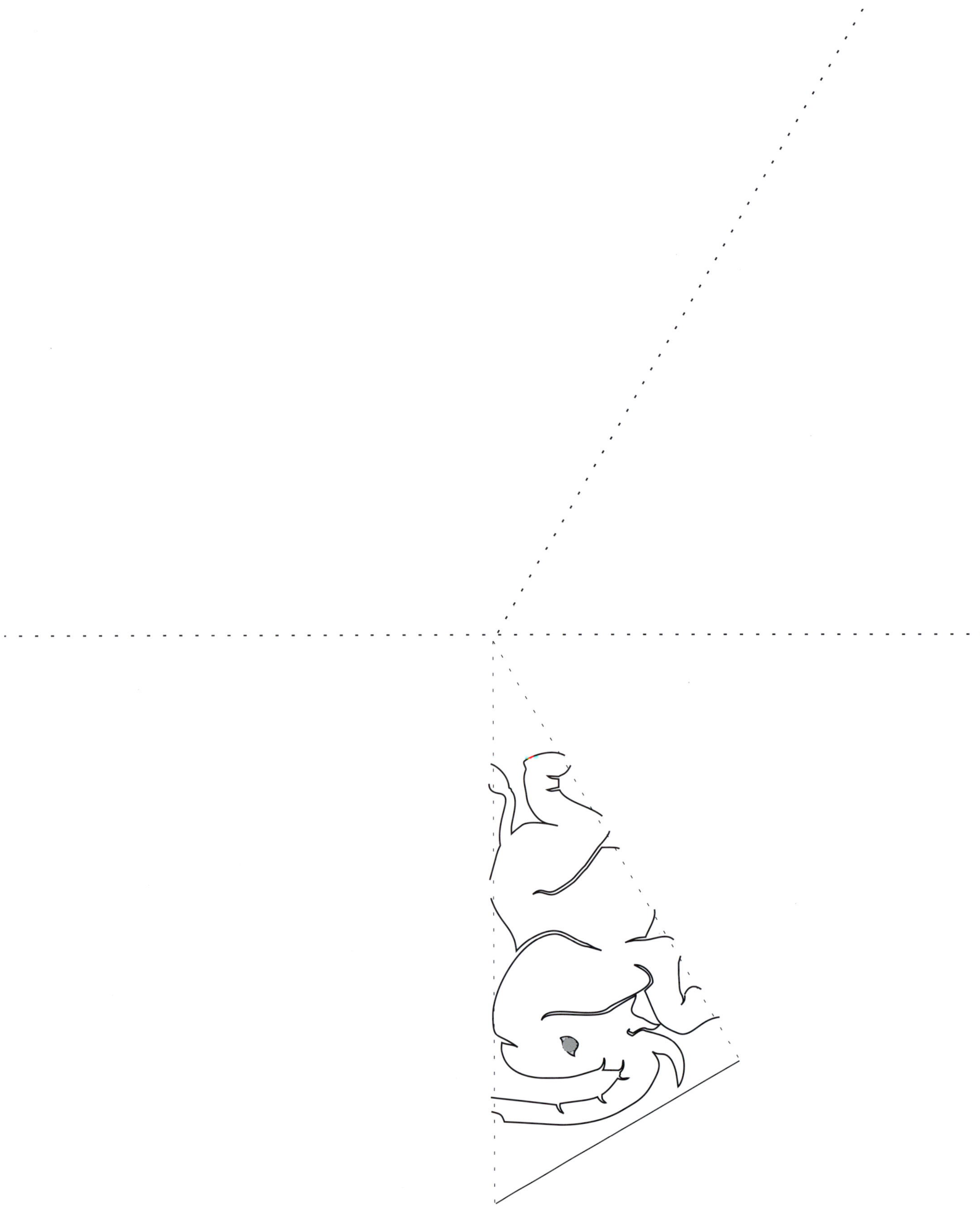

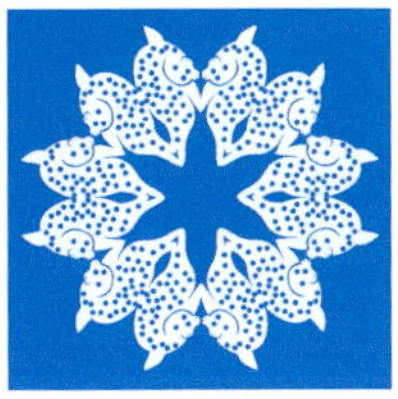

59 SEEHUNDBABY

Für die Punkte und das Gesicht eine Lochzange verwenden. Vorsicht bei der „Blitzlinie“, die den Kopf kennzeichnet.

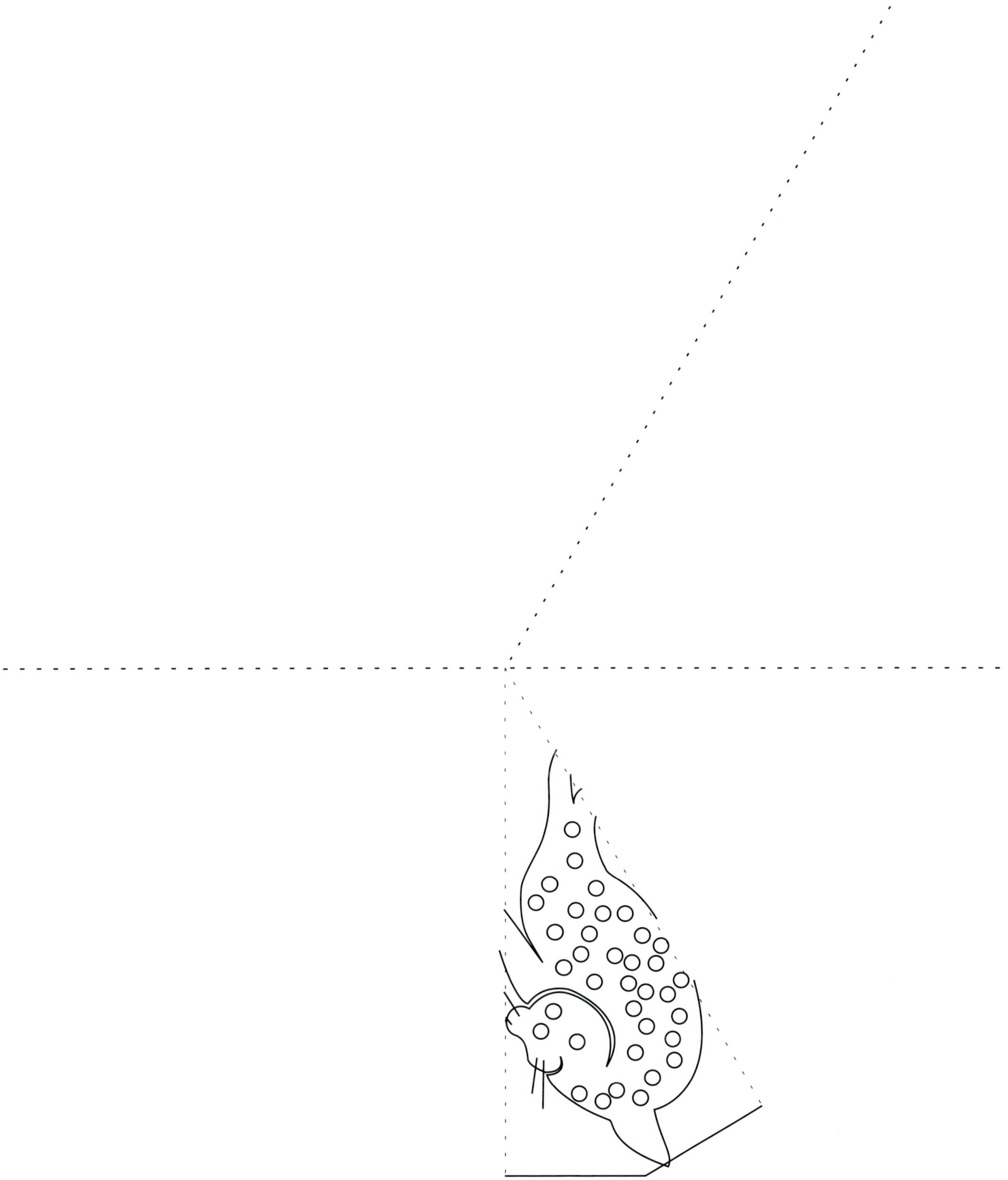

60 FELSENKRABBE

Zuerst das Auge stanzen. Aufpassen, dass dabei rundherum genug Papier stehen bleibt.

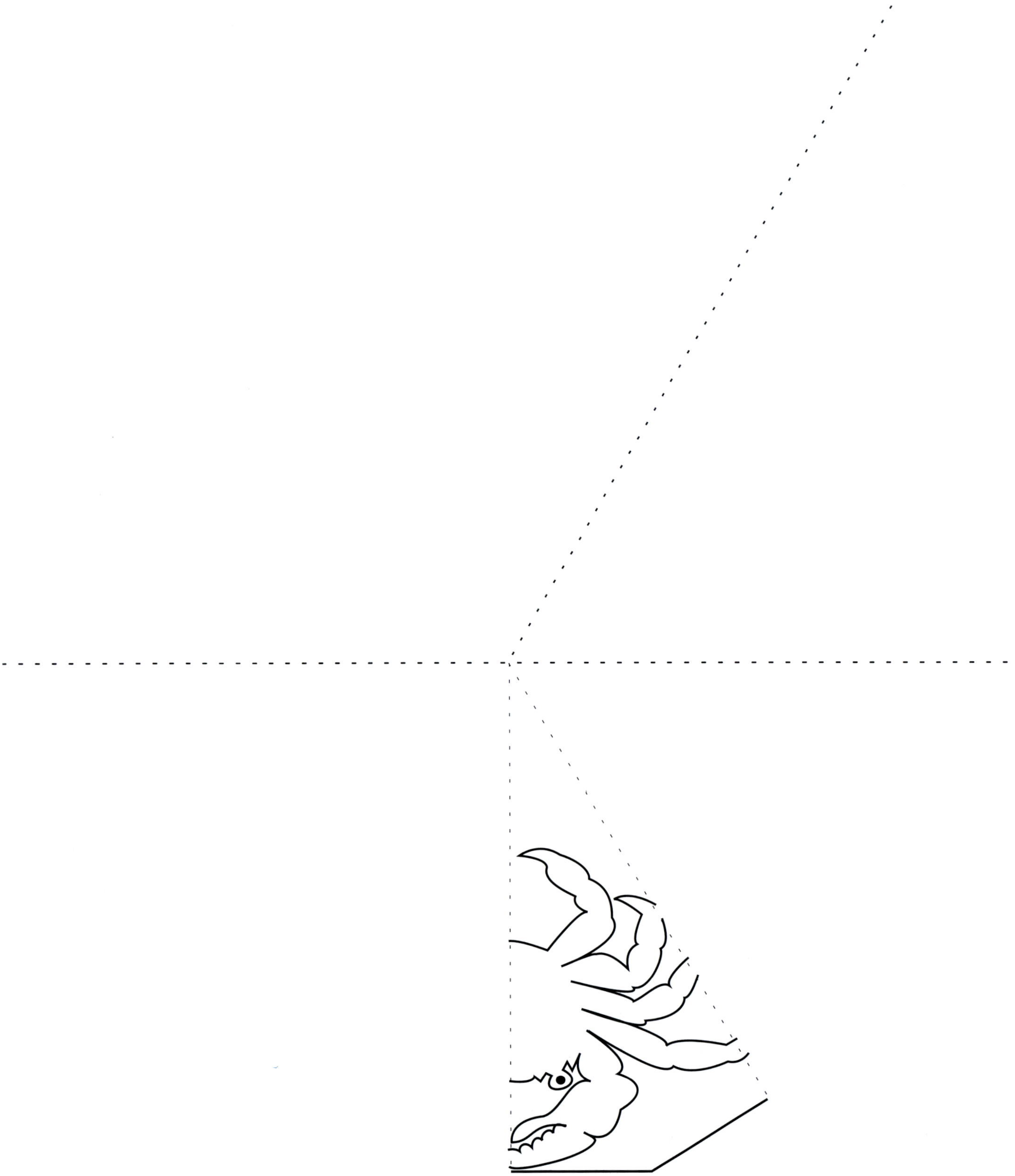

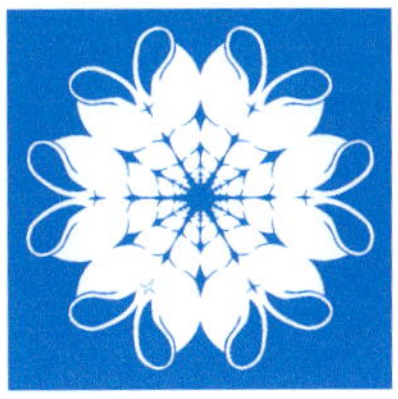

61 SPITZHORNSCHNECKE

Den Zugang zum Schneckenhauseingang mit einer Lochzange öffnen. Von den „Blitzlinien“ so viel wie möglich ausschneiden, sonst hat das Motiv keine klaren Konturen.

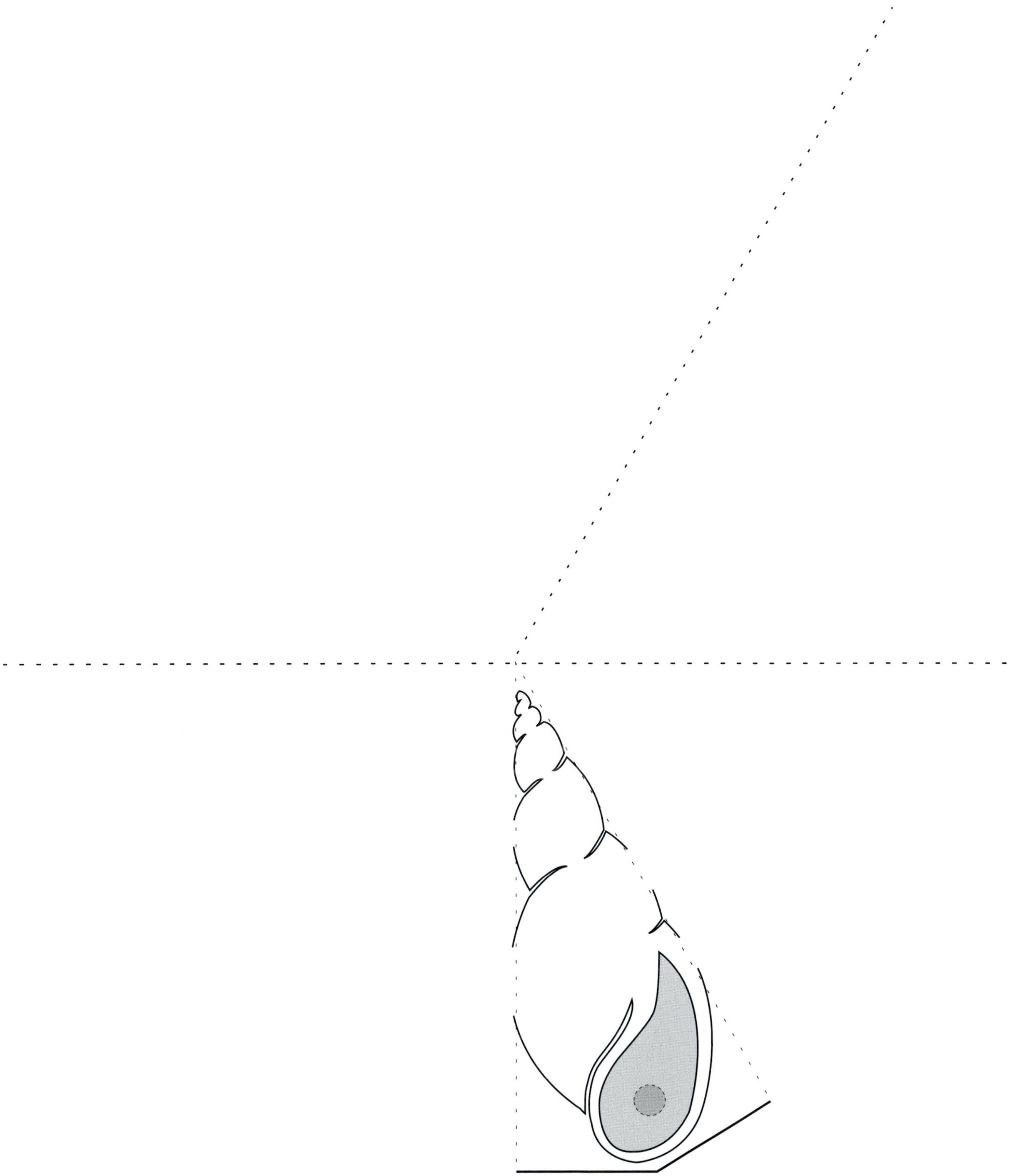

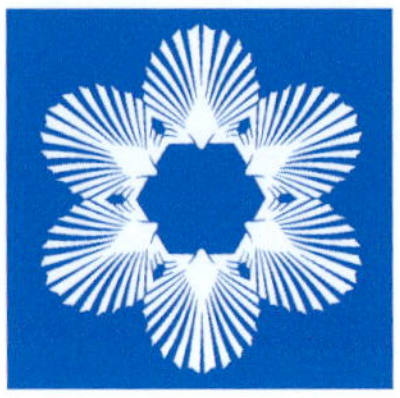

62 JAKOBSMUSCHEL

Zwischen den fächerartigen Muschelrippen sollte so viel wie möglich weggeschnitten werden. So entsteht eine wunderschöne und erstaunlich robuste Schneeflocke.

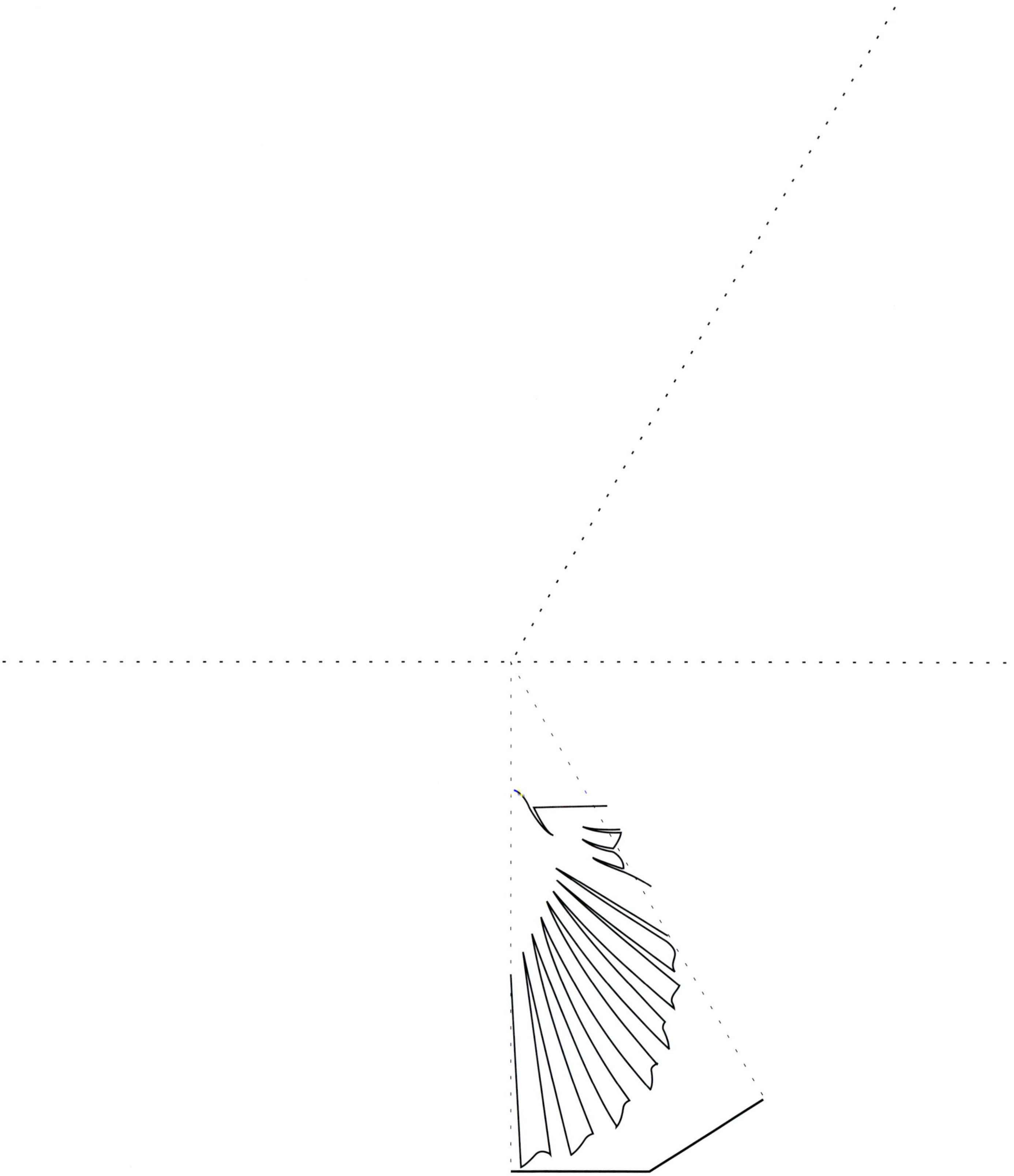

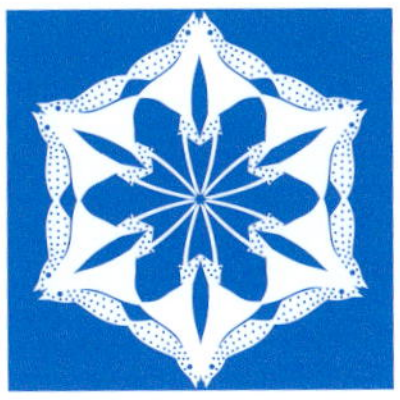

63 ADLERROCHEN

Für die Punkte eine Lochzange verwenden und den Schwanz ganz genau nachschneiden.

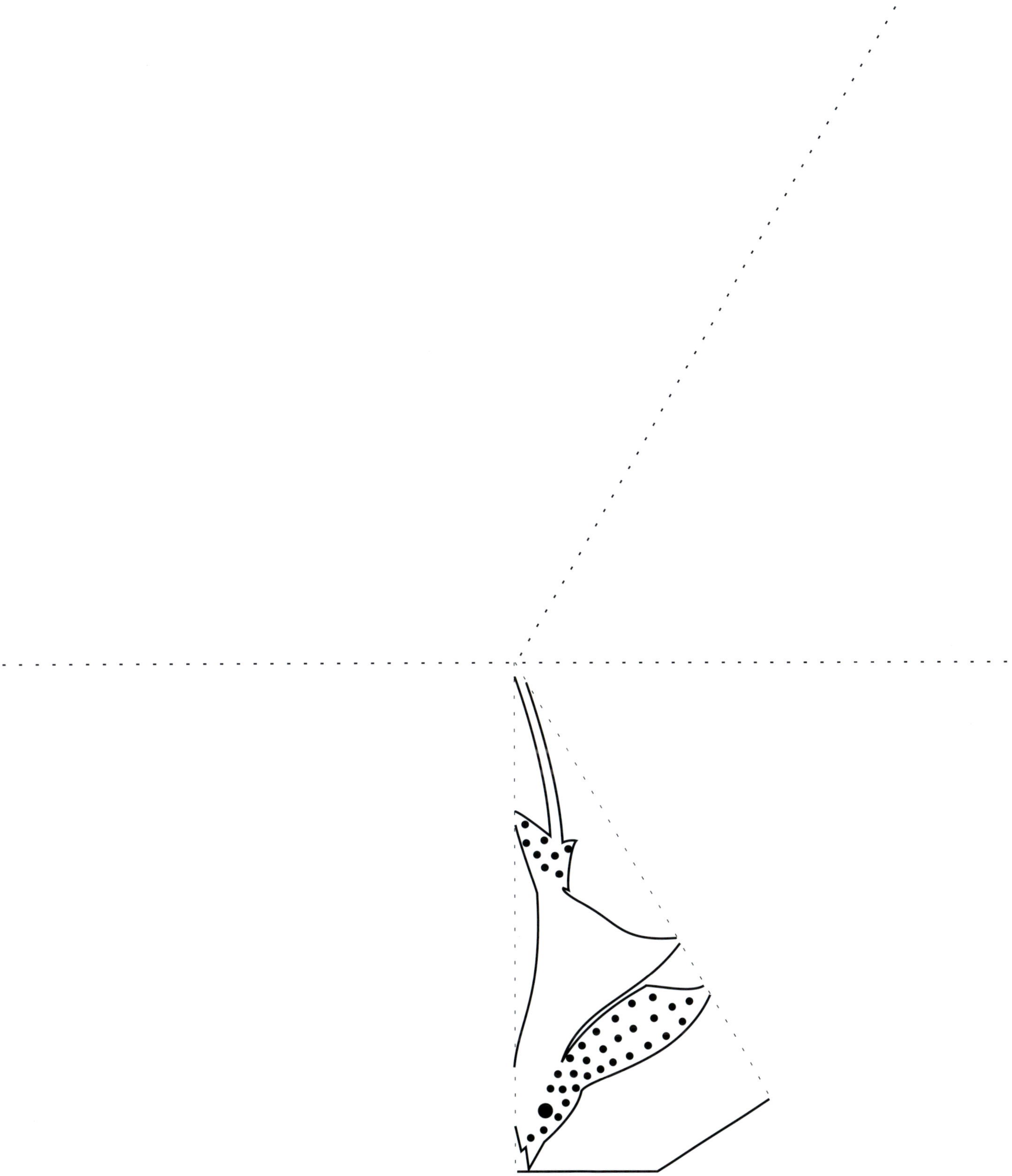

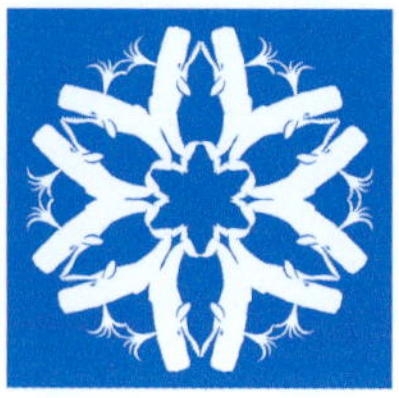

64 POTTWAL

Um es Kindern leichter zu machen, kann man hier den Wasserstrahl mit Korrekturflüssigkeit überdecken und bei den Zähnen helfen.

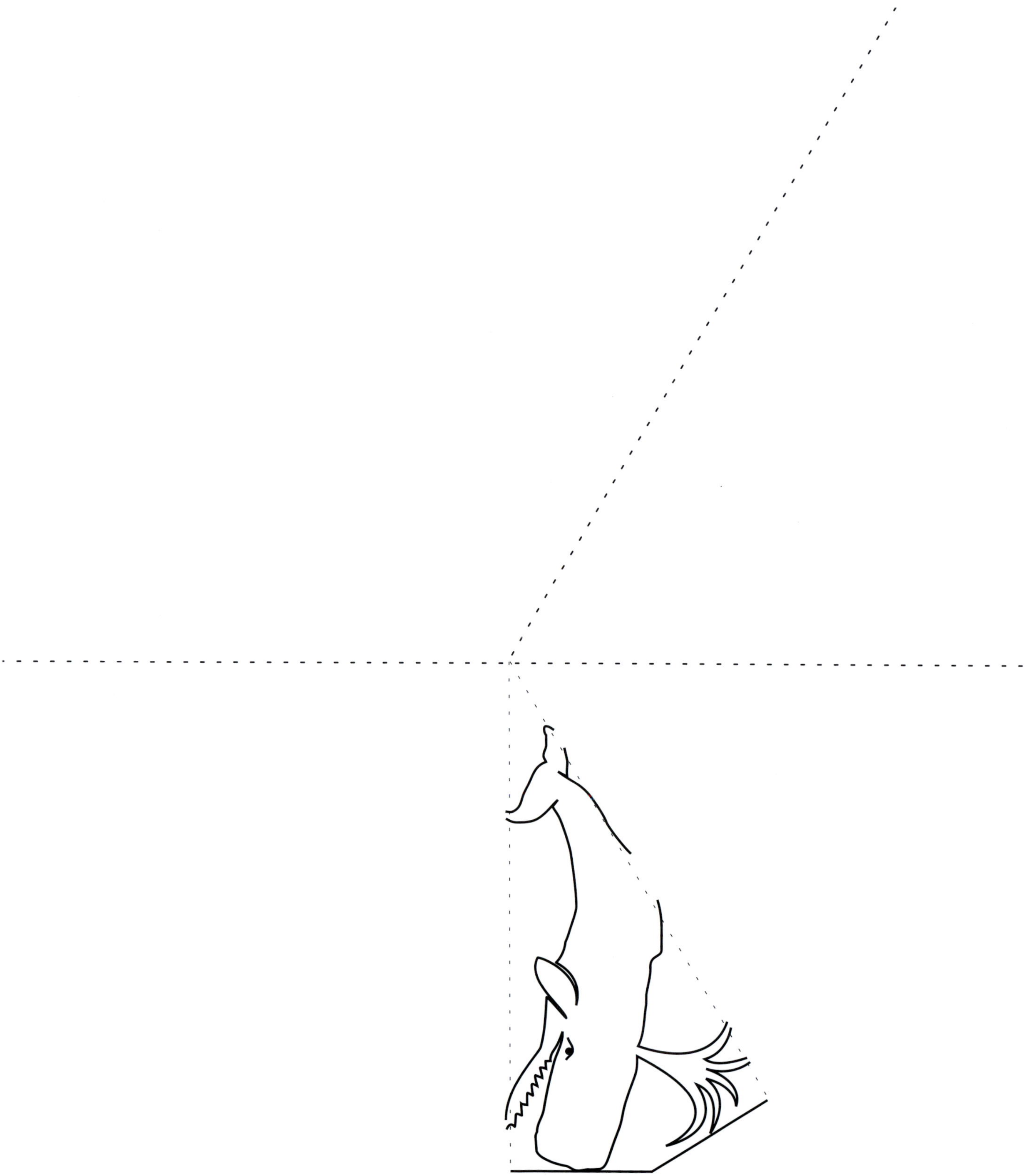

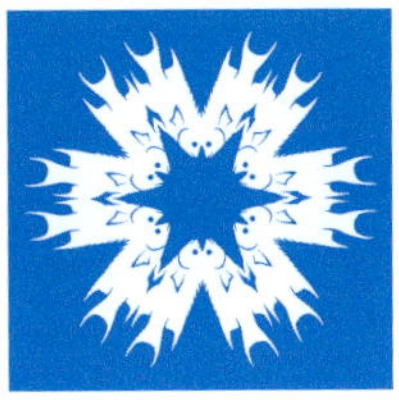

65 MEXIKANISCHER SCHWEINSLIPPFISCH

Der Name mag nicht sehr anziehend sein, das Motiv ist aber sehr schön.

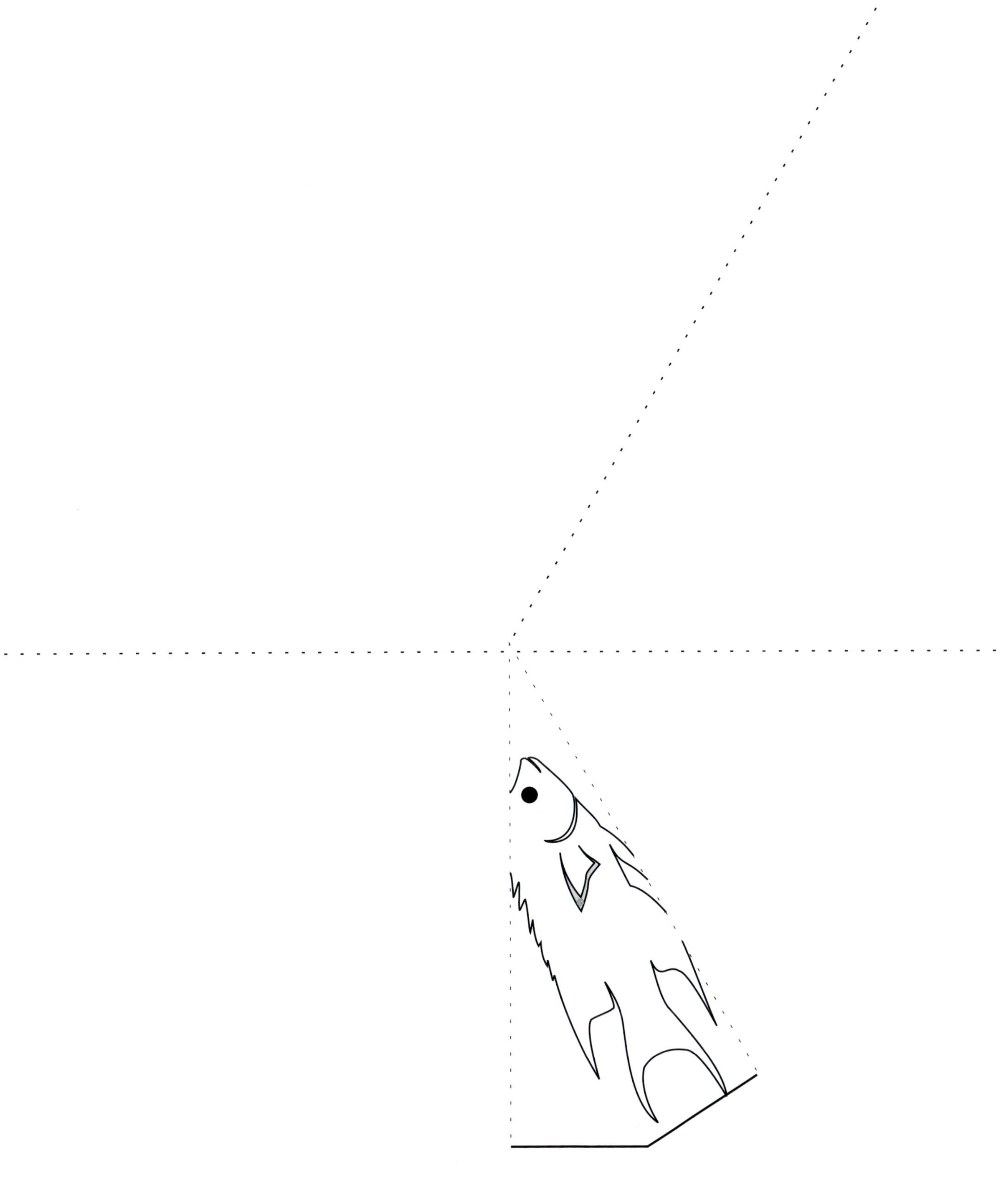

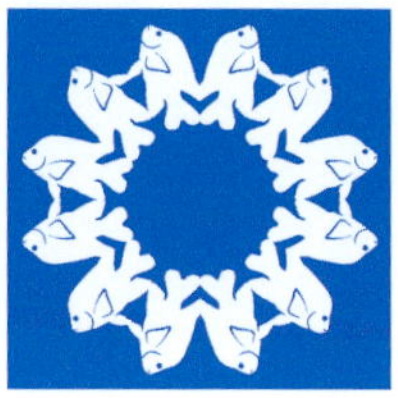

66 GARIBALDIFISCH

Ein Garibaldifisch ist das knalligste Orange, das man sich überhaupt vorstellen kann. Faszinierend! Diese Fische sind gute Väter und beschützen das Nest.

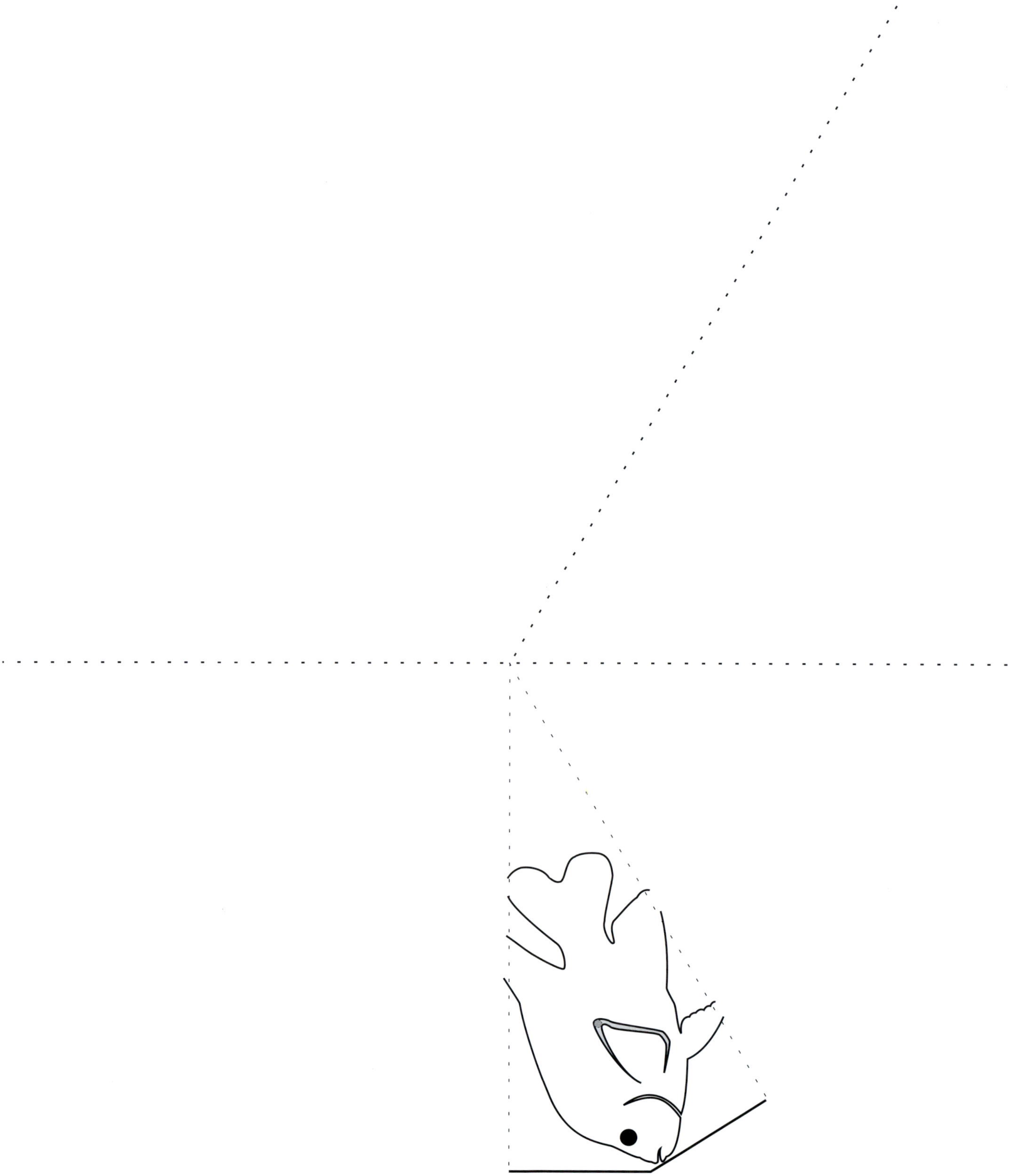

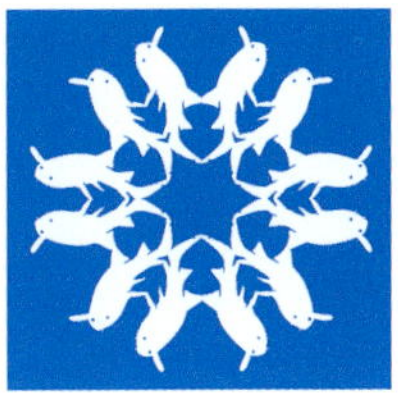

67 AMMENHAI

Einmal habe ich einen Ammenhai gesehen, der sich wie ein Hund benahm!
Er schob wieder und wieder seinen Kopf einem Taucher unter, damit dieser ihn streichelt.

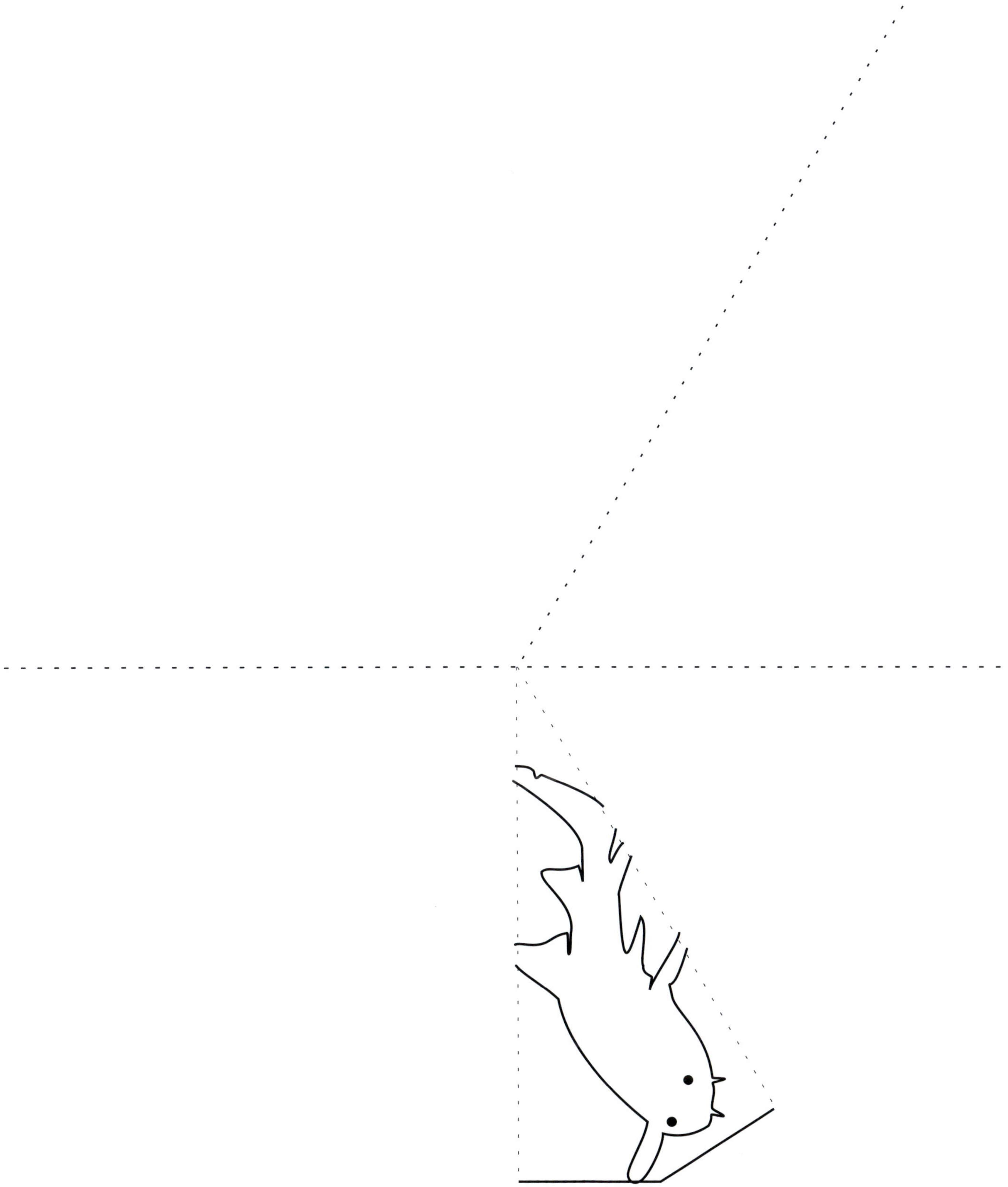

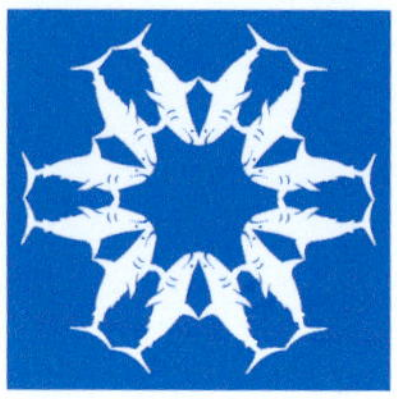

68 MAKOHAI

Dieses Motiv wird leichter, wenn man die Kiemen weglässt. An den vier Verbindungspunkten unbedingt genug Papier stehen lassen, sonst wird das Gebilde zu fragil.

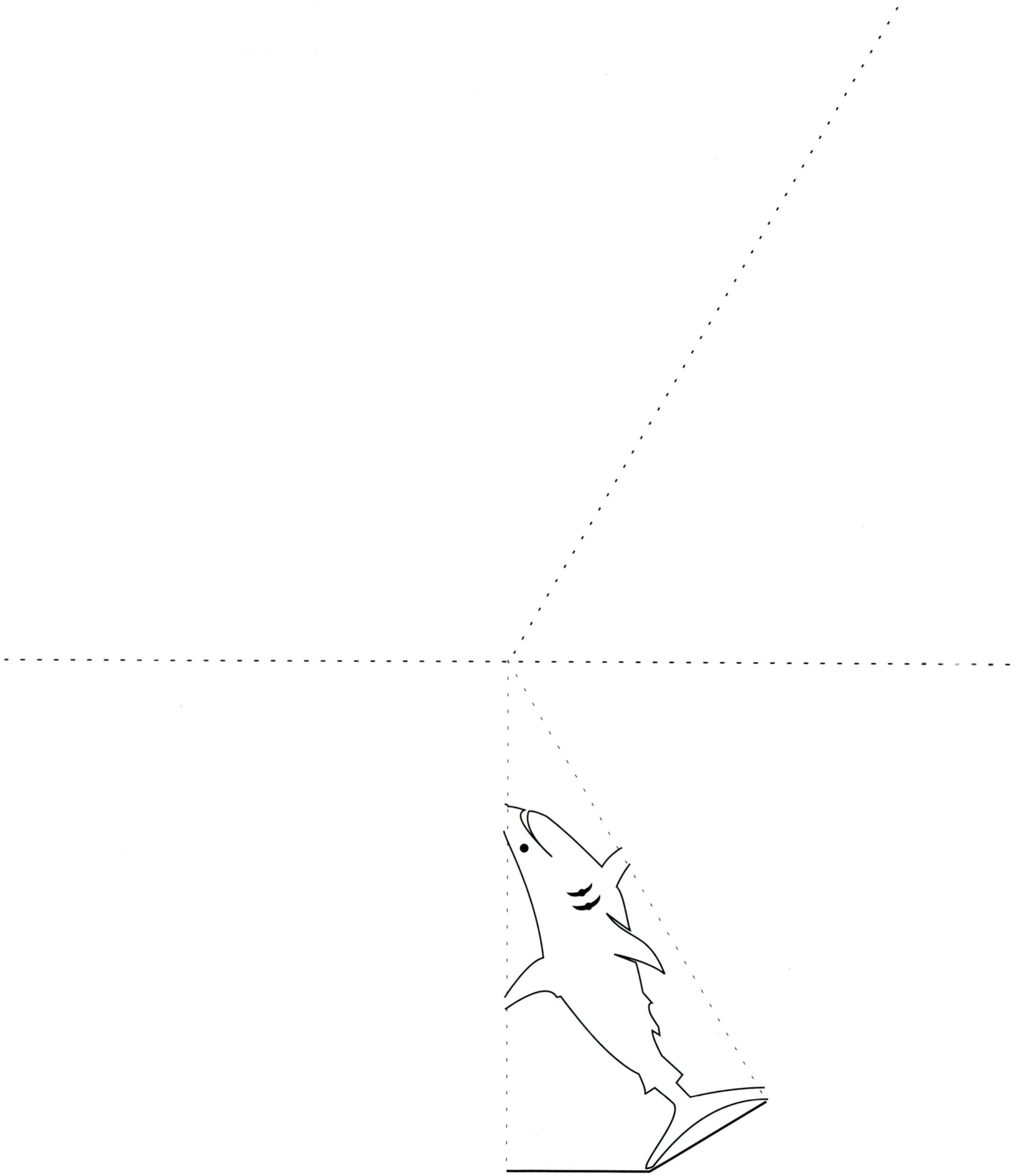

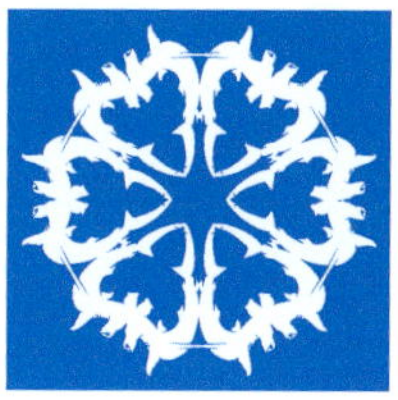

69 HAMMERHAI

Zur Vereinfachung kann man hier die Kiemen, die „Blitzlinien" an der Rückenflosse und das Auge weglassen – diese Details sind nicht unbedingt nötig.

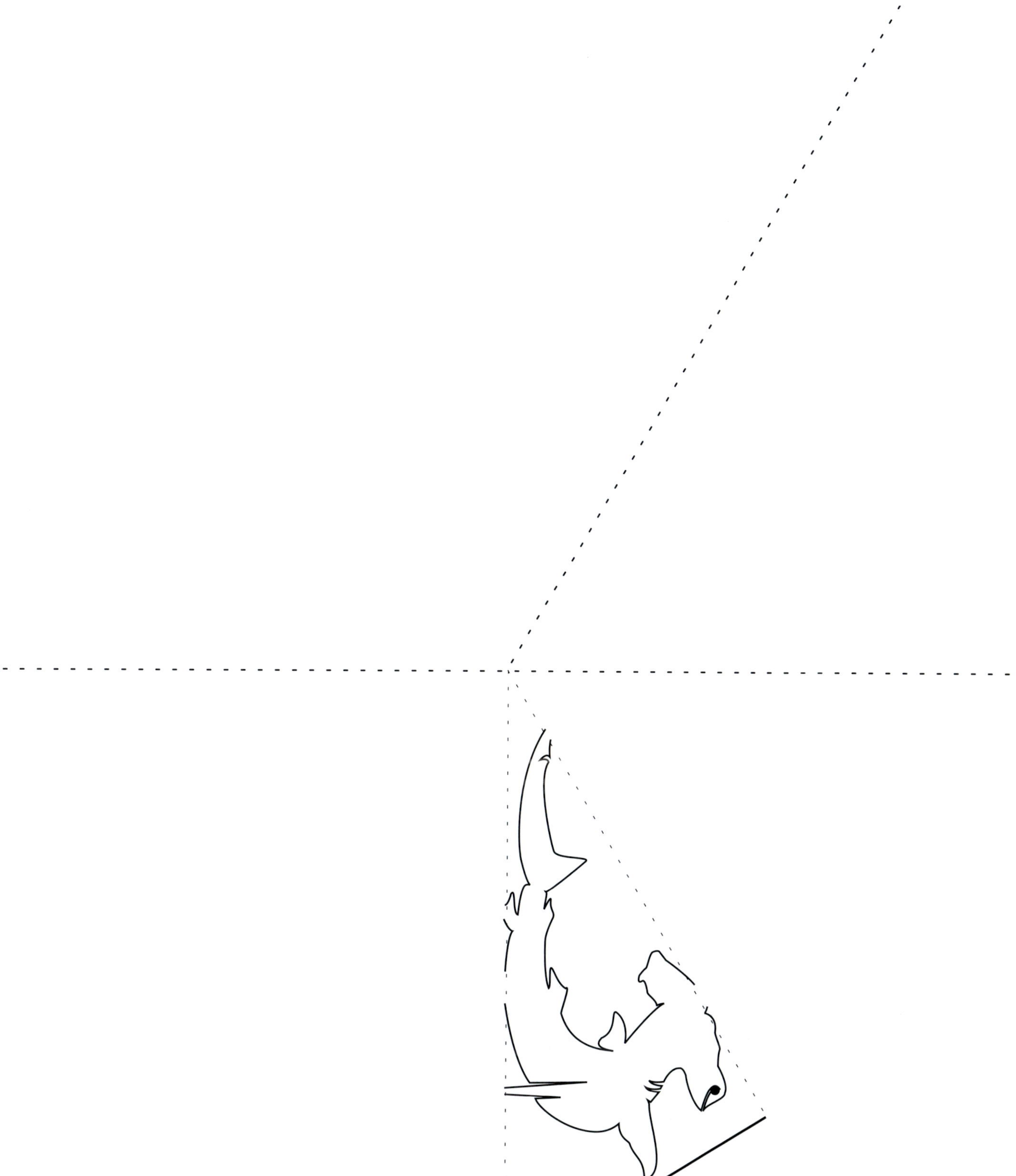

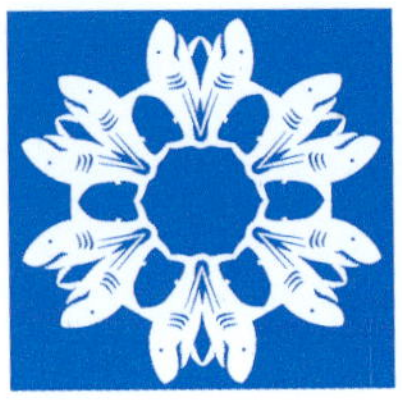

70 WEISSER HAI

Vorsicht bei den Zähnen und bei den Brustflossen-„Blitzlinien".
Wer die Kiemen ausschneiden will, sollte sie zuerst mit einer kleinen Lochzange anstechen.

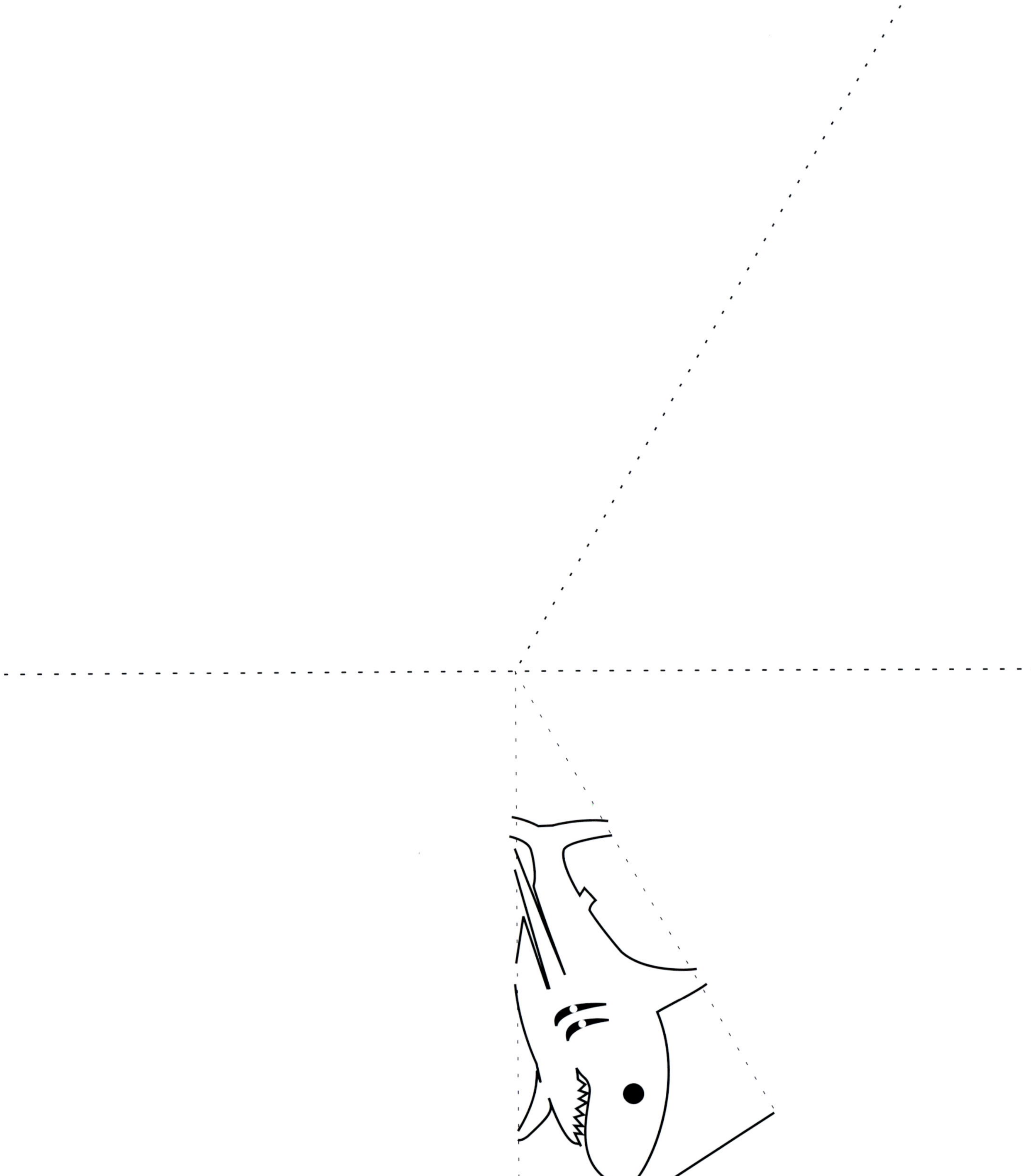

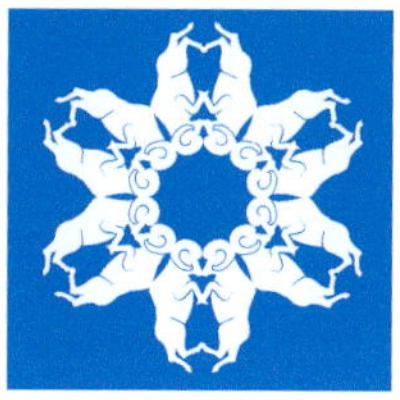

71 WIDDER

Die „Blitzlinie" am Horn sieht einfacher aus, als sie ist. Immer mit den schwierigsten Teilen beginnen, denn am Anfang sind noch alle Papierränder unversehrt – das bedeutet, dass das Papier stabiler ist und weniger leicht verrutscht.

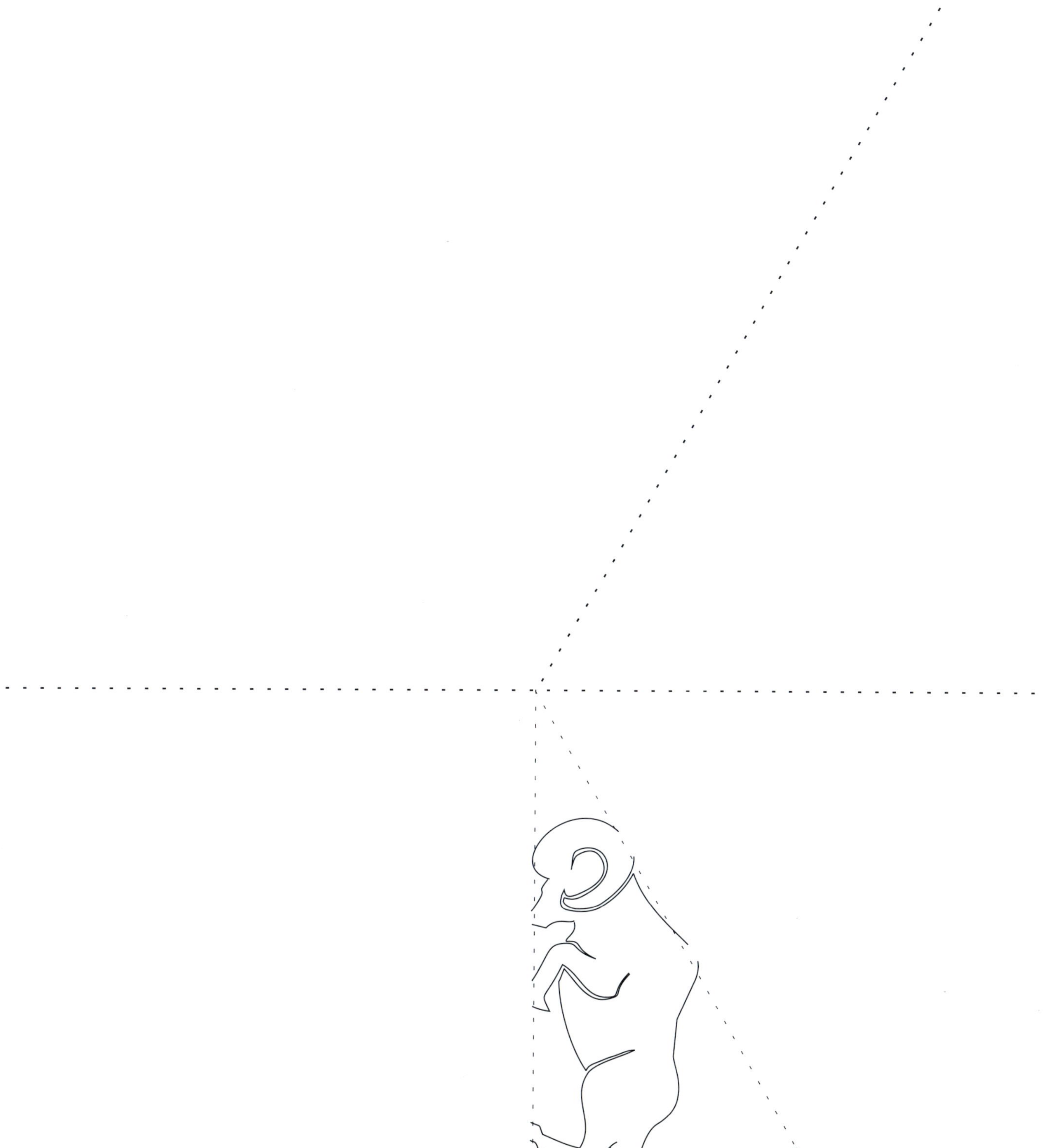

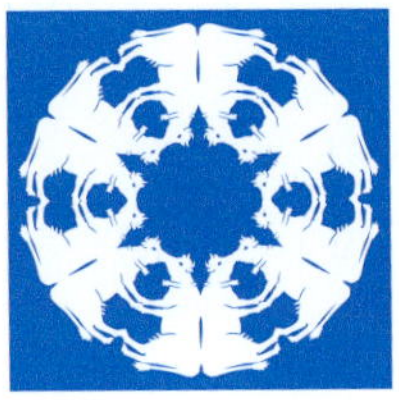

72 KUH

Die „Blitzlinien“ sind hier entscheidend, um das Motiv schön und detailreich zu gestalten. An diesen „Blitzlinien“ alle schwarzen Markierungen ausschneiden.

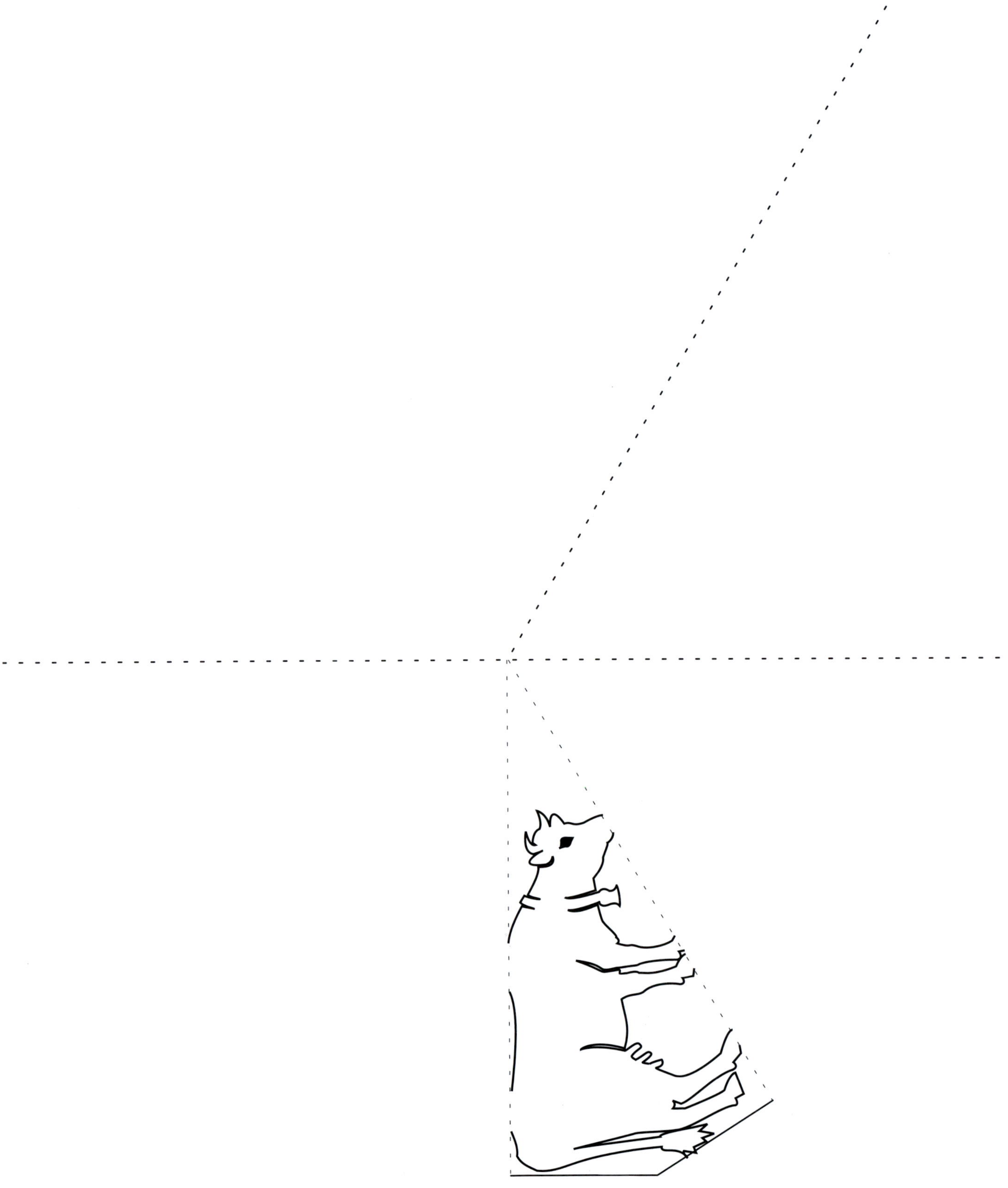

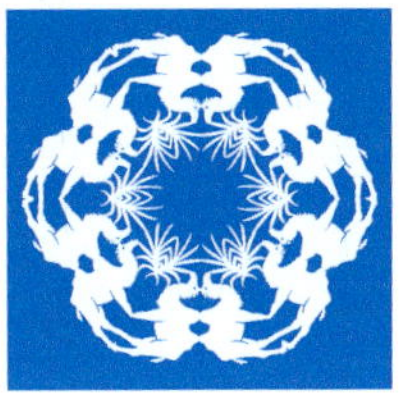

73 KAMEL

Zuerst die Blätter ausschneiden und dann mit einer 3-mm-Lochzange Zugang zu den Zwischenräumen schaffen. Dies ist ein eigenartiges Tier und es wird zu einer ungewöhnlichen Schneeflocke.

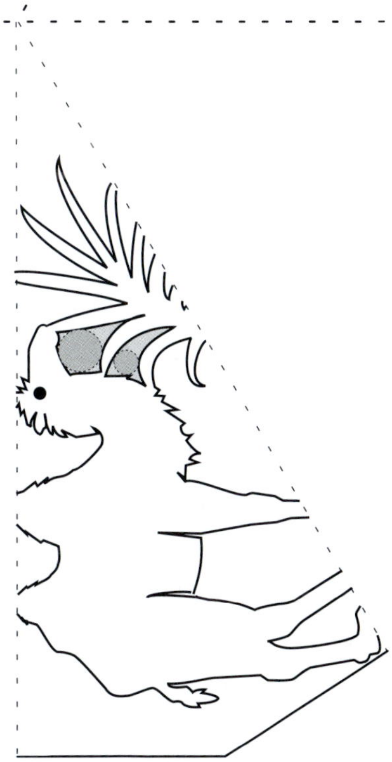

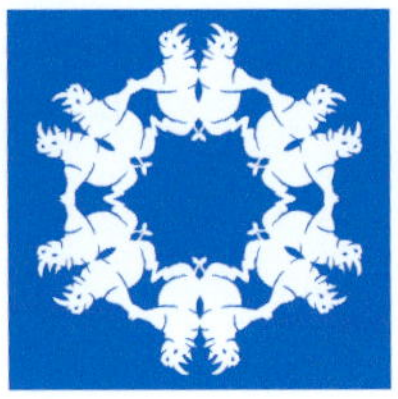

74 NASHORN

Ist es nicht toll zu sehen, wie aus solch einem unansehnlichen Tier so ein schönes Motiv wird? Dazu sind die „Blitzlinien“ hier wichtig.

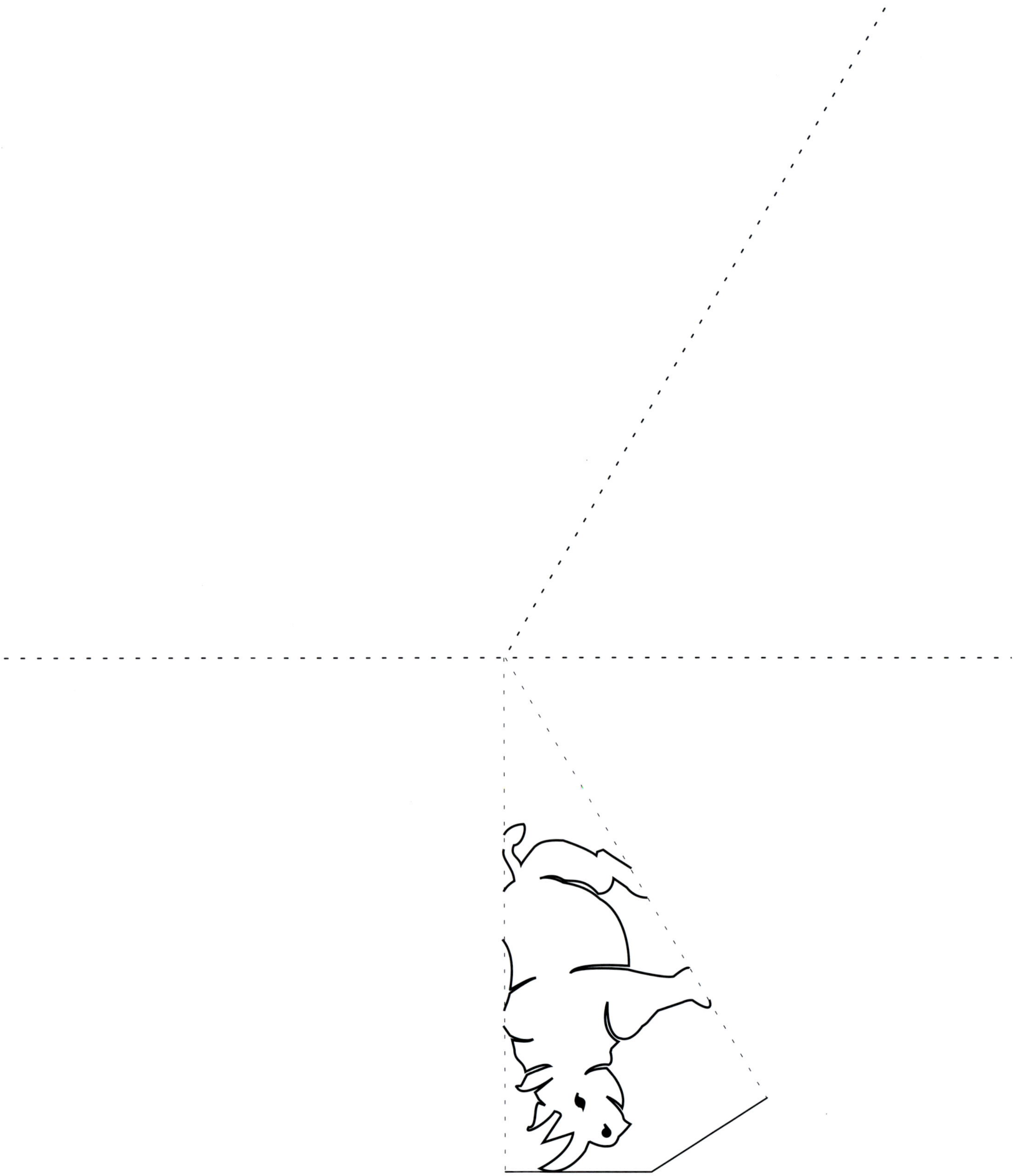

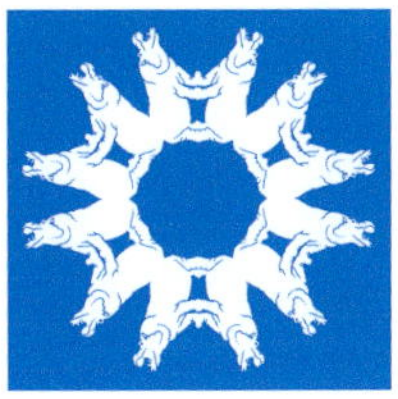

75 NILPFERD

Die komplizierten „Blitzlinien“ machen dieses Motiv erst attraktiv.
Wer hätte gedacht, dass ein Nilpferd so gut aussehen kann?

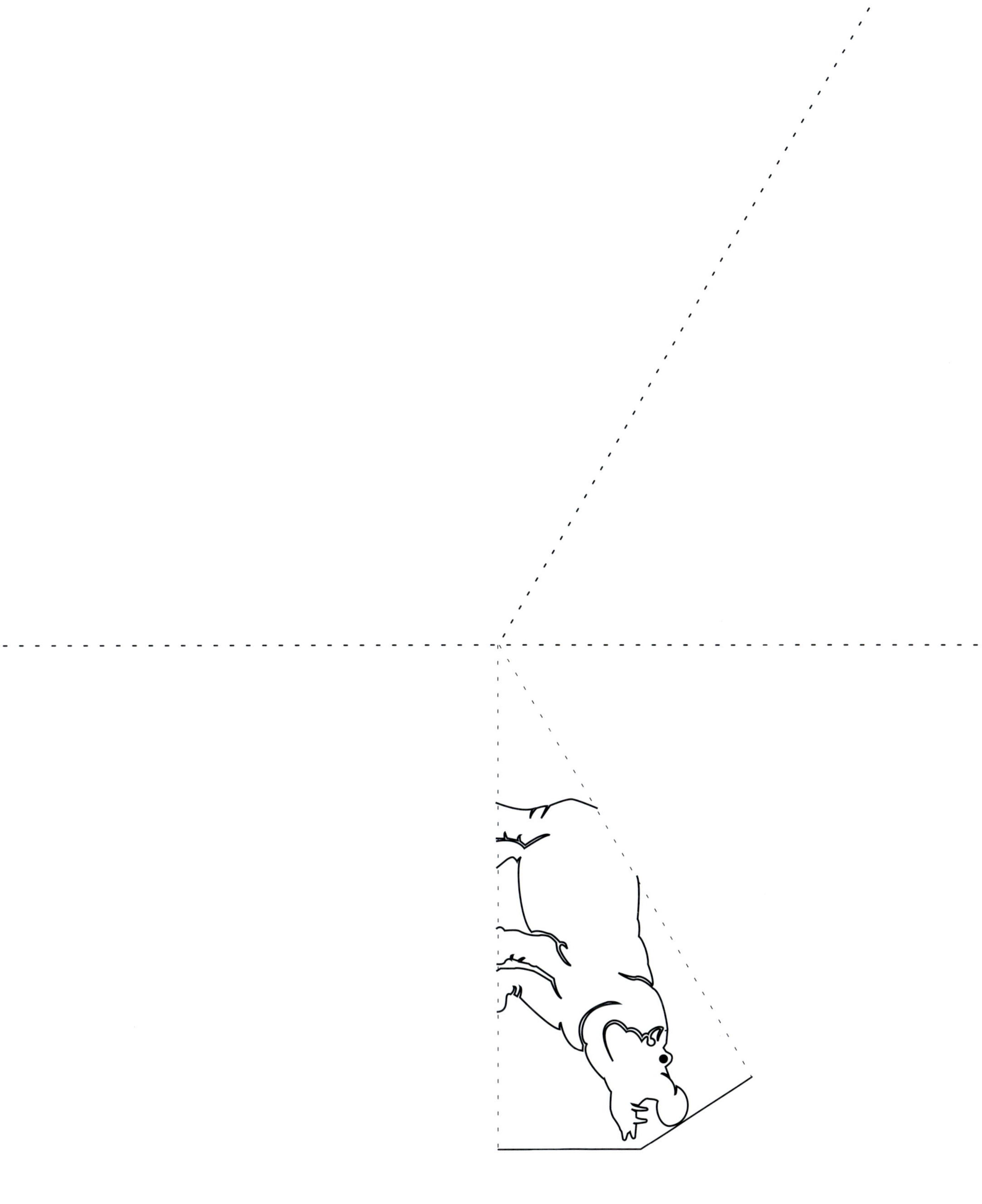

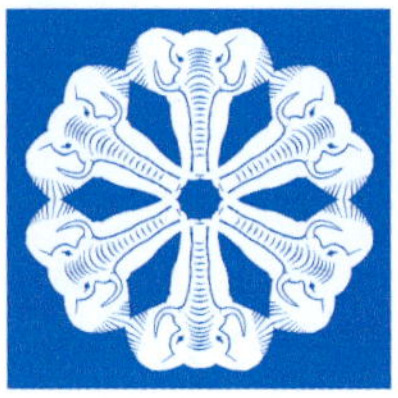

76 MUTTERELEFANT

Hier sind ganz viele kleine „Blitzlinien“ und eine sehr lange. Mit der langen beginnen und die kleineren dann nach Bedarf anpassen. Alle schwarzen Linien sollten weggeschnitten werden.

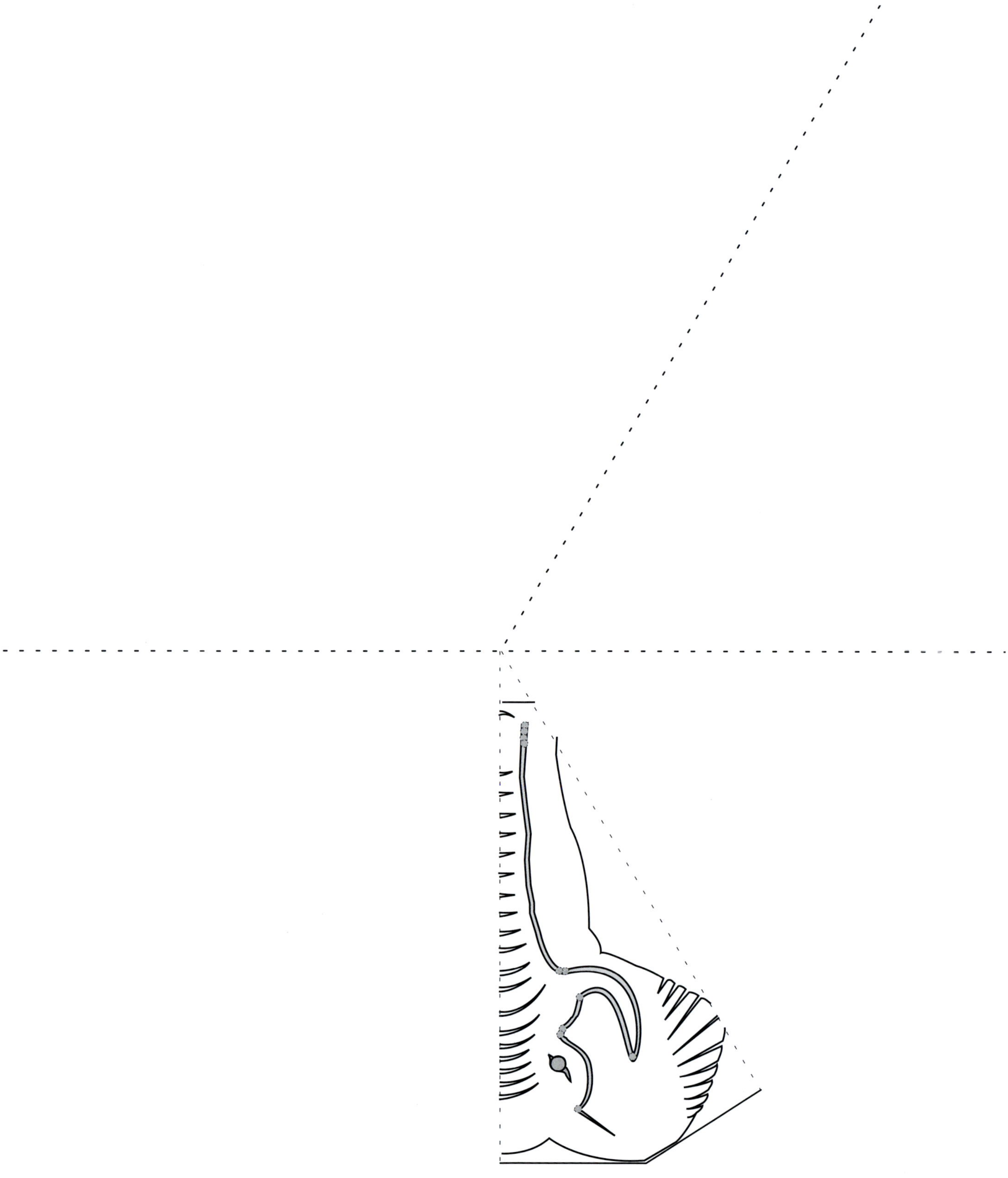

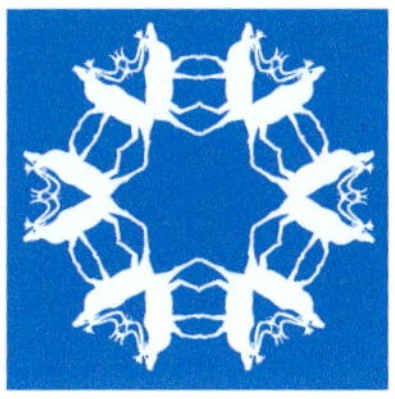

77 RENTIER

Mit dem Geweih beginnen. Immer mit dem Schwierigsten anfangen – dann sind die Papierränder noch unversehrt und es ist leichter, das Papier so festzuhalten, dass es nicht verrutscht.

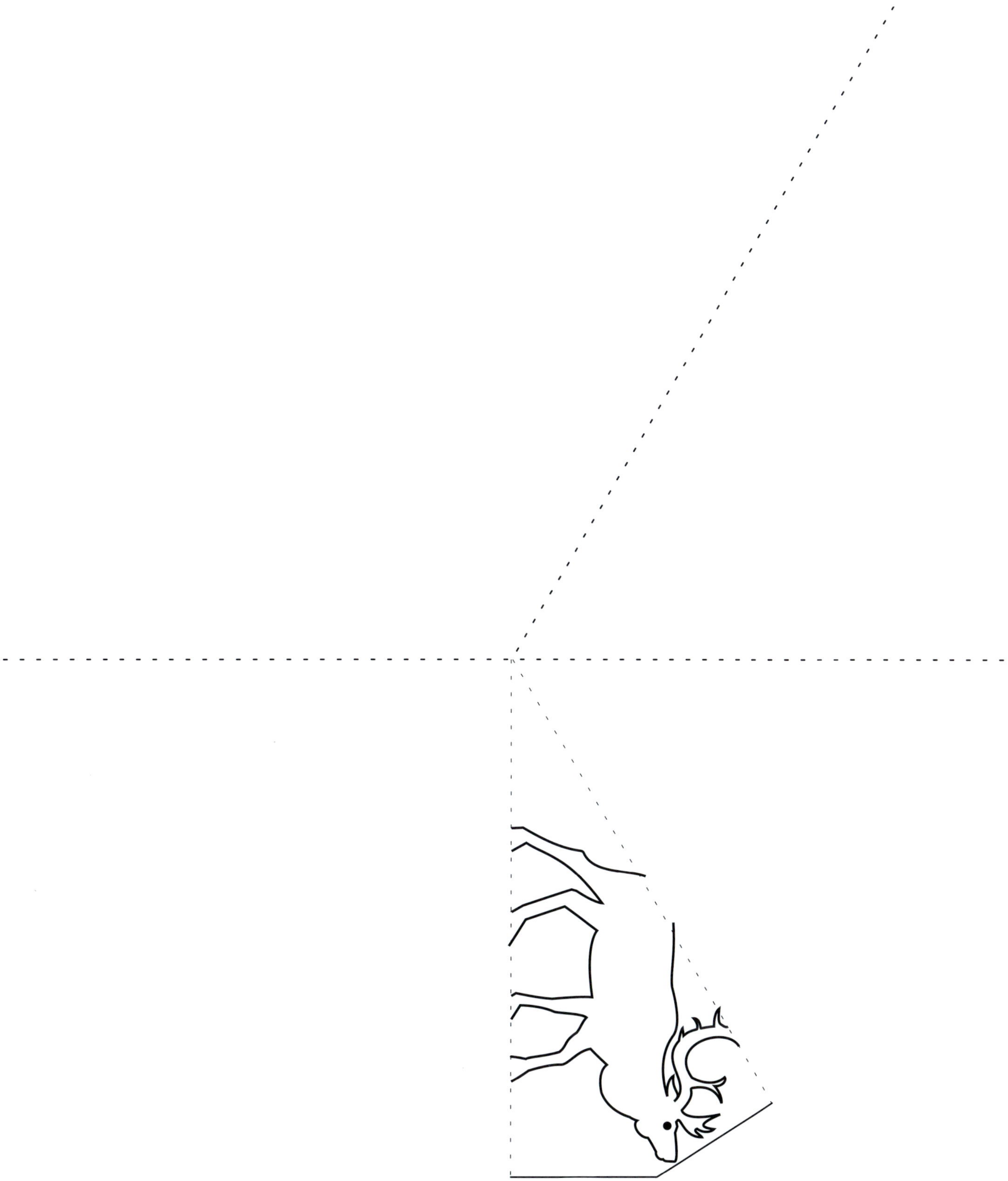

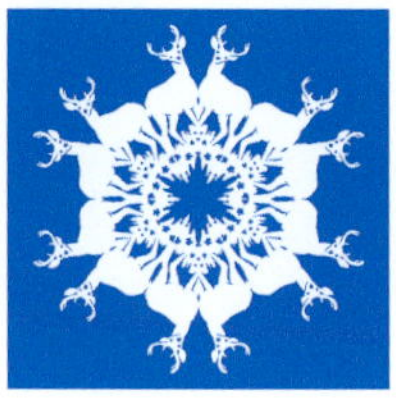

78 HIRSCH

Den Zwischenraum zwischen den Beinen mit einer Lochzange öffnen; die Blumen und Gesichtszüge ebenfalls mit der geeigneten Lochzange ausschneiden.

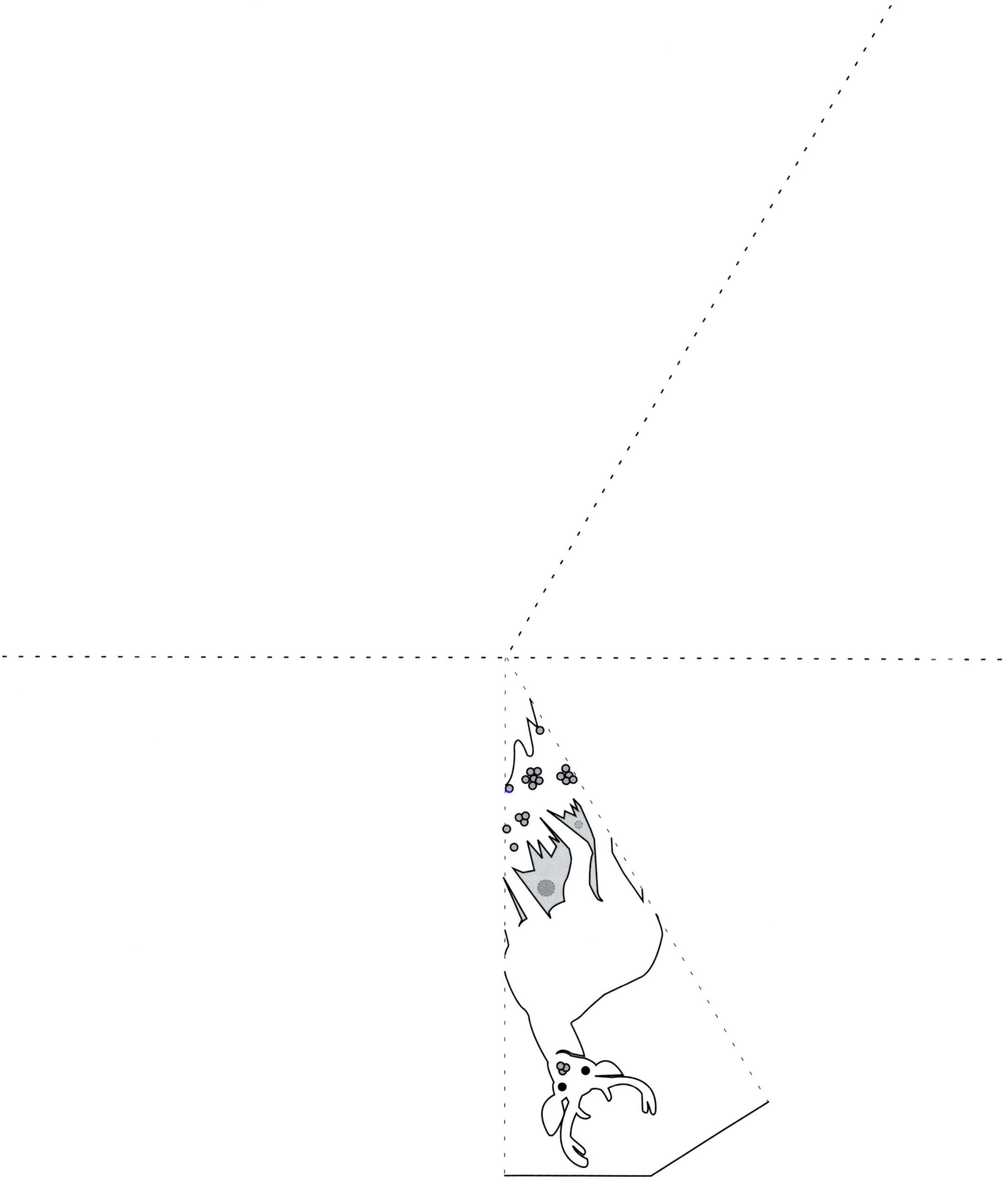

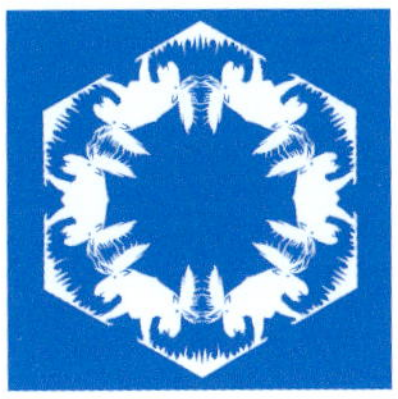

79 ELCH

Der Halslinie zur „Blitzlinie" für das Ohr folgen. Für die winzigen Einkerbungen am Geweih und im Gras Lochzangen mit 1,5 mm beziehungsweise 3 mm verwenden.

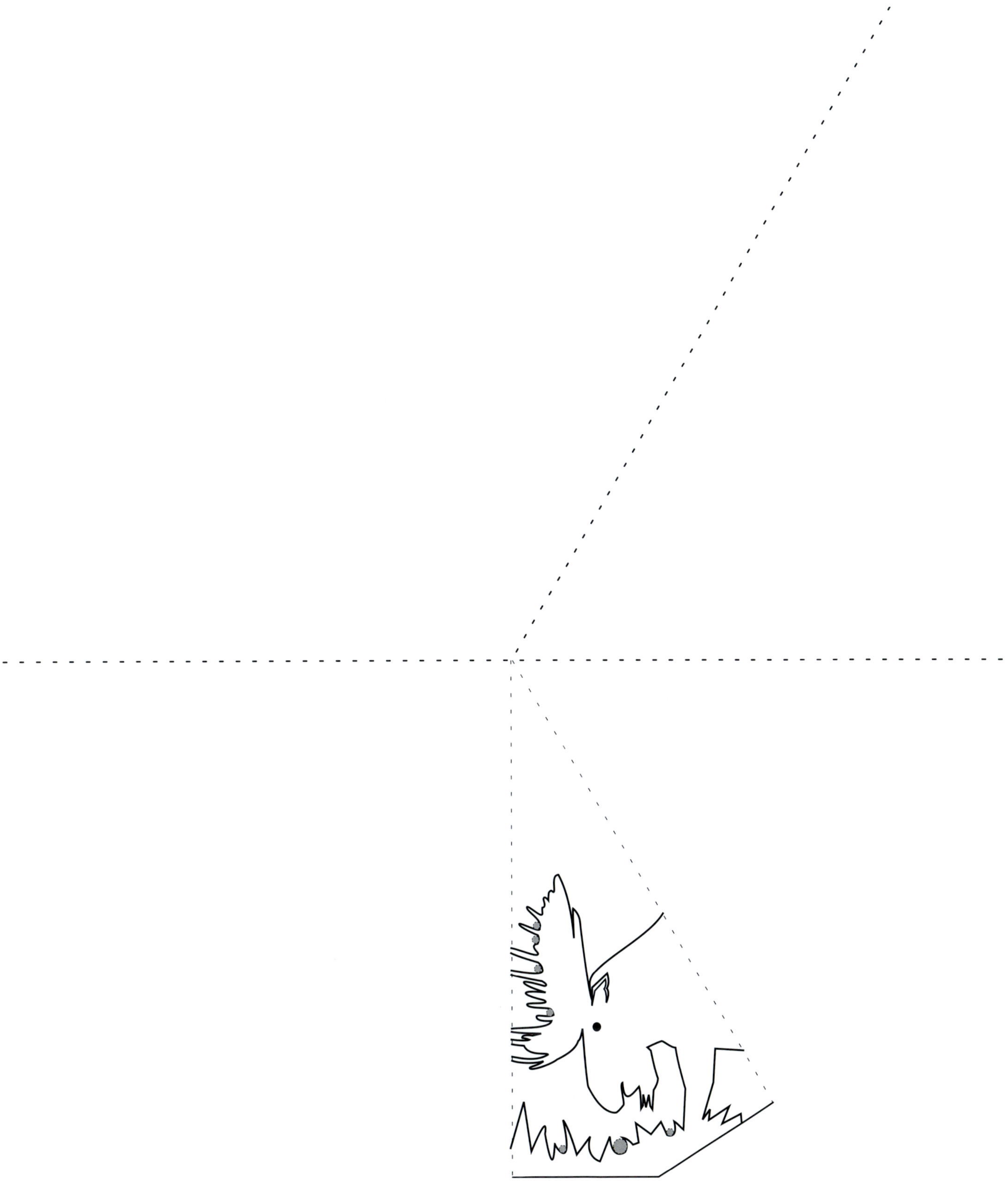

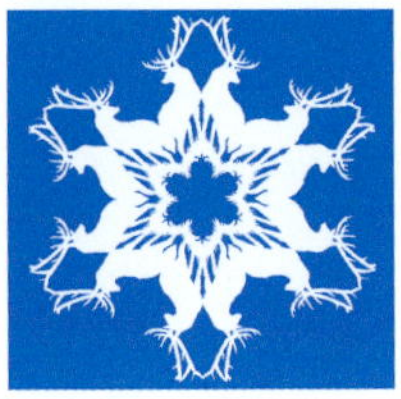

80 WAPITI

Zu den Zwischenräumen bei den Beinen und beim Geweih mit einer Lochzange Zugang schaffen. Dies ist eines meiner Lieblingsmotive – eine wunderschöne Schneeflocke, die ein prächtiges Tier zeigt.

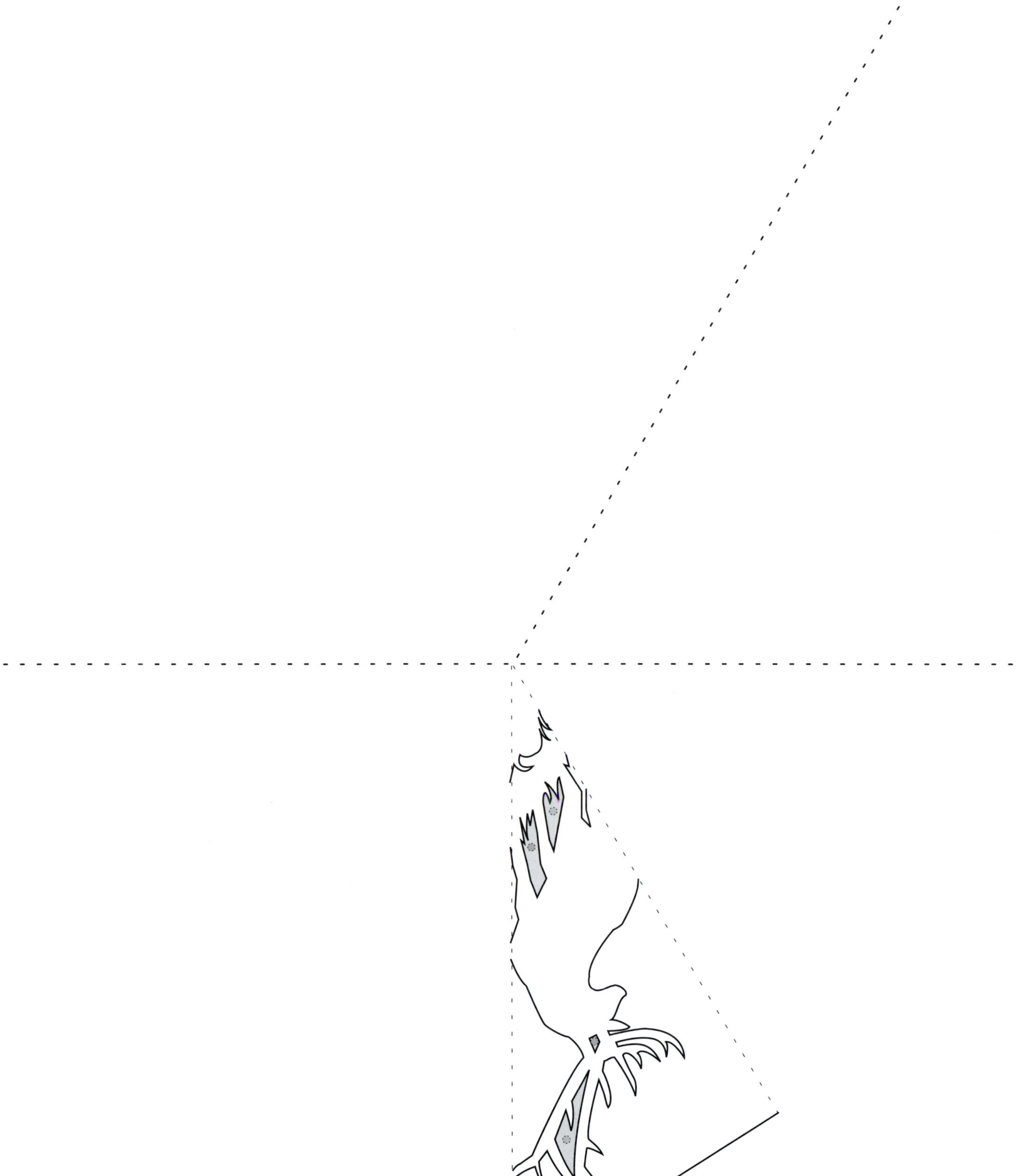

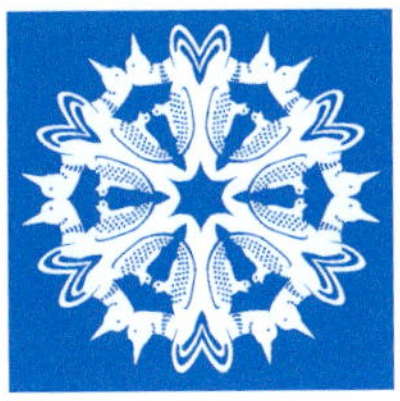

81 EISTAUCHER

Für das Federmuster des Eistauchers ist unbedingt eine 1,5-mm-Lochzange nötig.

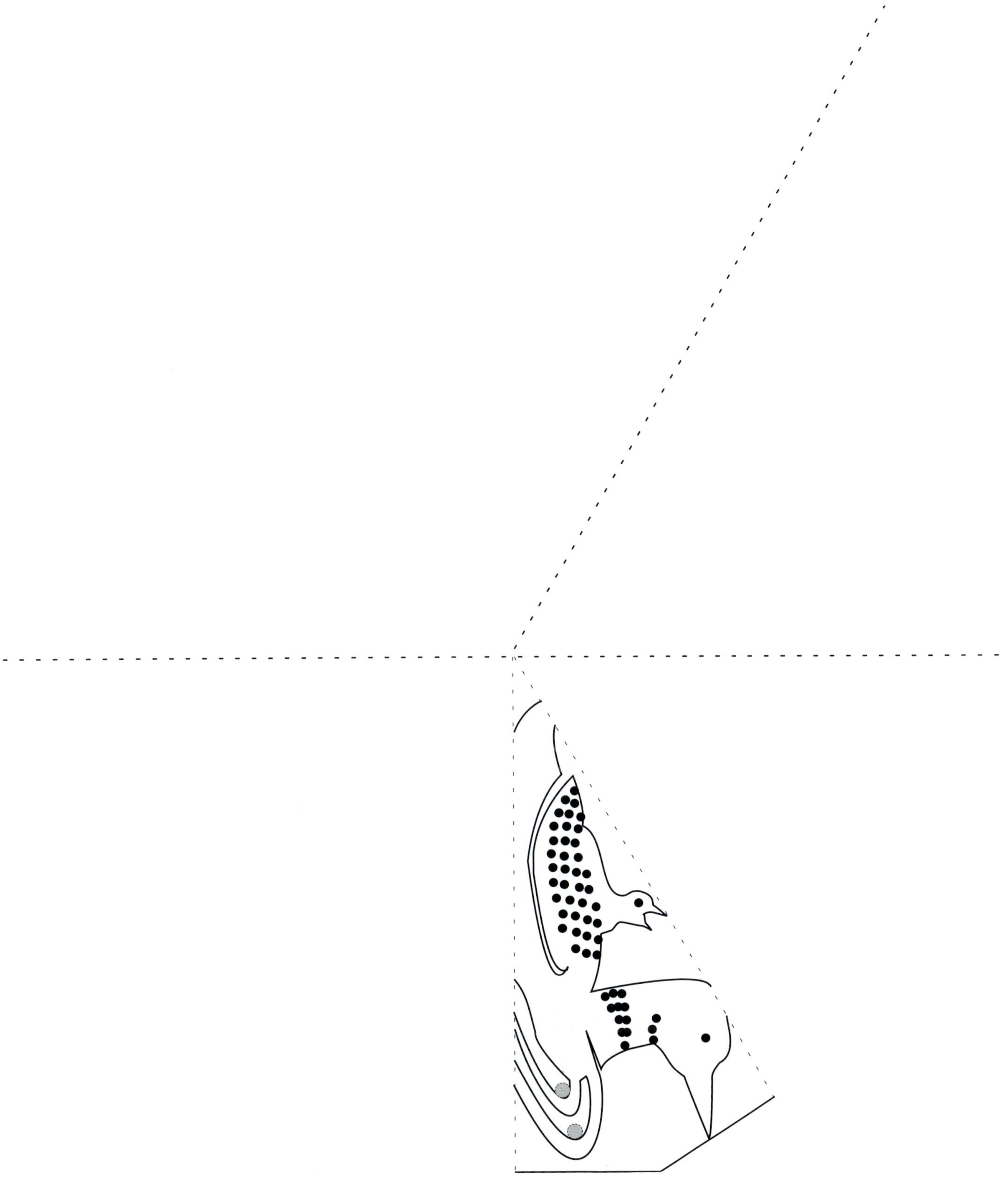

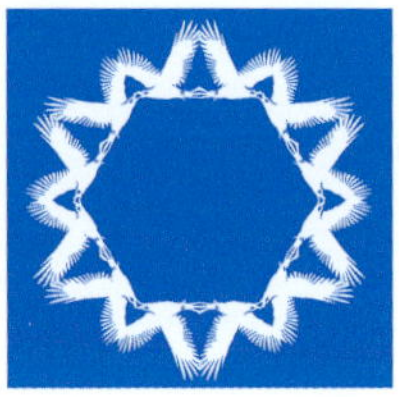

82 STEINADLER

Zwischen den einzelnen Federn so viel wie möglich wegschneiden und, wenn möglich, dem Auge Form verleihen. Die Verbindungspunkte müssen gut halten.

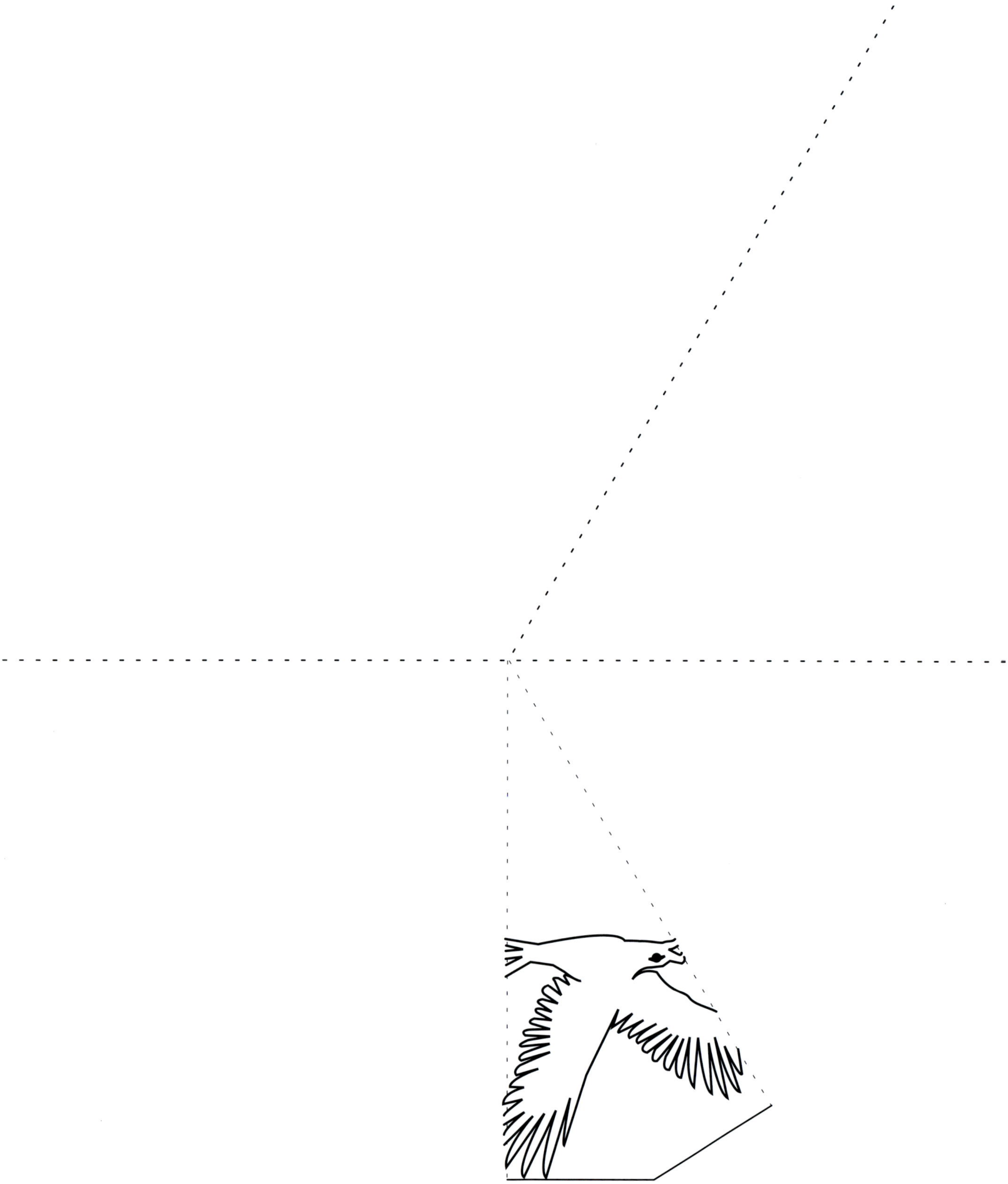

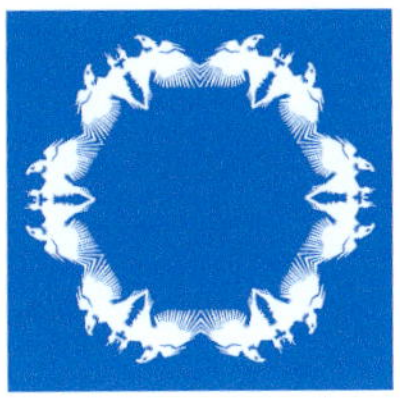

83 WEISSKOPFSEEADLER

Noch ein schwieriger Adler. Achtung bei den Verbindungspunkten und bei der „Blitzlinie" am Hals.

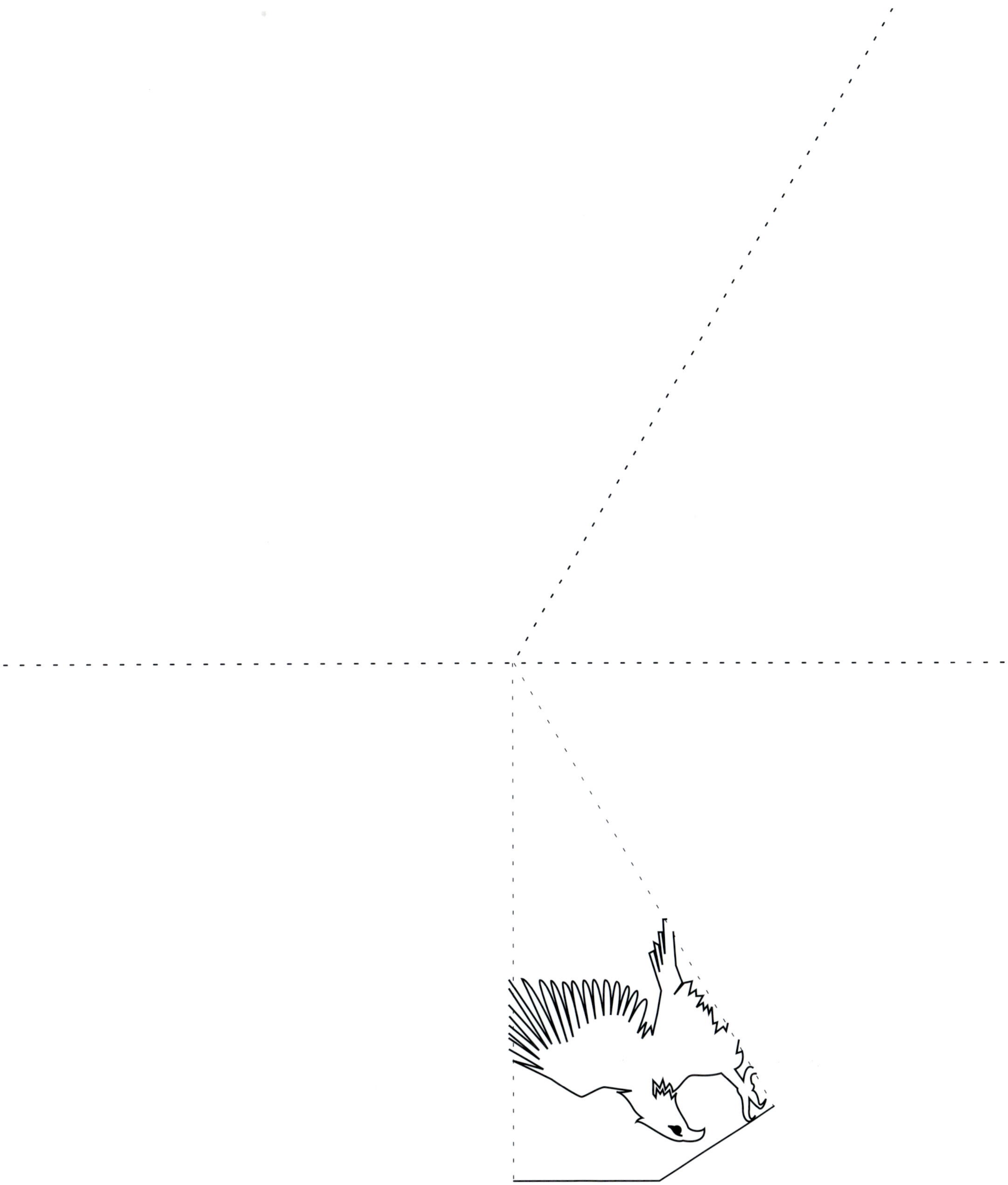

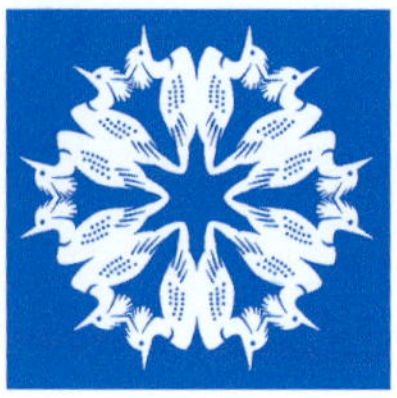

84 KAPPENSÄGER

Eine winzige Lochzange verwenden, um die Punkte am Flügel zu stanzen und die vier „Blitzlinien" am Flügel zu beginnen.

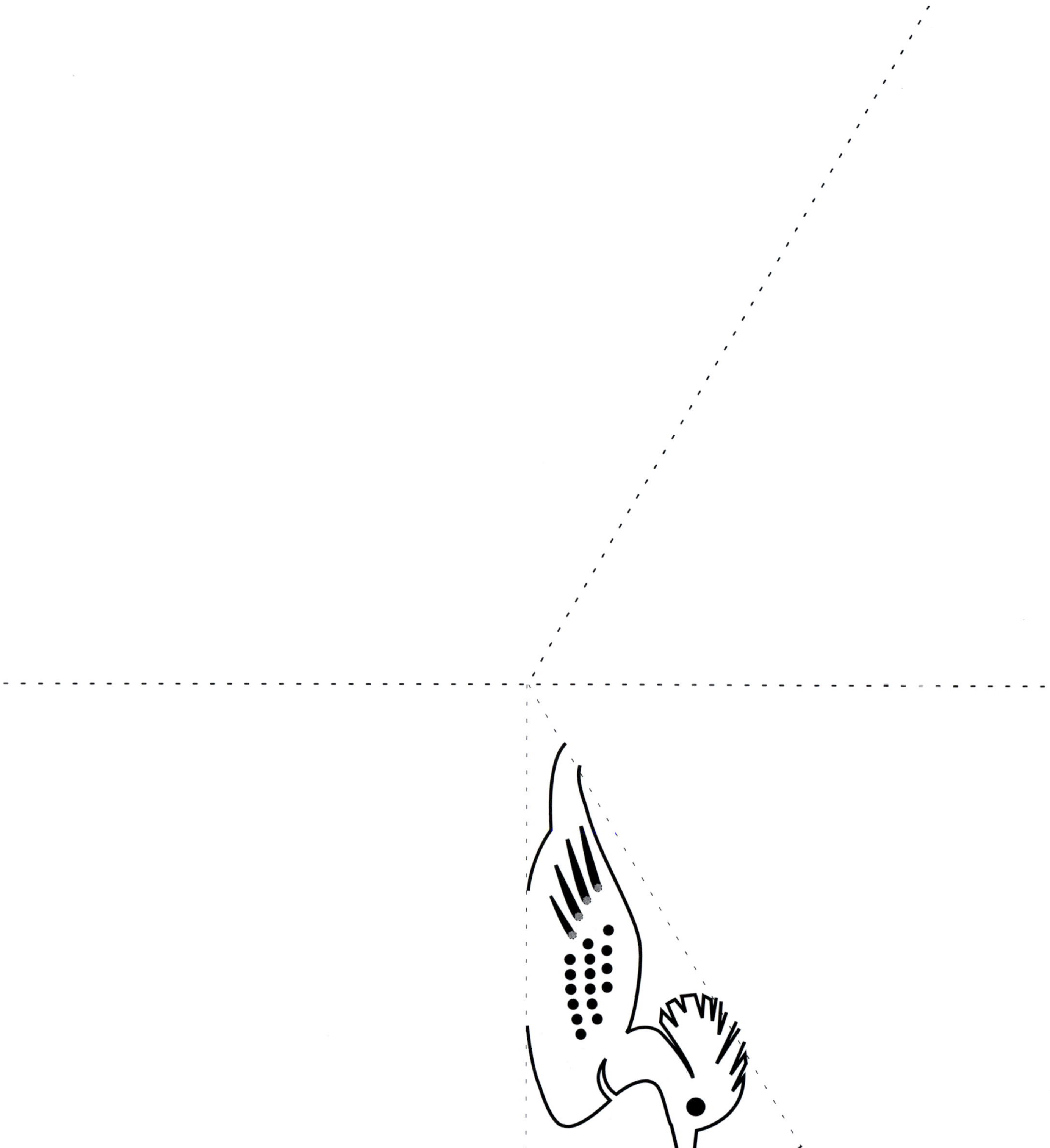

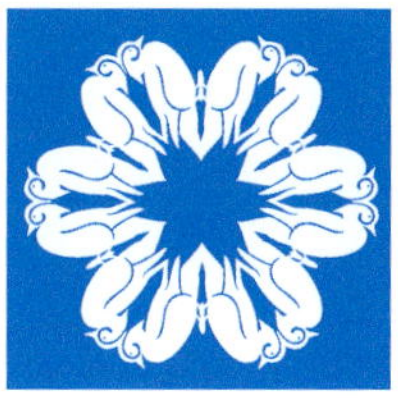

85 BRAUTENTE

Geschwungene und spiralförmige „Blitzlinien“ sind besonders schwer auszuschneiden, sehen dann aber aufgefaltet umso schöner aus.

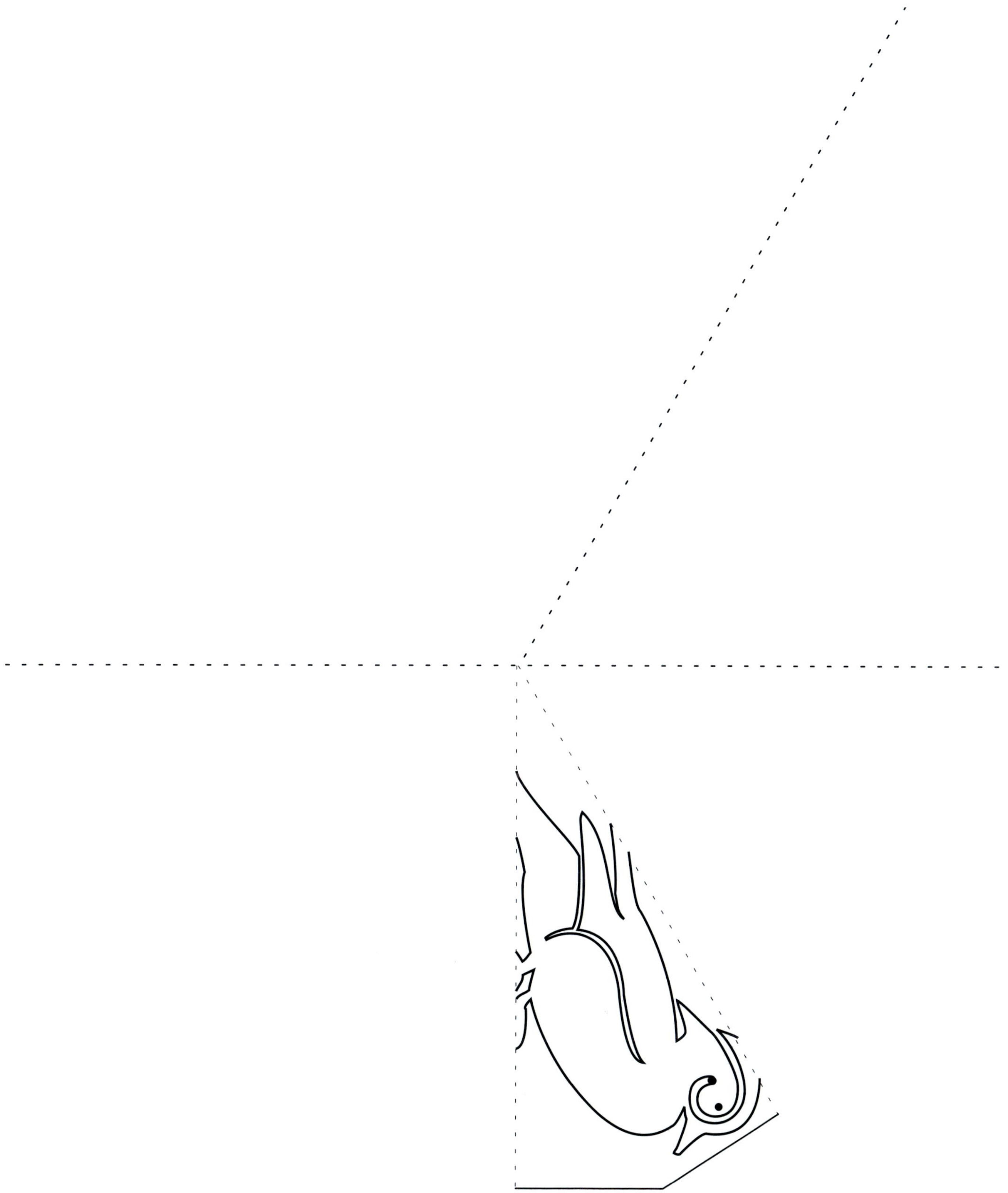

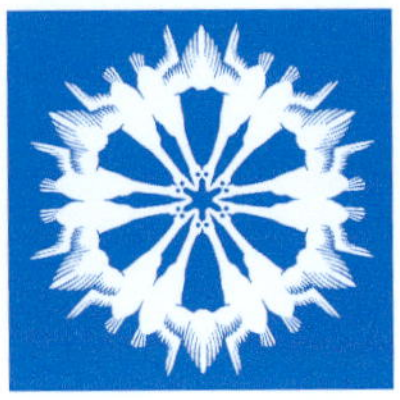

86 KANADAGANS

Vorsicht bei der komplizierten „Blitzlinie“ zwischen den Flügeln. Je mehr hier ausgeschnitten wird, desto besser sieht das fertige Motiv aus.

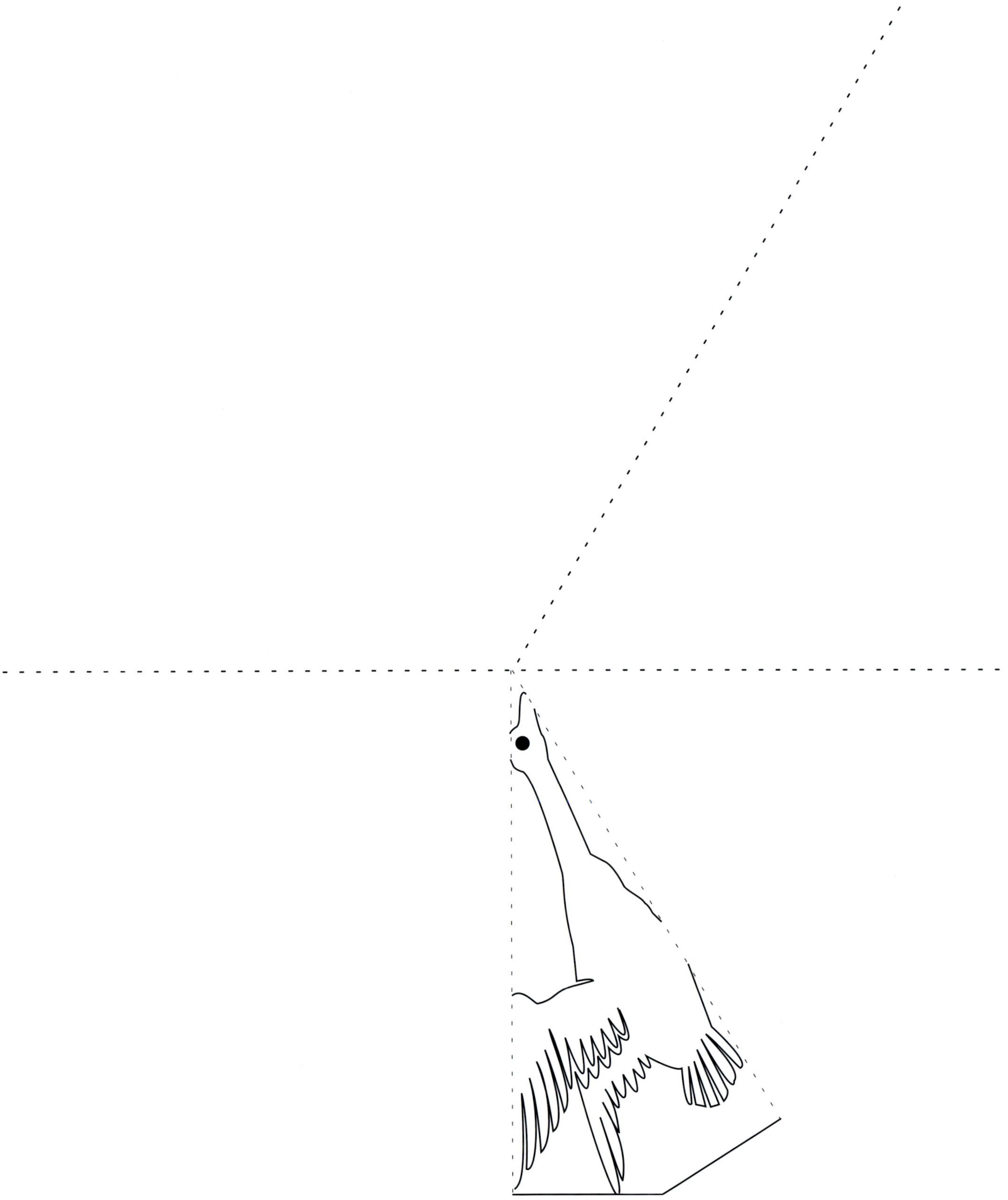

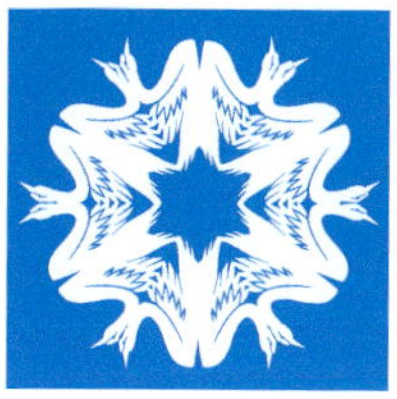

87 SCHWAN

Die besonders knifflige „Blitzlinie“ im Flügel sollte zuerst ausgeschnitten werden. Dann mit dem Auge weitermachen. Runde Formen, wo immer möglich, mit einer Lochzange schneiden.

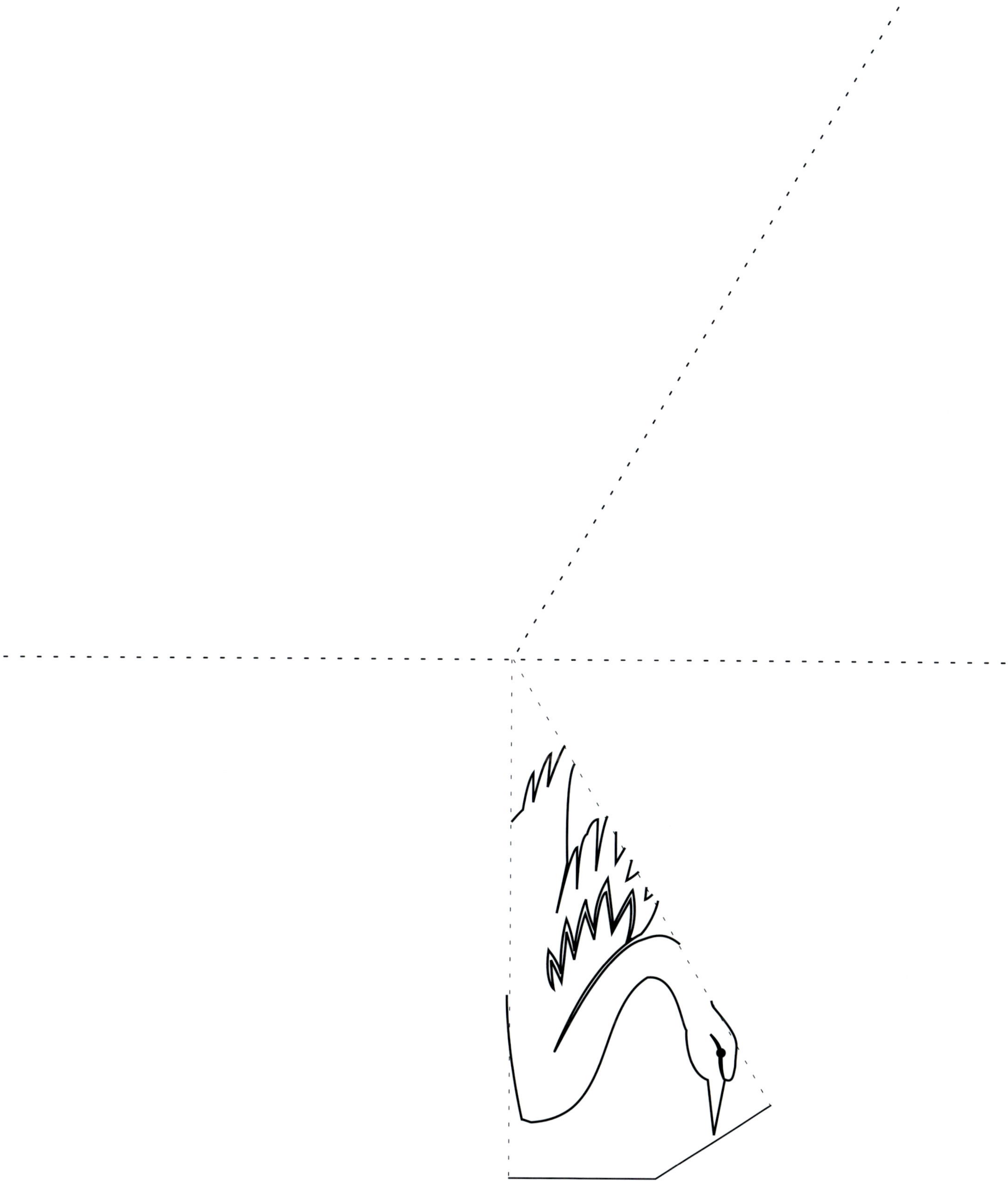

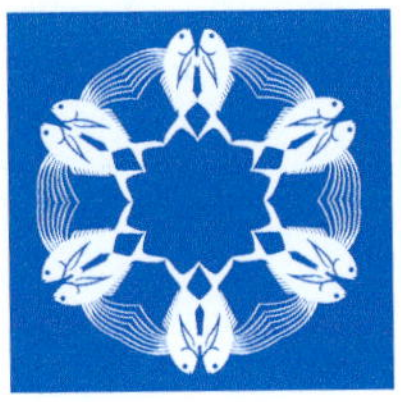

88 HAHNENBARSCH

Die Brustflosse und der Kiemen ergeben zusammen eine einzige „Blitzlinie“.
Hier aufpassen, und auch bei der schicken Rückenflosse vorsichtig vorgehen.

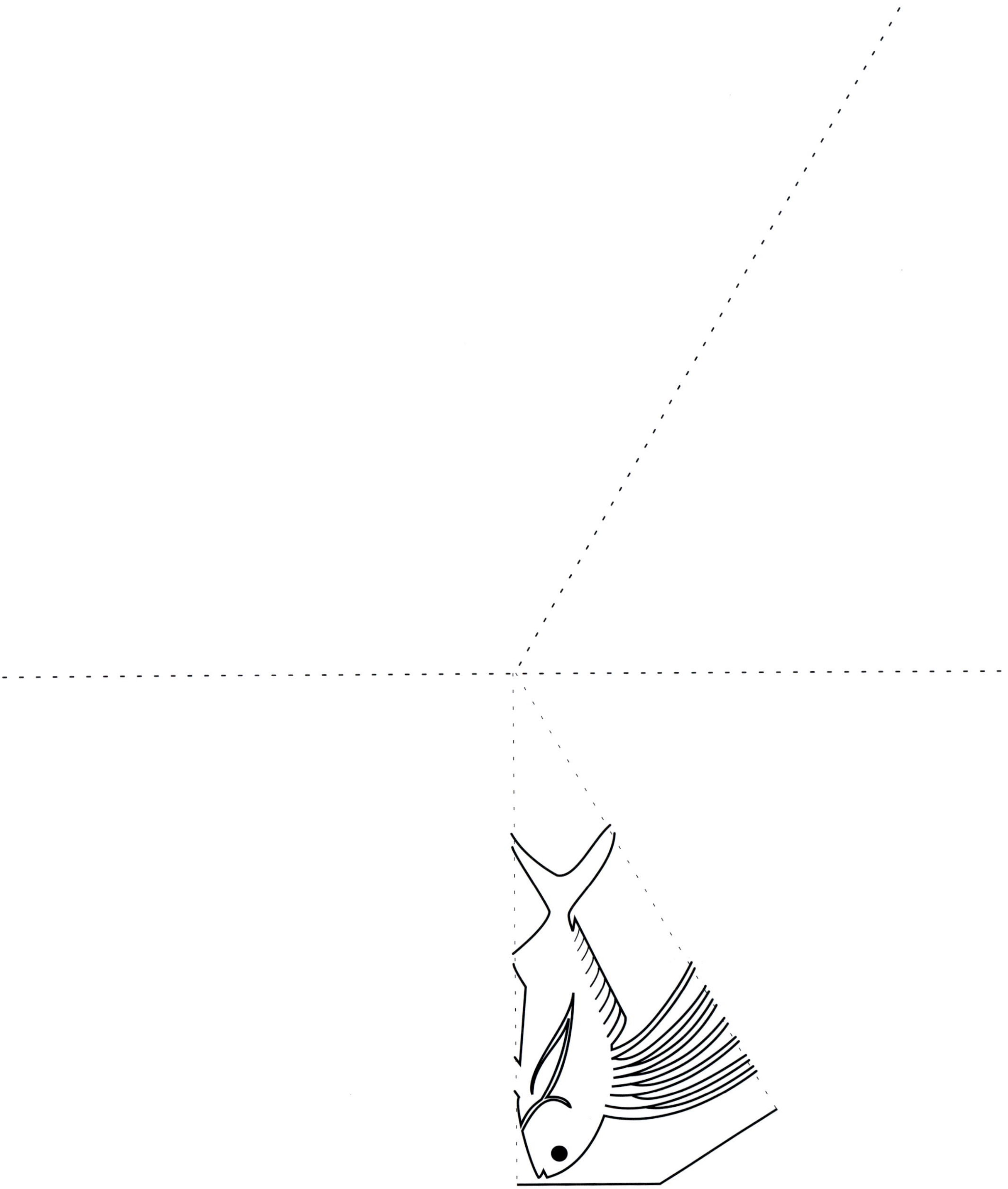

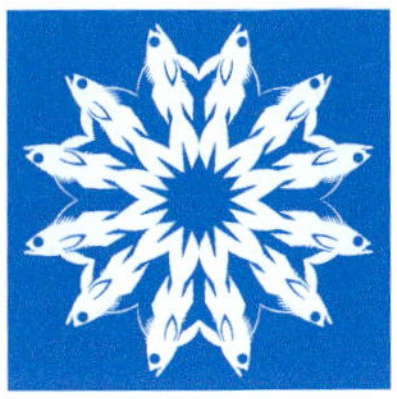

89 FAHNENBARSCH

Wer seiner Schneeflocke einen filigraneren Anstrich verpassen möchte, kann zusätzlich die grauen Linien nachschneiden. Dadurch wird es aber natürlich auch schwieriger.

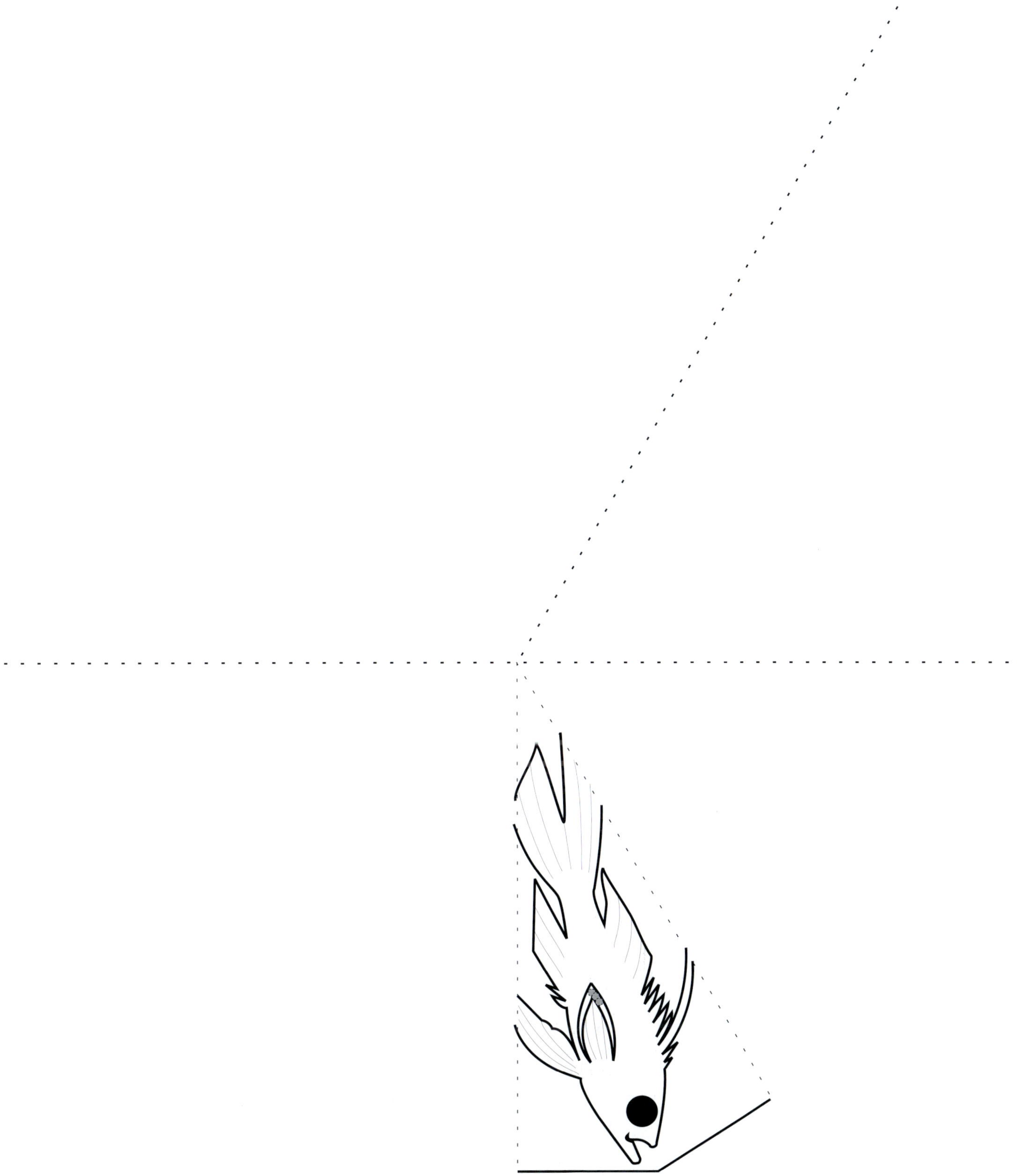

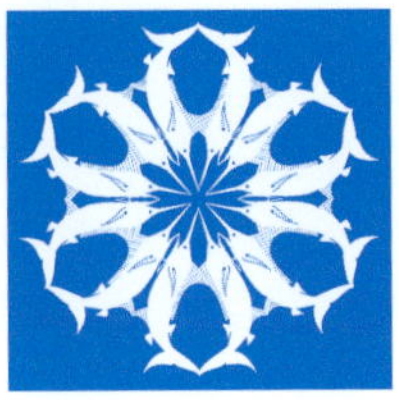

90 BLAUER MARLIN

Für ein sehr detailreiches Motiv die dünnen Linien in den Flossen schneiden.
Ohne die Brustflosse geht es leichter.

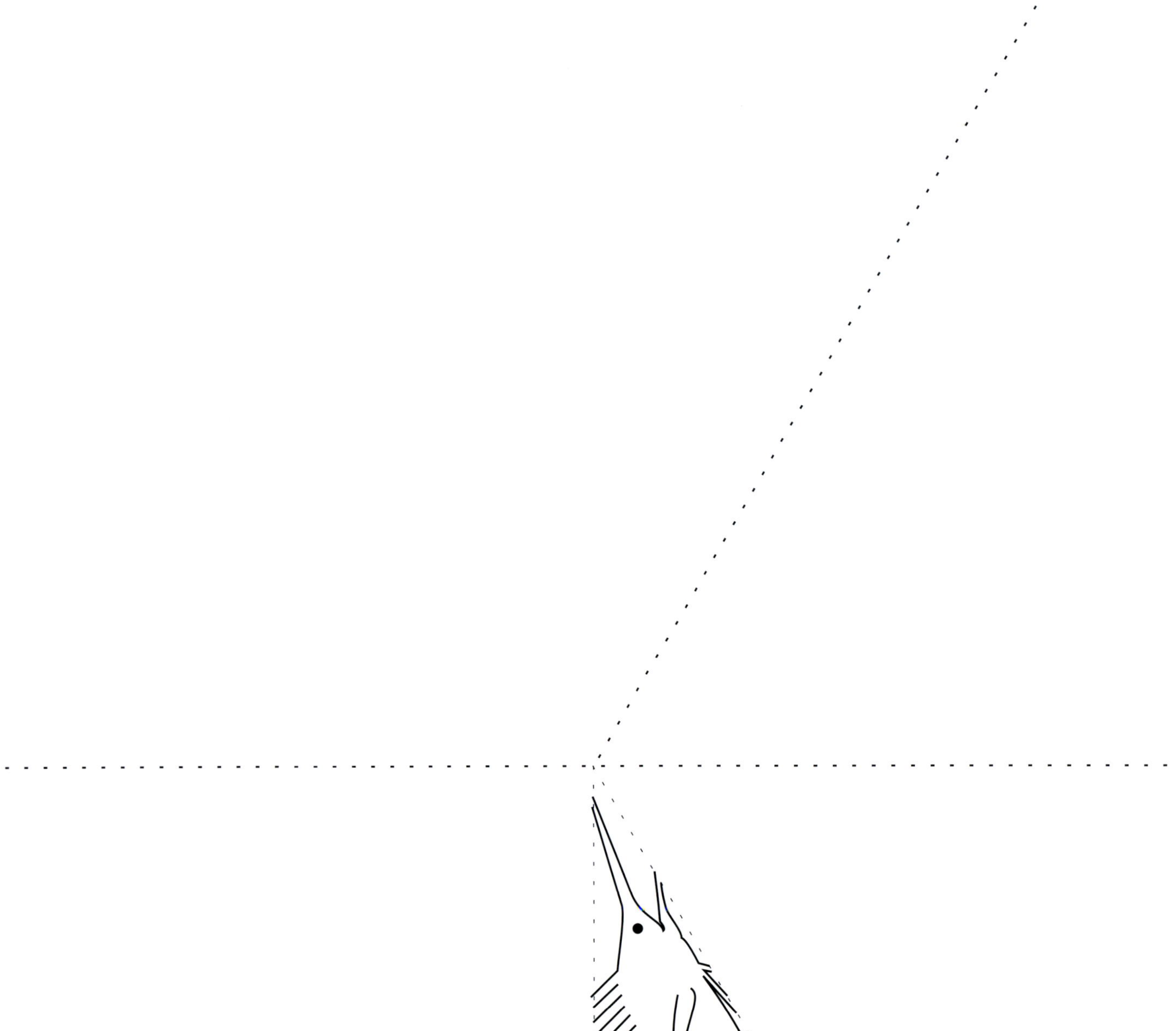

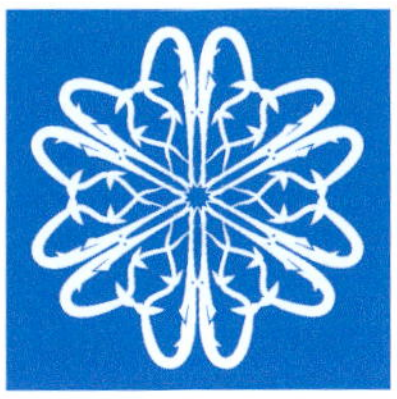

91 FLÖTENFISCH

Mit einer Lochzange Zugang zum Zwischenraum schaffen.
Vorsicht bei den recht heiklen Verbindungspunkten an den Kanten.

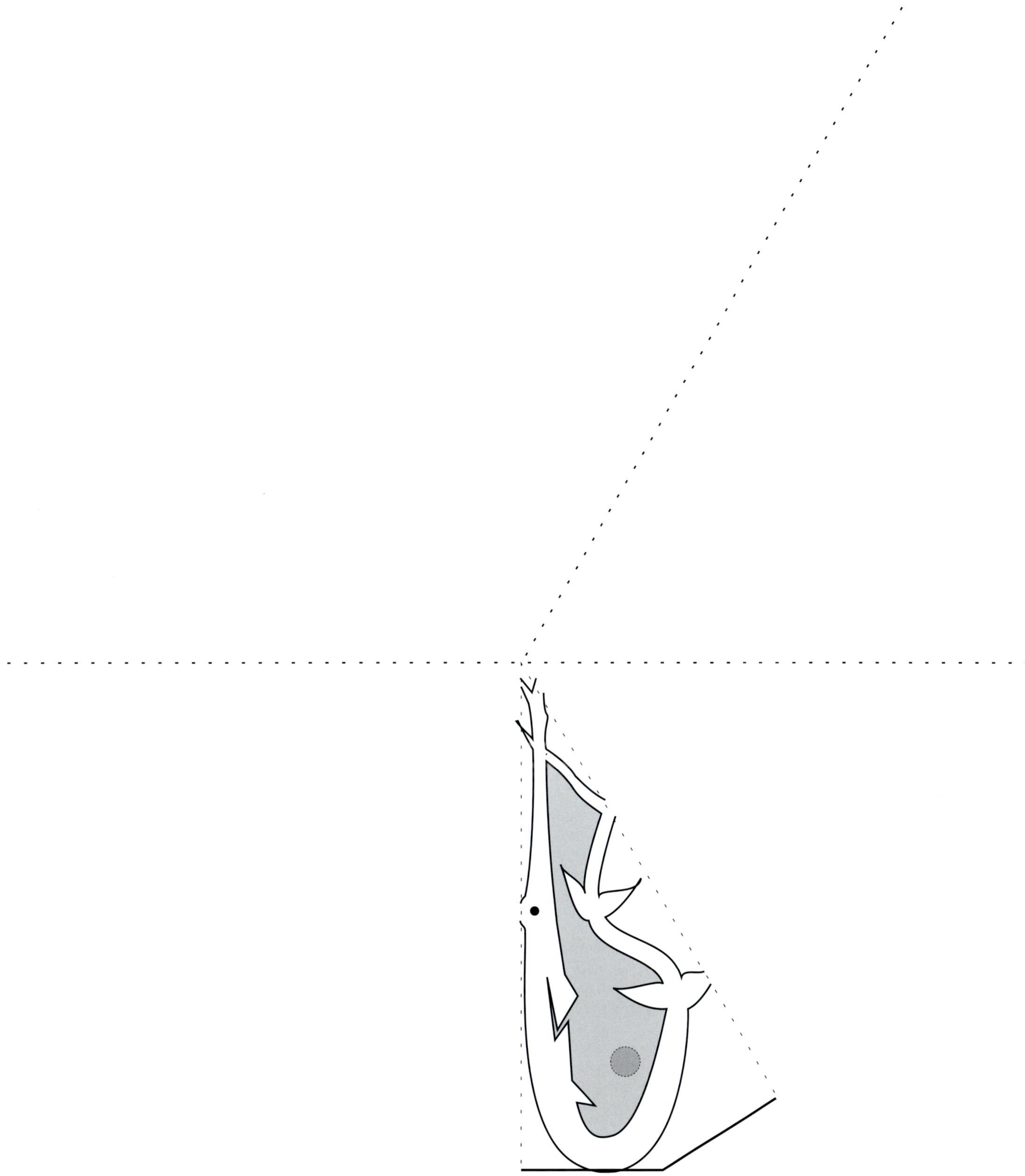

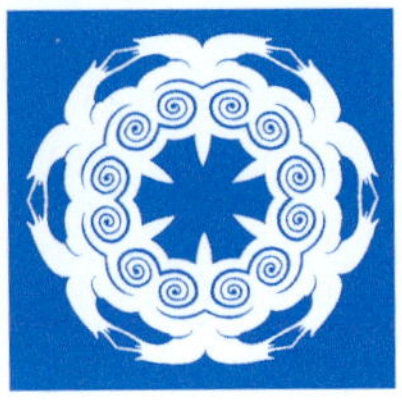

92 HAUSSCHNECKE

Für die spiralförmige „Blitzlinie“ wird man eine Weile brauchen.

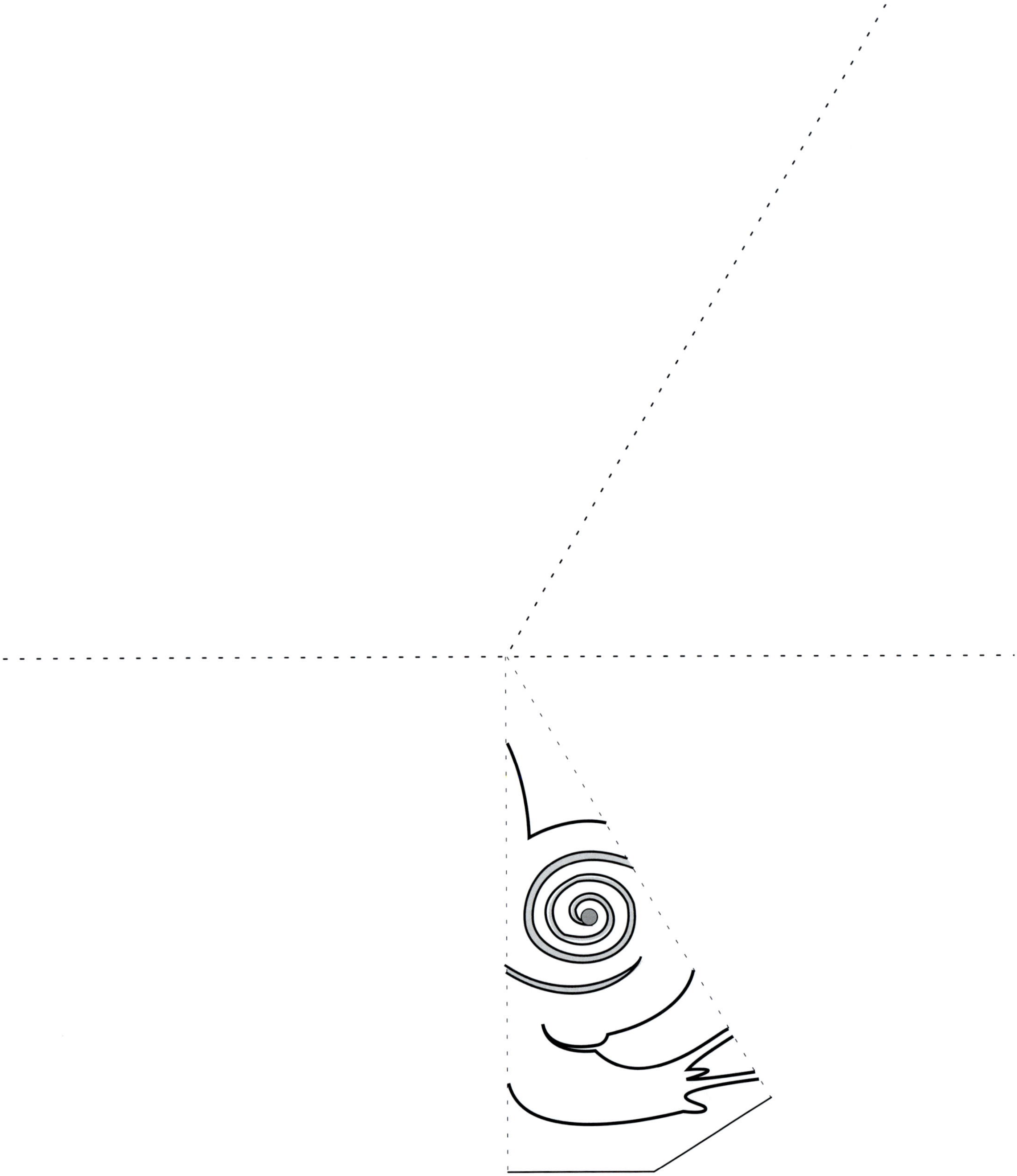

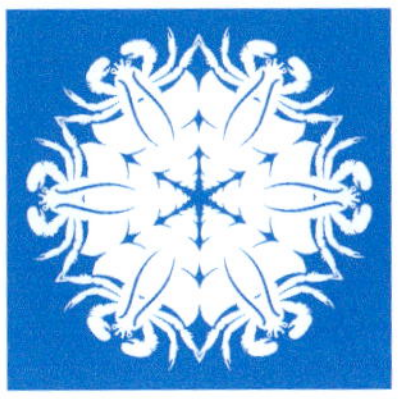

93 EINSIEDLERKREBS

Zuerst das Auge stanzen und den Fühler ausschneiden. Aufpassen, dass rund um das Auge genug Papier stehen bleibt und dass das Papier beim Ausschneiden des Fühlers nicht verrutscht.

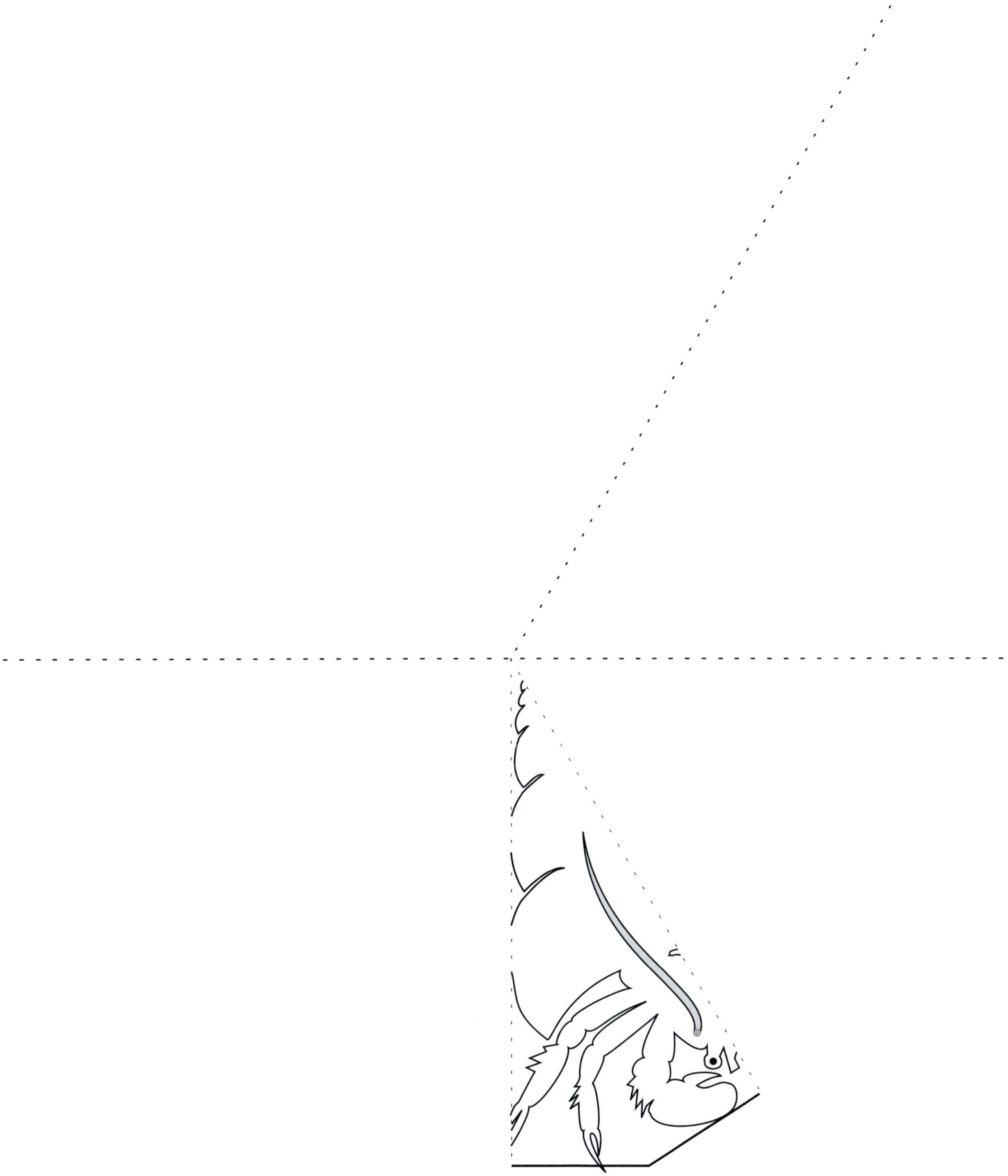

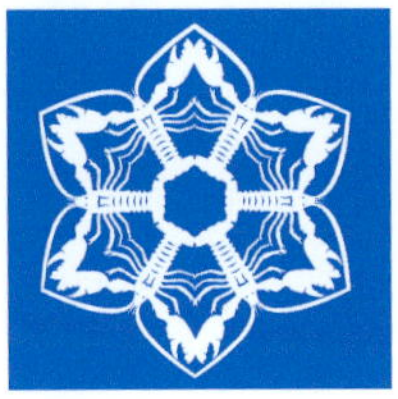

94 HUMMER

In den Zwischenräumen zwischen den Beinen Lochzangen verwenden.
Besonders darauf achten, dass das Papier beim Ausschneiden des Fühlers nicht verrutscht.

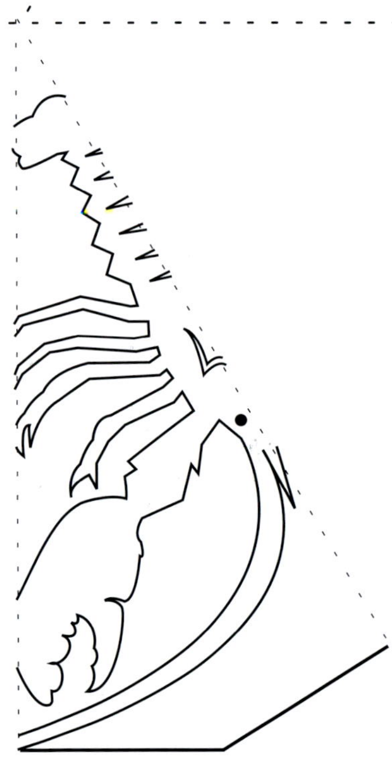

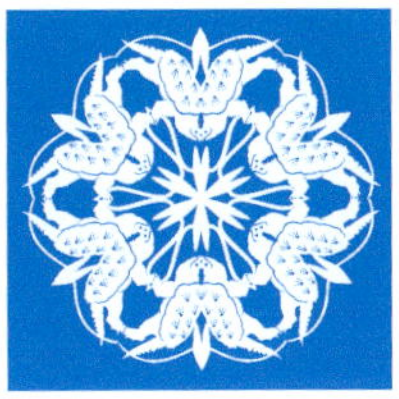

95 GEIERSCHILDKRÖTE

Die Punkte am Panzer mit einer Lochzange stanzen und von dort aus die winzigen „Blitzlinien" ausschneiden. Als nächstes die „Blitzlinie" am Panzerrand ausschneiden. Dann den grauen Zwischenraum mit einer Lochzange öffnen und ausschneiden.

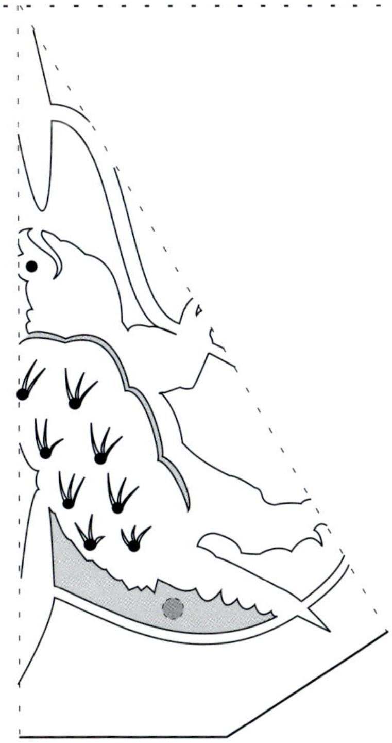

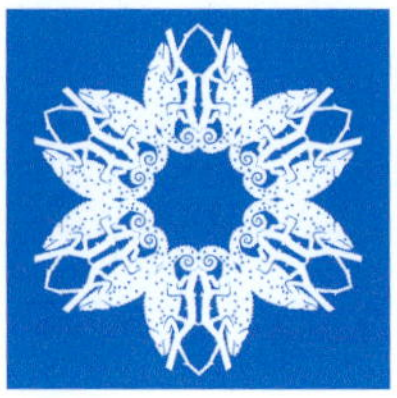

96 CHAMÄLEON

Mehr Punkte können nach Belieben hinzugefügt werden. Der Schwanzlinie folgen und so zur spiralförmigen „Blitzlinie" gelangen. Zu den anderen Zwischenräumen mit Lochzangen Zugang schaffen.

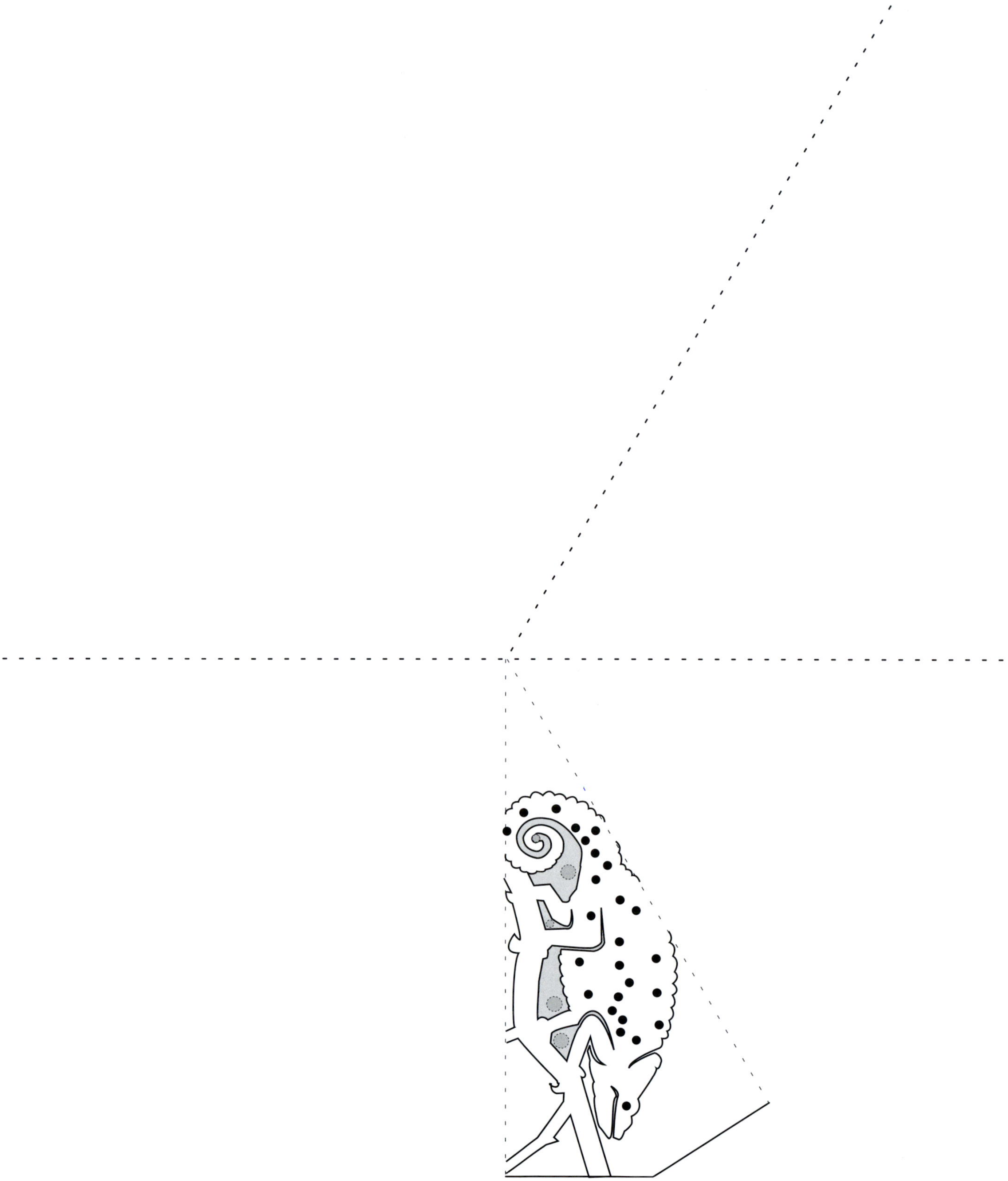

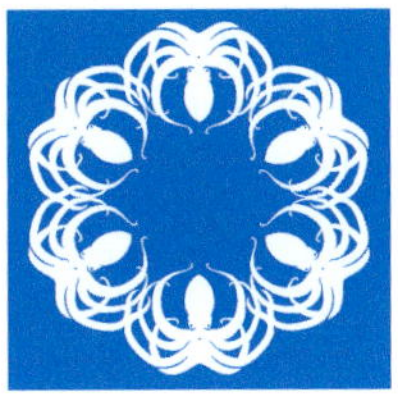

97 KRAKE 1

Lochzangen verwenden, um die geschwungenen Linien zu schneiden und Zugang zu den Zwischenräumen zu schaffen. Auge und Mund nicht vergessen.

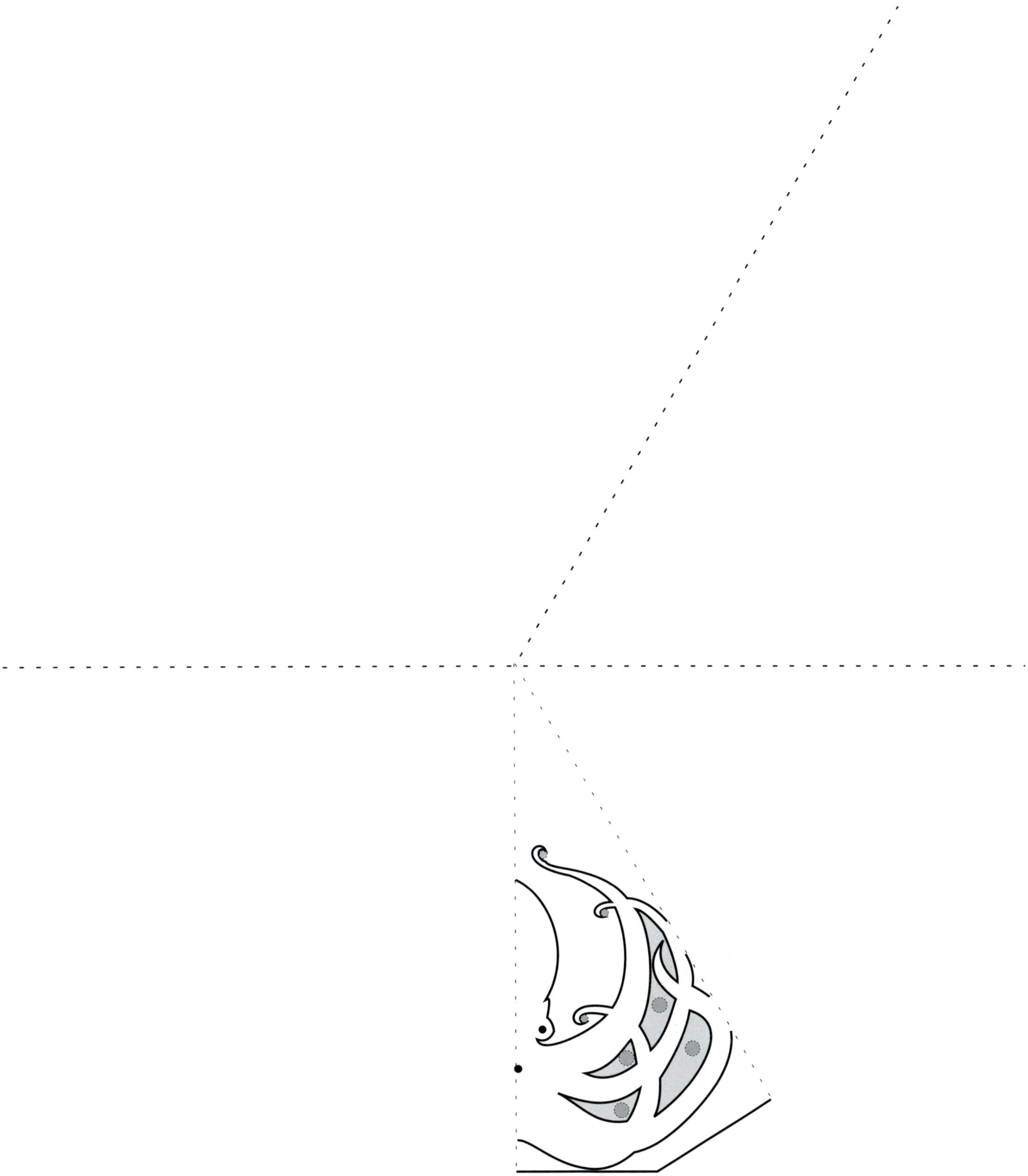

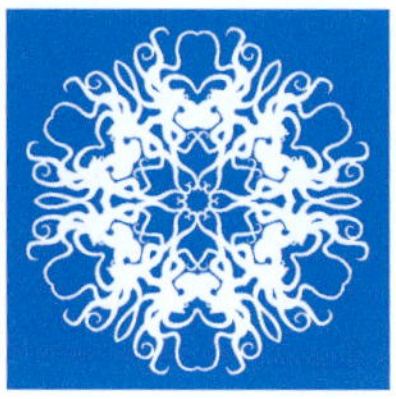

98 KRAKE 2

Lochzangen für die Zwischenräume, die runden Formen und die Augen verwenden. Beim Weiterschneiden das Papier gut festhalten, damit die einzelnen Schichten nicht verrutschen.

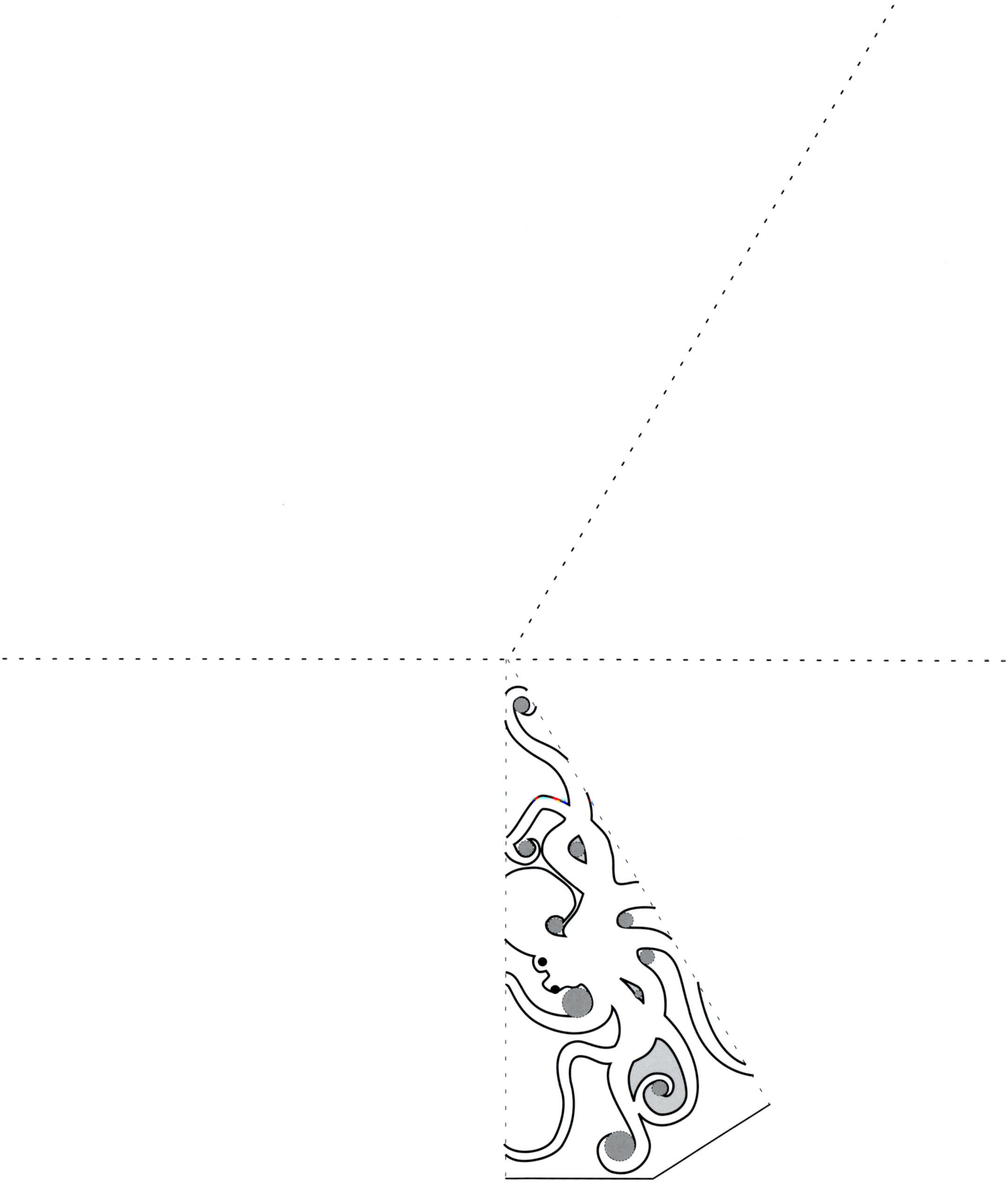

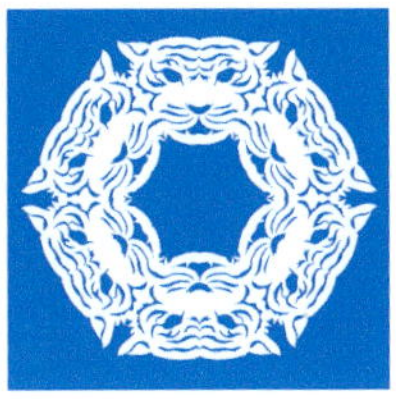

99 TIGER

Dieses Motiv ist sehr schwierig. Hierfür braucht man unbedingt eine hervorragende Schere und eine 1,5-mm-Lochzange. Jene Streifen, in denen kein Startloch eingezeichnet ist, können vom Rand aus geschnitten werden. Alle schwarzen Bereiche ausschneiden und an der schwarzen Außenlinie entlang schneiden. Alles, was schwarz ist, muss weg.

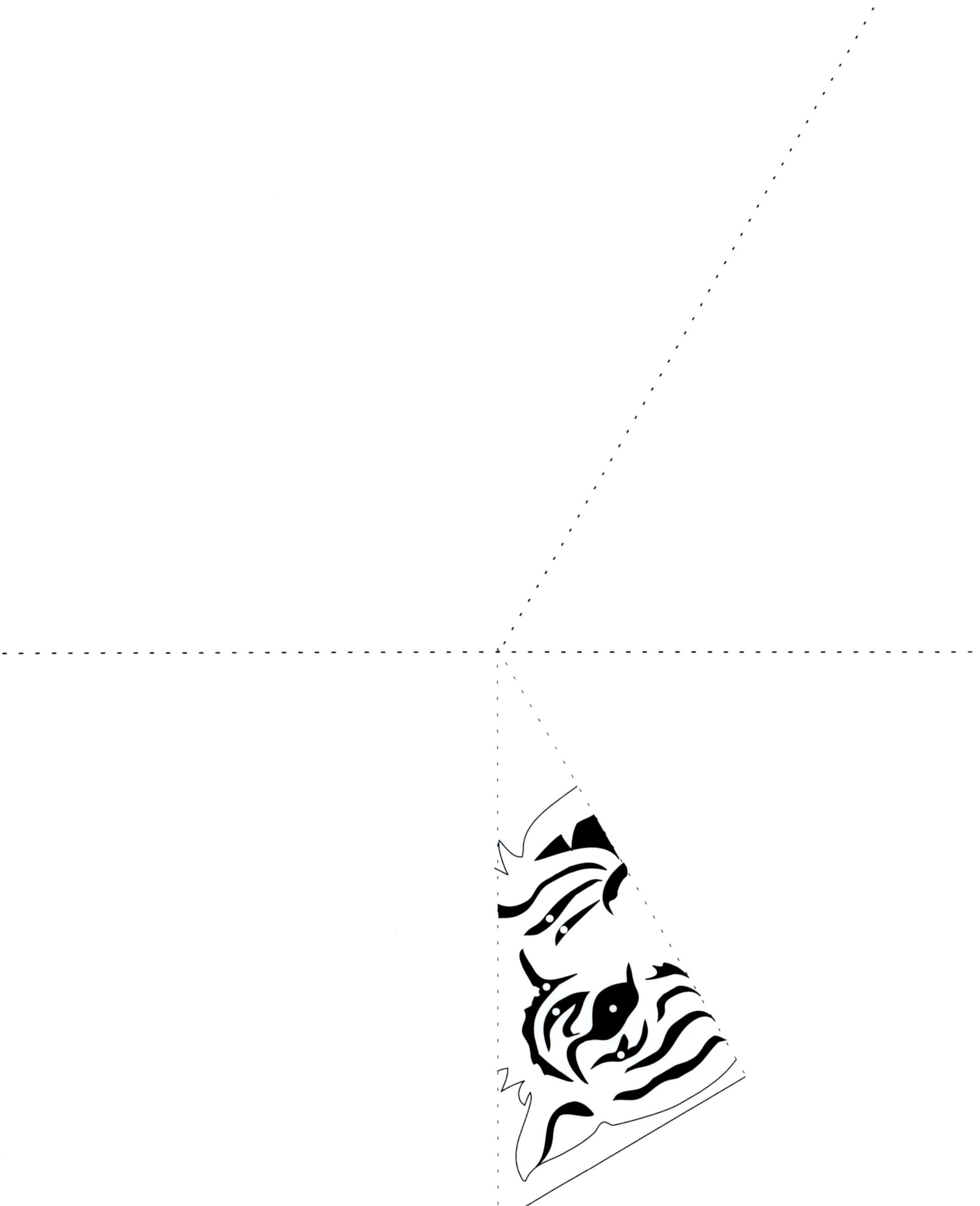

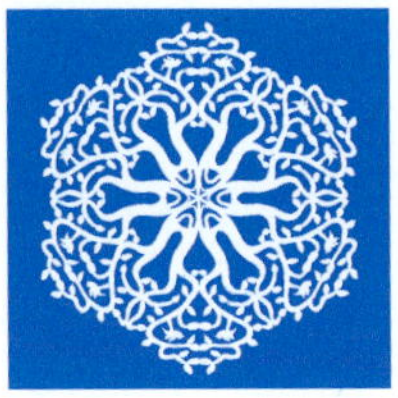

100 VOGEL IM BAUM

Wer entdeckt den Vogel im Baum? Beim Ausschneiden dieses Motivs muss man das Papier wirklich gut festhalten. Sobald es auch nur ein klein wenig verrutscht, könnte bereits unbemerkt ein dünner Zweig in einer unteren Papierschicht abgeschnitten werden.

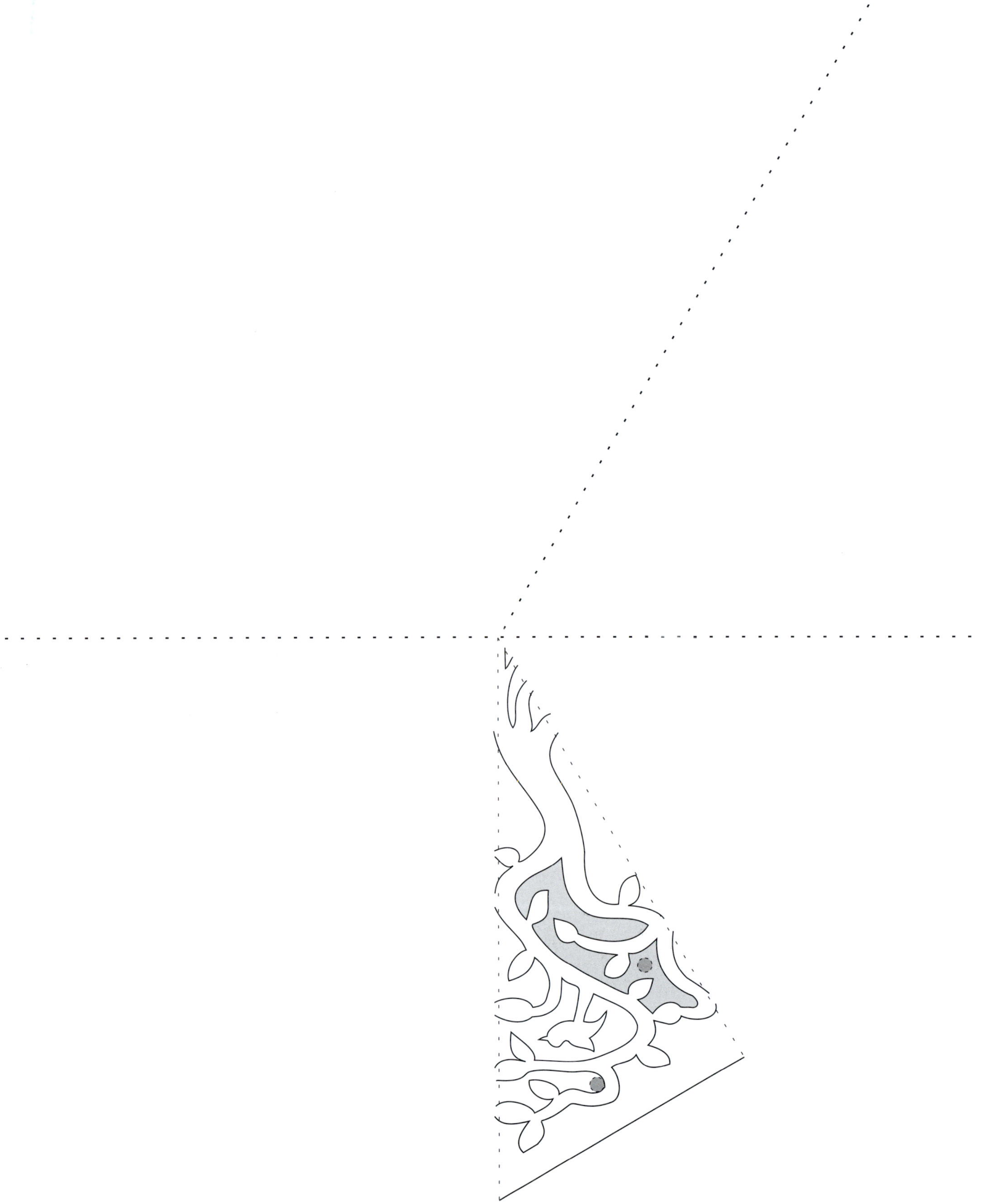

SEESTERN

Fertige Vorlage – einfach heraustrennen, falten und schneiden!

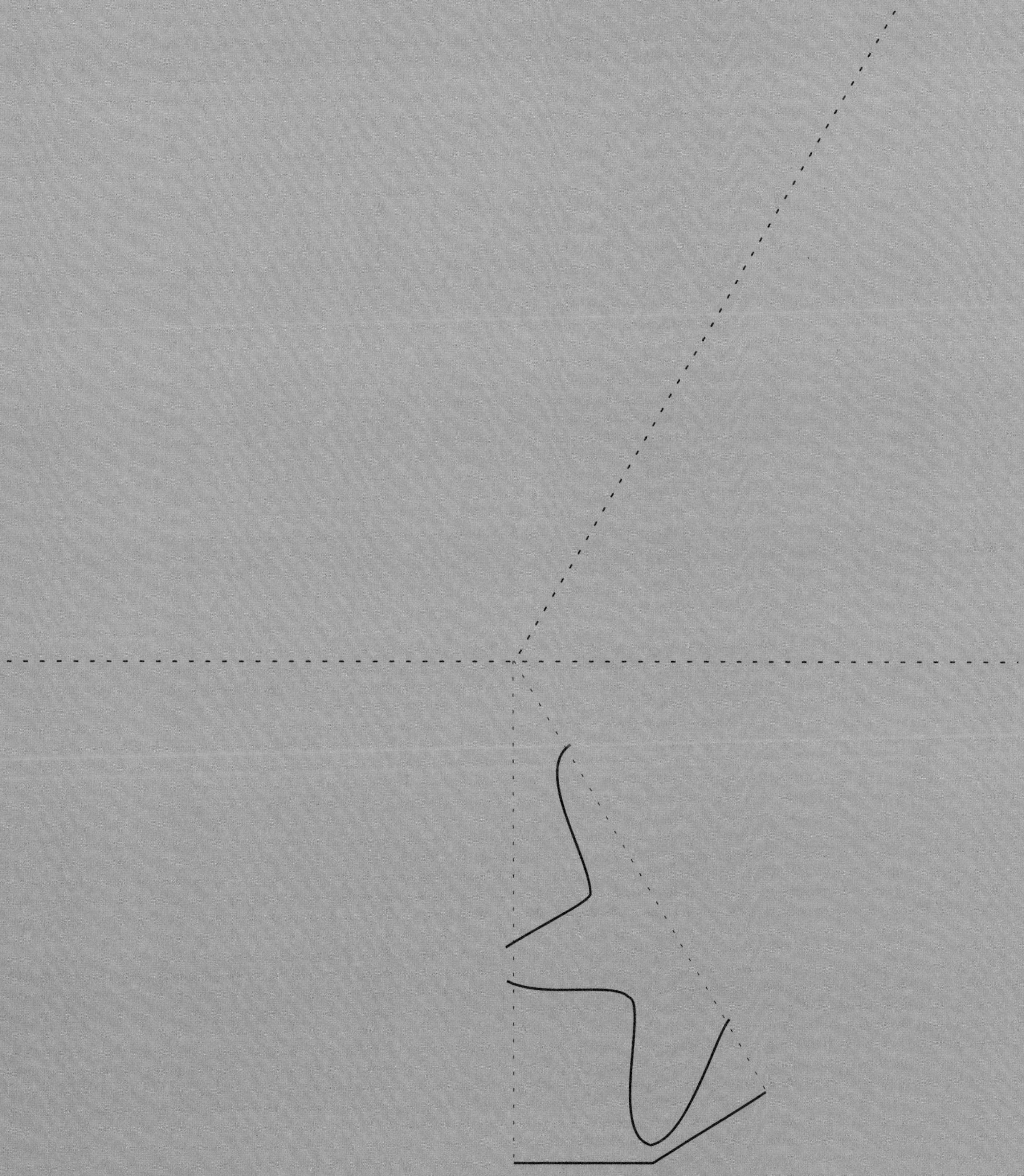

EINFACHER ADLER

Fertige Vorlage – einfach heraustrennen, falten und schneiden!

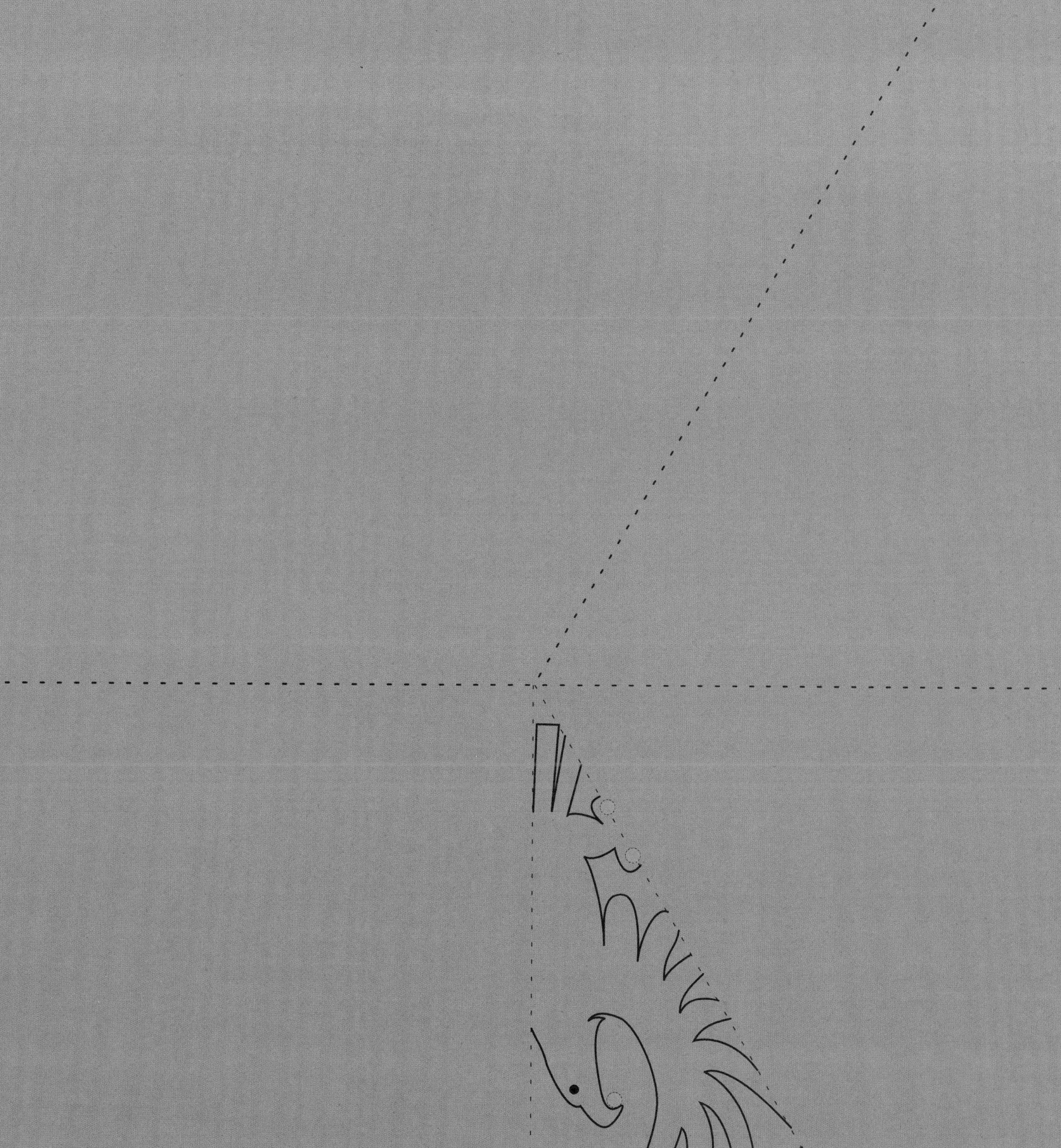

PANDA

Fertige Vorlage – einfach heraustrennen, falten und schneiden!

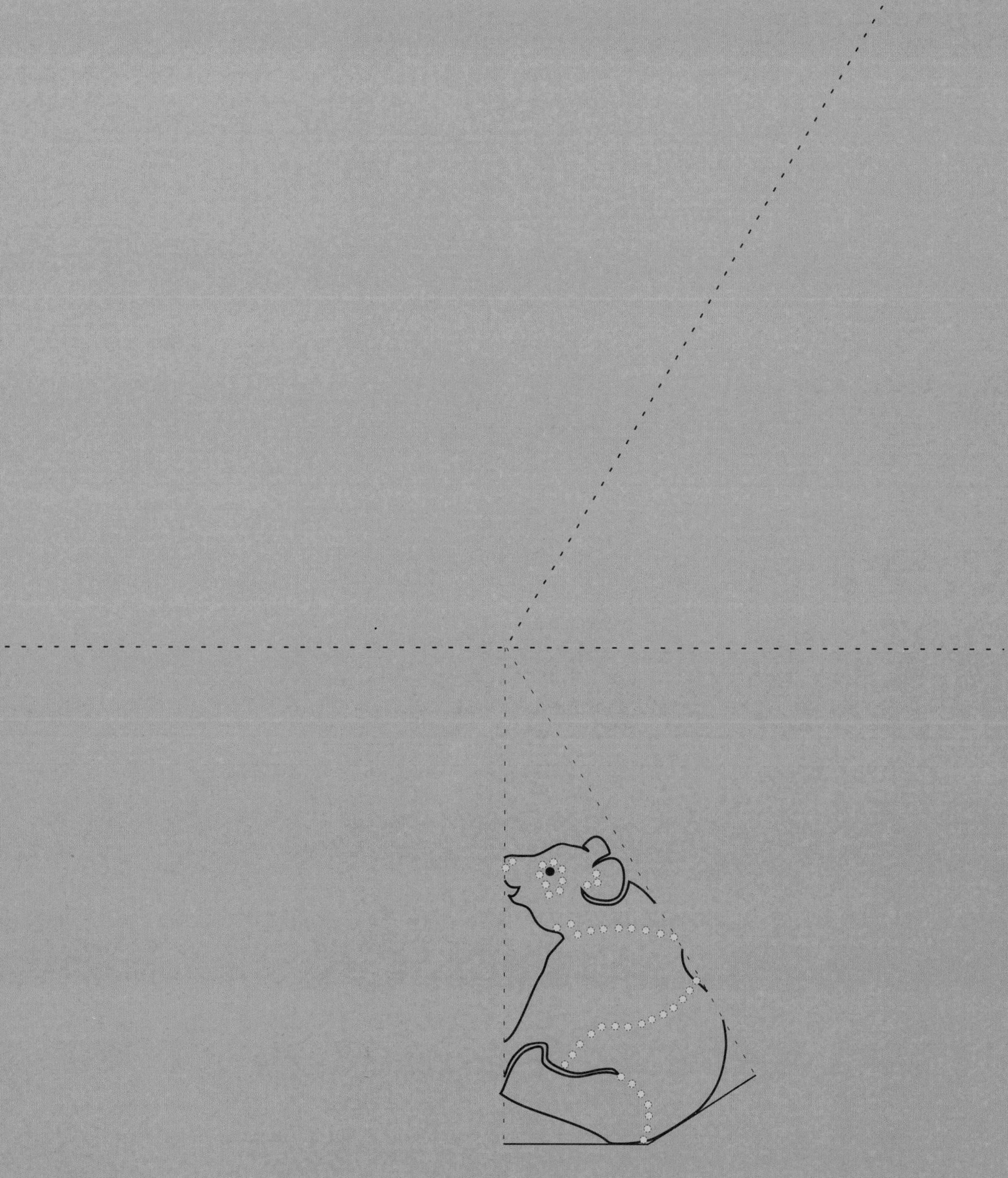

SALAMANDER

Fertige Vorlage – einfach heraustrennen, falten und schneiden!

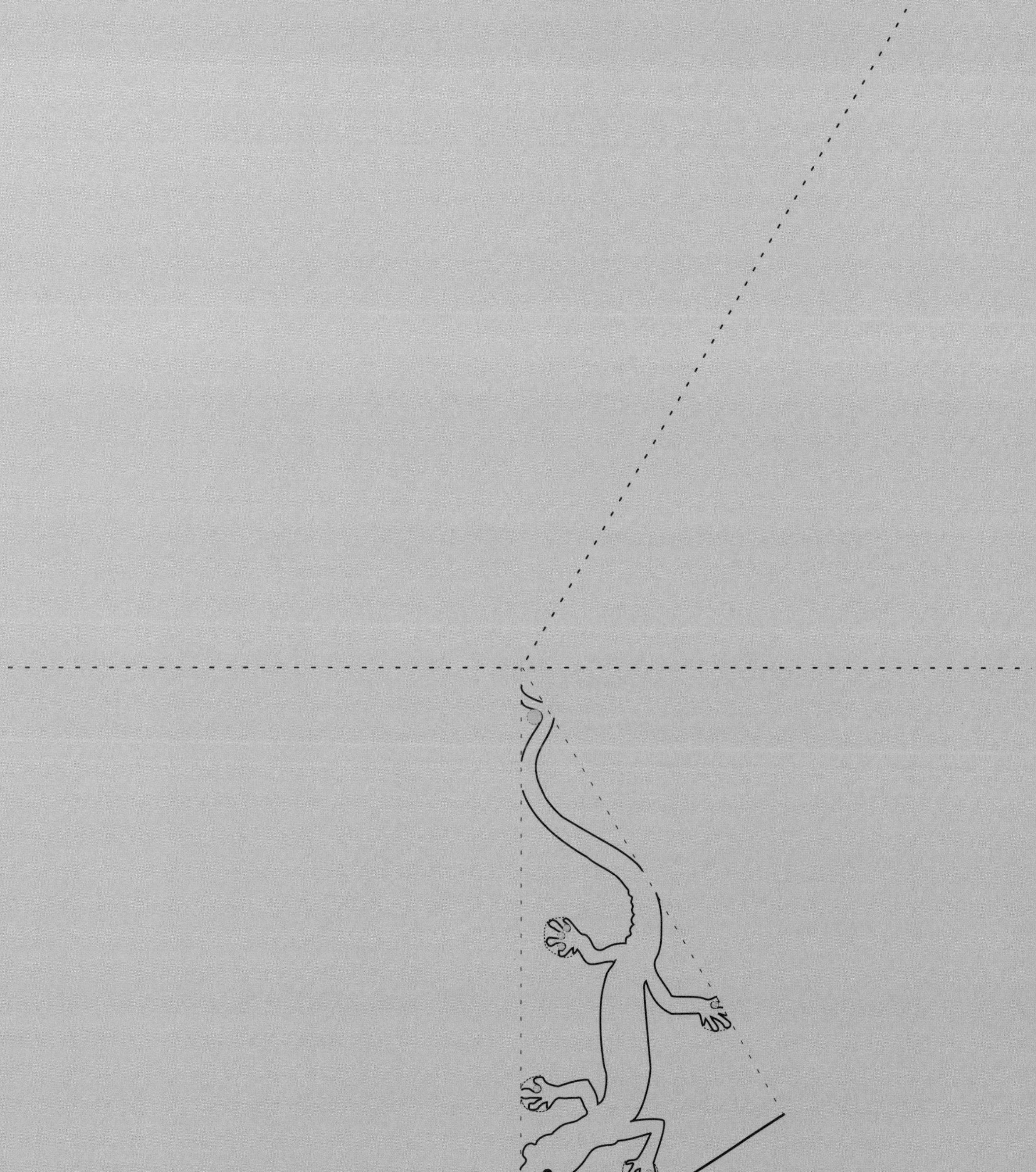

BABYELEFANT

Fertige Vorlage – einfach heraustrennen, falten und schneiden!

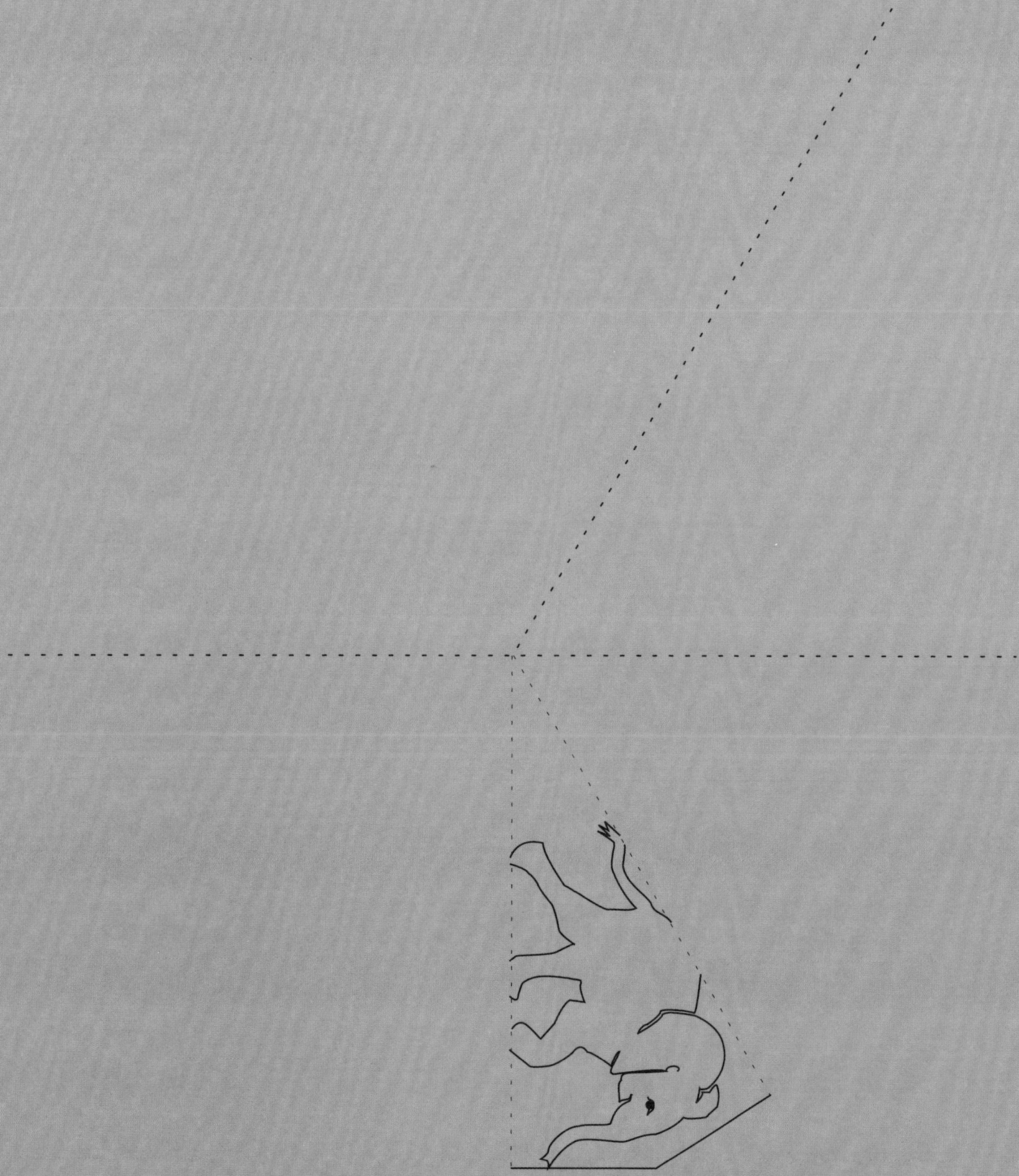

WEISSER HAI

Fertige Vorlage – einfach heraustrennen, falten und schneiden!

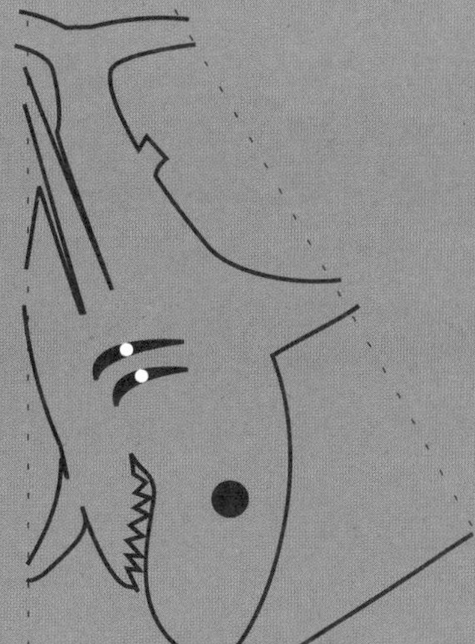

WAPITI

Fertige Vorlage – einfach heraustrennen, falten und schneiden!

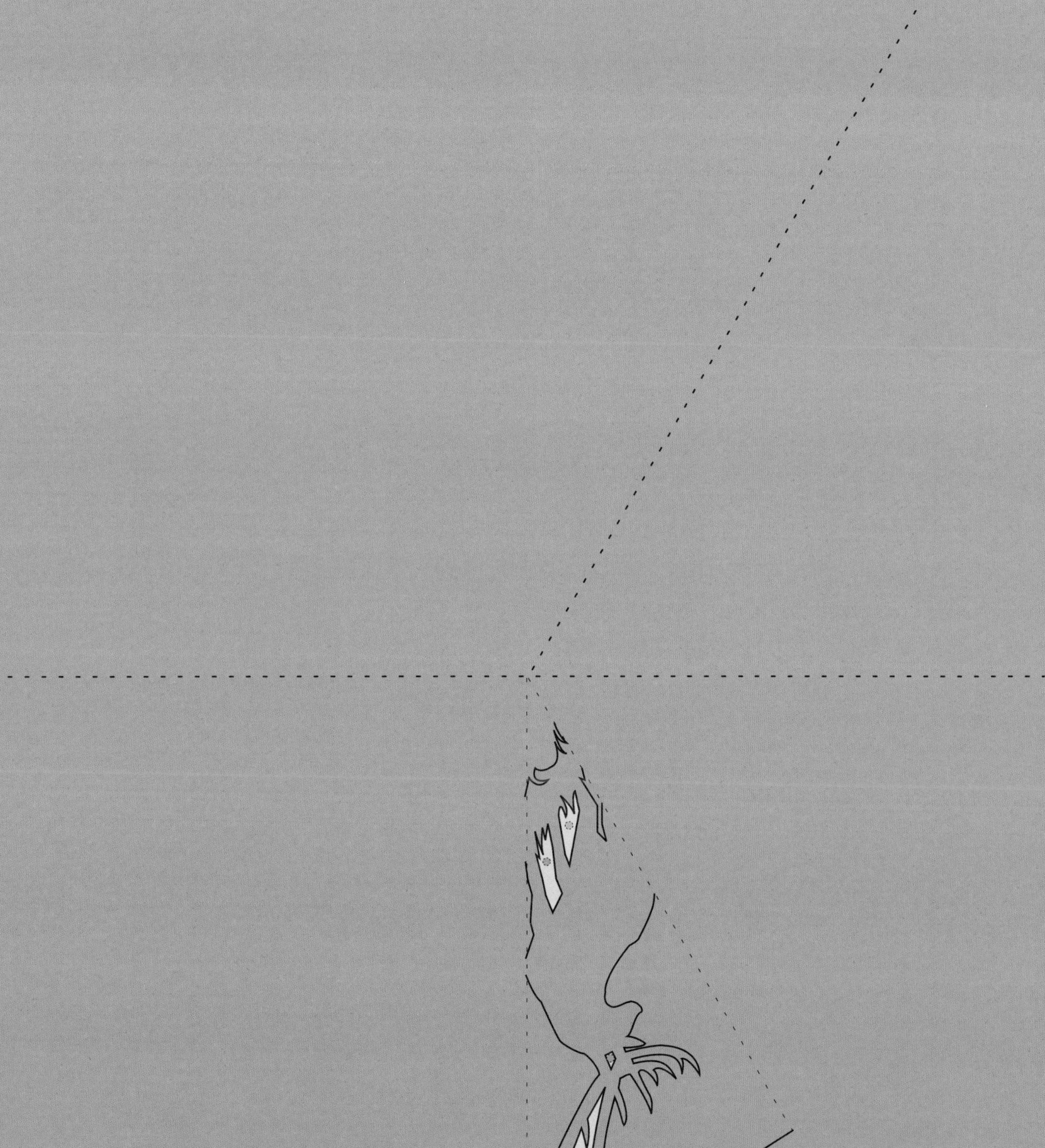

TIGER

Fertige Vorlage – einfach heraustrennen, falten und schneiden!

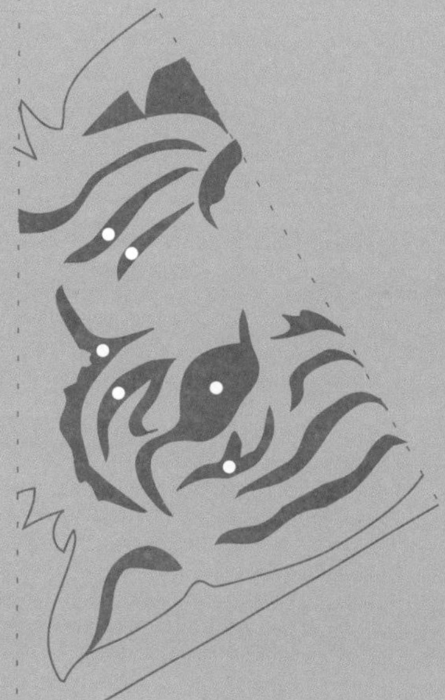